유아 교육 개론

양옥승 조유나 신은미 이옥주 손복영 이은정 동풀잎 양유진 공저

정민사

머리말

이 땅에 유아교육이 뿌리 내린 지 100여 년이 지났다. 1910년대 이미 '유아학교'로 출발한 유아교육은 일제강점기와 해방, 한국전쟁을 거치면서 정치·경제·사회적 기반을 마련해야 했던 시기에는 사회적으로나 학문적으로 중요성을 인정받지 못했다. 그나마 1980년대부터 유아교육의 기회가 확대되면서 양적·질적 성장을 이루었으며, 21세기에 접어들면서 유아교육은 유아의 삶의 질 향상과 더불어 저출산 사회에서 유아기 인적자원 교육을 담당해야 하는 중요성이 부각되고 있다. 유아교육이 공교육체제 밖에서 성장했던 만큼, 학문적 성장 역시 교육학보다는 심리학이나 여타의 학문의 영향이나, 사회적 요구에 보다 민감하게 반응했다. 그러나 최근 20여 년 동안 한국의 유아교육은 질적 향상을 위한 다양한 노력을 시도해 왔고, 지금 이 순간에도 지속되고 있다.

이 책은 유아교육 학문을 처음 접하는 이들을 위한 입문서로서, 유아교육학의 정체성과 전문성 확보 차원에서 그에 적합한 이론이나 학문적 체계를 소개하는 데 초점을 맞추었다. 특히 교육은 삶의 맥락에서 이루어진다는 점을 감안하여 가능한 한 유아교육과 관련된 모든 주제를 포괄적으로 다루고자 하였다. 이 책은 총 12장으로 구성되어 있다.

제1장에서는 교육학의 한 분과로서 유아교육학의 본질을 이해할 수 있도록 유아교육의 개념과 목적, 유아교육의 중요성, 유아교육기관의 유형 및 특성을 소개하였다.

제2장에서는 유아교육과정의 변천사를 살펴보고, 다양하게 시도되고 있는 현대적 의미의 유아교육과정에 대한 시각을 소개하였다.

제3장에서는 유아교육의 형성과정을 파악할 수 있도록 교육사적 관점에서 동·서양의 유아교육사상을 고찰하였다.

제4장에서는 유아교육은 무엇보다도 유아의 심리 이해에 근거해야 한다는 관점에서 다양한 영유아 발달이론과 영유아기 발달적 특징을 제시하였다.

제5장에서는 교사가 교육의 질을 결정한다는 관점에서 바람직한 유아교사상에 대해 진술하였다.

제6장에서는 유아교육기관의 물리적 환경의 중요성을 살펴보고, 영유아의 발달적으로나 사회문화적으로 적합한 환경구성을 실내 환경과 실외 환경으로 구분하여 설명하였다.

제7장에서는 유아교육과정의 개념과 우리나라 유아교육과정인 표준보육과정과 누리과정에 대해 살펴보았다.

제8장에서는 놀이이론, 유아놀이에서 교사의 역할 및 태도 등에 대한 논의를 통해 교수·학습방법으로서 놀이의 교육적 의미를 탐색하였다.

제9장에서는 바람직한 유아교육기관 경영관리의 관점에서 유아의 건강, 영양, 안전 관련 사항들을 구체적으로 기술하였다.

제10장에서는 유아교육의 효과를 높이기 위해 부모교육, 가족참여, 가족지원 등 가족과 함께 할 수 있는 방안들을 모색하고, 지역사회와의 연계방안도 제안하였다.

제11장에서는 유아평가, 교사평가, 기관평가로 구분하여 유아교육의 과정 및 효과를 평가하는 데 필요한 사항들을 서술하였다.

마지막으로 제12장에서는 미래지향적인 관점에서 유아교육학의 발전을 위해 사회적으로 공론화되었으면 하는 주제들을 중심으로 논의를 전개하였다.

이 책을 집필하면서 저자들은 한 학기에 다룰 수 있도록 그 분량을 조절하였으며 독자들이 쉽게 이해할 수 있도록 풀어쓰려고 노력하였다. 지금 이 순간에도 유아교육의 발전을 위해 현장에서 노력하는 많은 유아교사들과 여러 동료들의 진심어린 조언과 질책을 달게 받고 앞으로 계속해서 개정작업을 해나가겠다는 저자들의 마음을 담아 이 책을 마무리하였다. 이 책이 세상의 빛을 보기까지 많은 분들이 주신 물심양면의 도움과 격려에 감사드리고, 끝까지 애써주신 정민사 임직원 여러분께 깊은 감사를 드린다.

2022년 2월

저자 일동

차 례

Chapter 12 유아교육과 미래사회 • 289

Chapter

01

유아교육의 이해

1. 유아교육의 개념
2. 유아교육의 목적과 중요성
3. 유아교육기관의 유형과 특성

영유아를 보호하고 교육하는 일은 사적이든 공적이든 새로운 세대를 길러내는 것으로, 인류의 역사와 함께 시작되었다. 전통적으로 영유아를 보호·교육하는 일은 사적 영역인 가정에서 대를 이을 자녀를 양육하는 부모의 의무이자 책임으로 인식되었으나, 사회가 발전하면서 그 양상이 달라지고 있다. 즉 현대사회에서 영유아의 보호·교육은 영유아가 유능한 사회구성원으로 성장하도록 국가와 사회의 공적 책임이 강조되고 있으며, 이에 따라 영유아를 보호·교육하는 일은 교육학의 일부분으로 수용되어 유아교육에 관한 학문적 탐구가 이루어졌다.

이 장에서는 유아교육에 대한 이해를 도와 유아교육에 대한 바람직한 관점을 형성하는 데 필요한 개념들을 설명한다. 구체적으로 유아교육의 개념, 유아교육의 목적과 중요성, 유아교육기관의 유형과 특성으로 나누어 살펴보고자 한다.

1. 유아교육의 개념

1) 교육의 개념

교육은 역사적인 사건이며 일종의 사회적 개입으로, 교육을 실천해 온 사회의 문화적 흐름 속에서 진행되는 문화적 환경의 일부이기도 하다(양옥승, 2008). 그리하여 교육의 의미는 시대나 학자에 따라 다양한 맥락과 수준에서 여러 뜻을 포함하고 있다.

일반적으로 받아들이고 있는 교육에 대한 정의는 '인간행동에 대한 계획적인 변화'이다(정범모, 1974). 즉 교육이란 직접적으로 관찰 가능한 행동의 변화에 관심을 두어야 한다는 것이다. 여기서 말하는 인간행동은 말하거나, 몸을 움직이거나, 웃는 등 외현적인 행동뿐만 아니라 인간의 지식, 사고력, 가치관, 성격특성, 자아개념 등 이른바 내면적인 행동을 포함한다. 그러나 교육의 성과 및 효과를 알아보기 위해 교육목표와 관련지어 수량적으로 측정하고 평가하기 때문에, 교육학에서 '인간행동'이라는 용어는 외현적으로 관찰 가능한 행동에 치우치는 경향이 높다. 이러한 한계를 극복하려면 교육의 개념은 인간행동이 아니라 삶의 지속적인 과정에 관심을 두어야 한다. 따라서 '행동'이란 용어 대신 '삶의 전체 과정에 대한 변화'임을 강조하여 교육을 '인간 삶의 바람직한 변화'로 정의할 수 있다(이은화, 양옥승, 1988).

또한 위의 정의에서 '계획적인'이라는 말이 뜻하는 바에 대해 검토해 볼 필요가 있다. 교육을 계획성을 갖는 적극적인 변화의 작업이라고 보게 되면 교육에서 가치로운 것을 현재 주어진 규범이나 지식에 준해서 논하게 된다. 다시 말해서 교육의 주체인 학습자의 가치나 의도를 전혀 고려하지 않고, 사전 계획한 교육자의 의도에 따라 정해진 방향으로 이끌고 나가면서 가치의 중립성을 표방하는 것이다. 그러나 교육은 교육자와 학습자 간 상호주관적 관계에서 양자 간의 선택과 합의에 의해 구성되어 가는 과정이다. 또한 현재보다 좀 더 나은 상태로 나아가고자 하는 변화의 추구 과정으로서 가치지향적인 작업이다. 이와 유사하게, 이연섭(1996)은 교육을 '유아행동을 계획적인 방법으로 긍정적 변화를 일으키게 하려는 노력'으로 정의하는가 하면, 고문숙 외(2014)는 교육을 '미성숙한 인간을 성숙하고 바람직한 인간으로 변화·성장시키기 위한 교육자와 피교육자 간의 의도적인 노력의 형식적·비형식적 활동'이라고 정의하고 있다.

이러한 점을 고려해 보면, 교육이란 '인간 삶의 바람직한 변화'로 정의할 수 있다. 어떠한 변화가 바람직한 것이냐는 각 사회문화적 맥락이나 학자들의 관점에 따라 다양한 견해를 제시할 수 있다. 이 점이 교육학 담론의 다양성이고, 곧 교육학의 지평을 넓히는 과정으로 현재에도 지속되고 있다.

2) 유아교육의 개념

유아교육(Early Childhood Education)은 오랫동안 교육학이 아닌 비학문적인 시각에서 논의되어 왔다. 그래서 유아교육을 단순히 유아들을 기르고 돌보는 양육이나 육아의 개념으로 이해하거나, 초등학교를 위한 준비교육으로 인식하거나, 또는 유아기부터 각 유아가 지닌 특정한 재능을 교육시켜야 한다는 영재교육이나 예체능교육으로 오인하기도 했다. 다시 말하면, 유아교육을 성인이면 누구나 할 수 있는 일로서, 유아가 타고난 자연적 성장과 발달을 위해서 성인이 사랑을 가지고 지도해 주면 저절로 성장할 수 있다는 낭만적인 육아의 개념과 혼동하는 것이다. 그러나 이러한 관점은 유아교육의 특성 일부분만을 보여주고 있다.

유아교육의 개념을 살펴보기 위해서는 다음 몇 가지 내용에 대한 이해가 필요하다.

첫째, 유아교육의 대상에 대한 이해가 전제되어야 한다. 학문의 발전과 유아교육에 대한 사회적 요구가 다양해지면서 유아교육은 초·중등교육과 함께 교육제도의 일부로 인식되었고, 유아교육의 대상 연령의 범위는 점차 확대되고 있다. 교육학적으로 보면, 유아교육 대상은 유아 그 자체의 연령보다는 국가가 어떤 교육제도를 채택하고 있는가에 따라 차이가 있다. 출생에서부터 만 8세까지를 유아교육 대상 연령으로 규정하는 국가가 있는가 하면, 만 6세까지의 교육을 유아교육이라고 규정하기도 한다(양옥승 외, 2003). 예를 들어, OECD 국가 중 영국은 만 5세부터, 한국은 만 6세부터 초등교육이 시작되며, 스웨덴, 핀란드, 덴마크 등 북유럽국가들은 만 7세부터 초등교육이 이루어진다. 즉 유아교육과 초등교육의 연계성 그리고 유아기의 발달적 연속성을 고려하여 유아교육의 대상을 출생 전후에서 만 6~7세까지로 보는 것이다.

우리나라의 유아교육 관련법제들을 살펴보면, 유치원 관련법인 「유아교육법」에서 유아는 만 3세부터 초등학교 취학 전까지의 어린이를, 어린이집 관련법인 「영유아보육법」에서의 영유아는 만 6세 미만의 취학 전 어린이를 뜻한다. 즉, 유치원은 만 3세에서 초등학교 취학 전 만 5세까지의 유아를 대상으로 하며, 어린이집은 출생에서 취학 전 만 5세의 영유아를 대상으로 하고 있는 것이다.

이러한 관점들을 종합해 볼 때, 일반적으로 유아교육의 대상으로서 유아는 출생에서 만 8세까지의 유아를 포함하는 추세이지만, 우리나라의 교육제도와 유아교육 관련법들을 고려해 볼 때 유아교육의 대상 연령을 출생에서 초등학교 취학 전 만 5세까지로 정하는 것이 바람직하다.

둘째, 유아교육을 교육학의 한 분야로 좀 더 포괄적인 성격으로서 인식해야 한다. 즉 어린 연령이므로 양육, 보살핌에 치중하거나 조기 교육, 영재 교육 등 특정한 대상에 대한 교육으로 오랫동안 인식해 왔다. 양육이란 '어린이가 성인이 될 때까지 길러서 키우는 것으로 어린이의 생명을 보호하고 심신의 발달을 촉구하는 활동의 총체'(한국유아교육학회, 1996)이다. 또한 육아란 '유아의 생명을 보호하고 심신의 발달에 문제가 없도록 배려하여 자연적 성장과 발달과정이 이루어지도록 돕는 일'(이기숙 외,

2014)로 정의할 수 있다. 이처럼 유아교육을 양육이나 육아의 개념으로 인식하면 유아의 신체적이나 정서적 보호에만 한정될 우려가 제기된다. 최근 사회구조 변화와 가족구조의 핵가족화, 여성의 사회참여가 확대되면서 유아교육의 개념은 교육, 사회적 서비스, 영양, 건강, 안전 등을 제공하는 종합적 프로그램으로 보호(care) 기능과 교육(education) 기능을 통합한 교육·보호(educare) 개념으로 확장되었다는 점을 눈여겨 볼 필요가 있다(양옥승, 2008).

또한 초등교육이 중학교를 위한 준비교육일 수 없듯이, 유아교육 역시 초등학교를 위한 준비교육이 될 수 없다. 유아교육은 한글을 깨우치고, 숫자를 세고 쓰는 초등학교 학습을 위한 기초능력이나 집단생활에 필요한 기술이나 사회적 능력을 길러 초등학교 적응을 돕는 교육이 되어서는 안 된다. 유아교육은 교육의 출발점인 시기로, 인성의 기초를 형성하고 인간의 잠재력을 최대화할 수 있는 결정적인 시기에 이루어지는 교육이며, 이때의 경험은 한 인간의 발달뿐 아니라 국가의 발전이나 미래에 직결되어 크나큰 영향을 준다. 더구나 유아들은 현재의 삶뿐만 아니라 미래사회를 이끌어가야 할 사회구성원이다. 미래사회는 다변화된 사회 속에서 발생하는 여러 문제를 해결할 수 있는 능력, 창의적인 사고력을 바탕으로 다양한 아이디어를 산출할 수 있는 능력, 수많은 정보를 종합하고 선별하여 활용할 수 있는 능력, 협의하고 협력할 수 있는 능력 등을 요구하는 사회이다. 따라서 단편적인 지식이나 기술들을 주입하는 것이 아니라 자신의 의지를 표현하고 자신에게 필요한 환경을 자유롭게 선택하는 기회를 제공하여 미래사회에 요구되는 능력들의 토대를 형성하는 것이 유아교육의 중요한 과제이다.

셋째, 유아교육은 신체, 언어, 정서, 사회, 인지 등의 발달이 조화롭게 이루어질 수 있도록 하는 전인교육이라는 점이다. 유아교육은 특정한 영역이나 지엽적인 발달에 목적을 두는 영재교육이나 재능교육이 아니다. 조기교육에 대한 편협한 인식은 유아를 대상으로 한 각종 학원 및 학습지 중심의 교육으로 변질되고 있다. 유아기의 발달은 여러 영역이 서로 통합적으로 영향을 주며 이루어지기 때문에, 특정한 영역만 집중적으로 훈련받는 것은 전인적 성장을 방해하는 부작용을 초래할 수 있다(고문숙 외, 2014). 뿐만 아니라 유아의 발달수준이나 흥미에 맞지 않는 자극이나 훈련이 계속되면 유아들은 불필요한 스트레스를 받을 수 있으며, 발달이나 학습에 부정적 효과가 나타날 수 있다(이기숙 외, 2014).

이처럼 현대에 들어서서 유아교육은 생애 출발점에서 이루어지는 교육으로, 유아의 일상생활과 삶의 질을 바람직한 방향으로 향상시키는 교육이다. 유아교육은 유아의 전인적 발달을 통합적이고 조화롭게 이루기 위해 유아기가 아니고서는 발달시킬 수 없는 독특한 교육적 경험을 제공하는 데 있다(한국유아교육학회, 1996). 이를 위해 OECD 국가를 비롯한 세계 여러 나라들은 유아교육에 대한 개념을 초등학교를 위한 선행교육이나 특정한 재능을 키우기 위한 조기교육이 아닌 유아들을 위한 적기교육의 개념을 받아들이고 있다. 또한 사회의 변화에 따른 요구를 수용하여 유아의 보육과 교육뿐만 아니라 가족을 지원하는 종합적인 서비스로서의 유아교육의 개념을 확대하고 있는 추세이다(OECD, 2006).

2. 유아교육의 목적과 중요성

1) 유아교육의 목적

유아교육의 목적은 우리나라의 교육 및 보육관련 법령에 잘 드러나 있다(황해익 외, 2009). 우리나라의 「교육기본법」 제2조에 따르면, '교육은 홍익인간의 이념 아래 모든 국민으로 하여금 인격을 도야하고 자주적 생활능력과 민주시민으로서 필요한 자질을 갖추게 함으로써 인간다운 삶을 영위하게 하고 민주국가의 발전과 인류공영의 이상을 실현하는 데에 이바지하게 함을 목적으로 한다'(전문개정 2007. 12. 21). 이러한 교육목적에 따라 2013년부터 유치원 교육과정과 표준보육과정을 통합해 3~5세의 모든 유아가 새로운 공통과정인 누리과정에 따라 교육 및 보육을 받게 되었다.

누리과정은 2019년 개정이 이루어지면서 국가 수준의 공통교육과정으로 명시하고 다섯 가지의 추구하는 인간상, 즉 '건강한 사람', '자주적인 사람', '창의적인 사람', '감성이 풍부한 사람', '더불어 사는 사람' 등으로 구체화되어 있다. 이러한 인간상을 구현하기 위해 '유아가 놀이를 통해 심신의 건강과 조화로운 발달을 이루고 바른 인성과 민주 시민의 기초를 형성하는 데 있다'를 누리과정의 목적으로 명시하고 있다.

어린이집 관련법인 「영유아보육법」 제3조에 따르면 보육은 영유아의 이익을 최우선적으로 고려하여 제공되어야 하며, 영유아가 안전하고 쾌적한 환경에서 건강하게 성장할 수 있도록 해야 하며, 영유아가 자신이나 보호자의 성, 연령, 종교, 사회적 신분, 재산, 장애, 인종 및 출생지역 등에 따른 어떠한 종류의 차별도 받지 아니하고 보육되어야 한다. 이러한 보육 이념은 「제4차 어린이집 표준보육과정」(보건복지부 고시 제2020-75호)에서 영유아교육의 목적을 '영유아의 놀이를 통해 심신의 건강과 조화로운 발달을 이루고 바른 인성과 민주 시민의 기초를 형성하는 데에 있다'고 제시하였다.

유아교육의 궁극적인 지향점을 유아의 일상생활과 삶의 질 향상에 둔다면, 유아교육은 유아 개인이 전인으로서 행복한 삶을 영위하게 하고, 유아들이 사회에서 민주시민으로 기능하게 할 뿐 아니라, 잠재능력을 최대한으로 발휘할 수 있는 국가의 인적 자원으로 성장하도록 도와야 할 것이다. 이에 한국유아교육학회의 입장에서 제시한 유아교육 목적의 방향은 다음과 같다(양옥승 외, 2003: pp.17-20).

첫째, 유아 개개인이 가지고 있는 잠재능력을 최대한으로 계발하여 전인으로 성장하도록 돕는다. 전인교육은 유아의 신체발달, 정서발달, 사회성발달, 언어발달, 인지발달이 균형을 이룰 때 이루어진다. 이를 위해 전인교육의 목표는 유아를 신체적으로 건강하고 튼튼하게 자라게 하기, 기본 생활습관을 기르기, 정서적 안정감과 자아존중감을 기르기, 일상생활에 필요한 기초적인 언어능력과 의사소통능력을 기르기, 느끼고 생각한 것을 표현하는 능력을 기르기, 흥미·요구·관심에 따라 선택하고 활동하는 자유선택능력을 기르기, 주어진 사회문화적 상황에 알맞게 자신의 감정과 사고를 조절하는 자기조절능력을 기르기, 다른 사람과 더불어 생활할 수 있는 사회적 능력을 기르기, 자연과 사회현상에 관심을 가지게 하기, 창의적으로 문제를 해결할 수 있는 능력을 기르기 등으로 구체화될 수 있다.

둘째, 부모가 가정에서 유아를 전인으로 기를 수 있도록 다양한 방법으로 가족을 지원한다. 유아를 전인으로 기르기 위해서는 부모를 비롯한 가족 모두와 유아교육기관의 교사들이 동반자로서 서로 협력할 때 가능하다. 유아기 자녀를 양육하는 과정에서 학부모들의 요구가 무엇인지 항상 파악하여, 다양한 가족참여와 가족지원 프로그램을 제공함으로써 학부모를 적극적으로 지원해야 한다.

셋째, 유아들이 민주시민으로서의 소양을 갖출 수 있도록 다양한 사회적 경험을 제공한다. 민주시민이란 자신이 느끼고 생각하는 바를 자유롭게 표현할 수 있을 뿐 아니라, 다른 사람을 위해 자신의 요구나 충동을 통제할 줄 아는 사람을 말한다. 유아가 민주시민으로서의 소양을 갖추기 위해서는 일상생활에서 예절 바르게 행동하고, 질서를 지키며, 집단의 규범을 수용할 수 있어야 한다. 또한 긍정적인 자아개념을 기초로 자신의 일을 계획하고 실천함으로써 자기조절능력을 길러야 한다. 유아는 긍정적인 자아개념을 토대로 다른 사람을 수용하고 존중할 줄 알게 되며, 서로 협력하며 더불어 살아갈 수 있다.

넷째, 국가의 인적자원이 될 수 있도록 유아의 잠재능력을 최대한 계발한다. 유아들이 국가 인적자원으로 성장하기 위해서는 기초적인 수준이지만 객관적으로 생각한 후 판단하고 창의적으로 문제를 해결하는 기회가 필요하다. 유아들이 살아가야 하는 미래사회에는 정확한 판단력과 창의적인 문제해결능력이 필요한 시대이므로 유아교육에서는 놀이와 활동을 통해 유아들의 창의적 문제해결능력을 길러주어야 한다. 또한 놀이와 활동과정에서 부딪치는 여러 문제 상황을 바르게 인식하고, 다양하고 창의적인 해결방안을 모색해 볼 뿐 아니라 문제를 해결하는 그 자체를 즐겁게 생각할 수 있도록 교육해야 한다.

이처럼, 유아교육의 목적은 유아들의 삶을 바람직한 방향으로 변화시키는 데 있다. 그 바람직한 방향에 대해 표준보육과정과 누리과정에서는 유아들의 건강한 심신의 발달과 민주시민으로서의 기초를 형성할 수 있도록 돕는다는 공통적인 목적을 제시하고 있다. 따라서 유아교육의 목적은 유아들의 삶의 맥락에 적합한 교육환경을 제공하여 유아들의 심신의 조화로운 발달을 돕고 유능한 민주시민으로서 성장하게 돕는 것이라고 볼 수 있다.

2) 유아교육의 중요성

유아교육의 중요성이 20세기 이전에는 철학적 관점에서 논의되었다면 20세기 이후에는 과학 발전에 힘입어 인간의 성장과 발달에 관한 연구결과에 의해 강조되고 있다. 더욱이 사회의 변화에 따라 현대 유아교육은 유아뿐만 아니라 부모 및 국가 발전의 필요에 의해서 그 중요성이 강조되고 있다.

유아교육이 중요하다는 인식은 고대 그리스시대부터 존재했다. 고대 그리스에서는 이상적이고 강력한 국가의 형성을 위해 유아교육의 필요성을 인식하였다. 플라톤(Platon)은 『국가론』에서 절제, 용기, 지성, 정의의 덕이 지배하는 이상국가 건설을 위해 교육의 중요성을 강조하고, 특히 유아는 3세부터 습관과 성격이 형성되므로 이 시기부터 놀이를 통해 교육할 것을 주장하였다. 그 이후 코메니우스(Comenius), 로크(Locke), 루소(Rousseau) 등은 보다 적극적으로 유아교육의 중요성을 강조해 왔다. 특히 루소는 『에밀』에서 인간을 선하게 보고 아동존중사상을 펼치면서 자연법칙에 의한 교육을 제안하였다

유치원 창시자인 프뢰벨(Froebel)은 유아교육의 중요성에 대한 강조에 머무르지 않고 유아를 위한 계획적이고 체계적인 교육 프로그램을 개발하였으며, 몬테소리(Montessori)는 자신의 이론을 지지해 줄 수 있는 교구를 고안하여 자신의 독특한 교육방법을 구축하였다. 듀이(Dewey)는 유아의 미성숙을 성장의 긍정적인 요소로 보고 유아의 경험에서 출발하는 흥미에 기초한 교육을 강조하였다. 이처럼 고대 그리스부터 현재까지 유아기만의 독특한 특성이 있으므로, 그에 적합한 교육내용과 방법들을 제안하면서 유아교육의 중요성을 강조하고 있다.

한편 과학의 발전으로 인해 과학적 방법으로 인간의 성장과 발달과정에 대해 연구하게 되면서 발달심리학자들이 밝힌 유아기의 발달특성인 적기성, 기초성, 누적성 등에 있어 유아교육의 중요성이 강조되었다. 또한 뇌과학이 발달하면서 영유아 시기가 뇌발달에 있어 결정적인 시기라는 점이 밝혀지면서 유아교육의 중요성은 이제 과학적인 사실이 되었다.

이러한 측면에서 유아교육의 중요성을 정리해 보면 다음과 같다.

첫째, 유아교육의 중요성은 유아의 발달 특성인 적기성, 기초성, 누적성으로 설명할 수 있다.

• **적기성** : 인간의 여러 발달과업들의 '결정적 시기' 즉, 적기가 있다는 것으로, 유

아기는 신체, 성격, 인지, 언어, 사회, 정서 등 인간발달의 모든 분야에서 급속한 발달이 이루어지는 결정적 시기이자 최적의 시기라는 것이다. 따라서 유아기의 올바른 성장과 발달을 위해 적절한 신체적 활동, 경험, 영양, 정서적 안정 등이 매우 중요하다.

- **기초성** : 어릴 때의 발달이 후기 모든 발달의 기초가 된다는 것이다. 블룸(Bloom)은 0~8세 동안 지능의 약 80%가 발달한다고 보고, 유아기의 지적 발달이 한 인간의 지적 능력의 기초가 되며, 이 시기에 지적 결핍이 일어나면 이후 제 기능의 발달을 지체시키거나 행동적 장애를 유발한다고 보았다.
- **누적성** : 인간의 성장에 있어서 전 단계의 발달에 결손이 생기면, 이 결손이 다음 단계의 발달에 계속적으로 누적되어 점점 장애가 심각해진다는 원리이다. 예를 들어 에릭슨(Erikson)은 성격발달의 첫 단계인 기본적 신뢰감 대 불신감의 형성 여부는 부모관계에서 출발하여 그 후 형제·가족관계, 나아가 동료, 집단, 국가에까지 주기적인 인간관계 형성 과업의 연결에서 누적적으로 작용하게 된다고 하였다.

둘째, 영유아기는 뇌발달의 결정적 시기이므로 양질의 유아교육이 중요하다. 최근의 뇌인지 이론에 따르면, 뇌의 생성은 대부분 출생에서부터 만 6세까지 이루어진다(양옥승, 2008). 특히, 신경세포 연접부(synapse)는 출생 후 지속적으로 증가하다가 만 3세 이전에 완성되어, 이 시기 전체 뇌의 50%가 발달한다는 영아기 뇌발달 연구결과는 영아기부터 양질의 유아교육을 제공해야 할 필요성을 설명해 준다(조부경, 김영실, 신은수, 2006). 이처럼 영유아기의 성장과 발달 경험에 대한 여러 가지 과학적 연구는 유아기의 중요성에 대한 체계적인 근거를 제시하여 교육적 관심으로 이어졌다.

셋째, 유아기는 인성교육의 기초가 되는 시기이므로 양질의 유아교육이 중요하다. 유아교육은 인간교육의 기초를 형성하는 기초교육으로, 생애 초기 출발점에서 시작되는 교육이다. 유아기에는 인성의 기초가 형성된다. 인성이란 개인을 특징짓는 지속적이며 일관된 행동양식으로, 가소성이 높은 유아기에 질적인 유아교육을 받는다면 유아의 인성은 바람직한 방향으로 형성될 것이다. 또한 유아기는 한 개인이 생명을 유지하거나 사회에 적응하기 위해서 꼭 지켜야 할 기본생활습관이 갖추어지는 가장 중요한 시기로, 인간다운 삶을 위한 좋은 습관을 형성하는 시기이다. 2013년부터 시행되고 있는 국가수준 교육과정인 3~5세 누리과정에서도 양질의 교육경험을 제공하여 유아기부터 타인을 배려하고 존중하며 공감하는 역량을 기르기 위한 인성교육을 대폭 강화하고자 하였다.

넷째, 유아교육은 민주시민으로서 성장할 수 있는 소양을 기르는 중요한 교육이다. 민주시민이란 상대방의 인격이나 의견을 존중할 뿐 아니라 서로 개성이 다른 존재임을 인정하고 의견이 다를 때는 합의점을 도출할 줄 아는 사람이다. 유아교육은 바른 인성, 기본생활습관, 슬기로운 판단력, 정직함과 책임감, 다른 사람과 원만하게 지낼 수 있는 능력 등을 형성할 수 있는 경험들을 제공함으로써 민주시민으로서 갖추어야 할 자질을 함양하도록 돕는다.

다섯째, 유아교육은 건전하고 발전적인 사회 및 국가 건설에도 중요하다. 현 시대의 젊은 부모들은 조부모 세대로부터 직접 도움을 받기 힘든 시대와 사회에 살고 있기 때문에 유아기 자녀양육에 많은 어려움을 가지고 있다. 어린이집과 유치원은 가정에서 부모들이 유아의 인성을 바람직하게 형성하고 기본생활습관이나 도덕성의 기초를 기를 수 있도록 가족참여나 가족지원 프로그램은 물론 다양한 부모교육을 실시하여 가정에서도 유아에게 적절한 교육경험을 제공할 수도 있도록 돕는다. 아울러 유아교육은 유아 개개인의 잠재능력을 다양하게 길러내어, 다양한 분야에서 창의적으로 일할 국가의 인적자원을 양성하는 교육이다. 유아들은 우리나라 미래의 가장 중요한 자원이므로 가장 적절한 시기인 유아기부터 양질의 교육을 받아야 한다. 그렇지 않다면, 유아의 기초적인 잠재능력은 계발되지 못해 개인뿐만 아니라 국가 전체에 큰 손실이 된다.

종합해 보면, 유아교육은 유아가 사회에 잘 적응하고, 그 사회에서 능력 있는 성인으로 성장하도록 돕는 교육이다. 유아교육은 유아의 인성, 도덕성, 학습능력, 창의성 등 미래사회에 살아갈 유아들에게 기초교육으로서 중요성을 가지므로, 유아기의 발달적 특징인 적기성, 기초성, 누적성 등을 고려하여 양질의 경험을 제공해야 한다. 또한 유아교육기관에서 바른 교육을 받으며 성장한 유아들은 민주시민으로서 평화로운 사회를 건설하는 역군이 될 것이며, 결국 국가의 유능한 인적자원이 될 것이다. 이러한 교육의 기초는 바로 유아교육에서 시작되기 때문에 유아교육은 아무리 강조해도 지나치지 않을 것이다.

3. 유아교육기관의 유형과 특성

유아교육기관은 영유아의 체계적인 보육과 교육을 위하여 국가에서 법과 제도로 공인한 영유아를 위한 교육기관과 보육기관을 의미한다. 우리나라는 이원화된 법과 행정체계로 구성되어 있고 유아교육기관은 이에 따라 교육부 관할인 유치원과 보건복지부 관할인 어린이집이 있다. 유치원은 「교육기본법」 제9조(3항: 학생의 창의력 계발 및 인성 함양을 포함한 전인적 교육을 중시하여 이루어져야 한다)에 따라 유아교육에 관한 사항을 정한 「유아교육법」에 의해 설치, 운영되고 있고 어린이집은 「영유아보육법」에 근거하여 설치, 운영되고 있다.

1) 유치원

유치원은 2004년 제정, 공포된 「유아교육법」에 따라 만 3세에서 초등학교 취학 전까지의 유아들의 교육을 위해 설립, 운영되는 학교를 말한다. 유치원은 설립 주체에 따라 국립유치원, 공립유치원, 사립유치원 등 3개의 유형으로 구분된다(「유아교육법」 제7조).

(1) 국립유치원

국가가 설립, 경영하는 유치원을 말한다. 국립대학에서 설치, 운영하고 있으며 한국교원대학교 부설 유치원, 강릉원주대학교 부설 유치원, 공주대학교 사범대학 부설 유치원 등 3곳이 있다.

(2) 공립유치원

공립유치원은 지방자치단체가 설립, 경영하는 유치원으로 흔히 단설유치원과 병설유치원으로 구분한다. 단설유치원은 독립된 시설과 독자적인 교육과정을 운영하는 유치원으로, 독립된 기관장이 원장이다. 이에 비해 병설유치원은 초등학교 내 학교급이 다른 형태로 설치되어 독자적인 교육과정을 운영하지만, 인적·물적자원을 공유하여 운영하고, 일반적으로 초등학교 기관장이 원장을 겸직하게 된다(고문숙 외, 2014).

(3) 사립유치원

법인, 종교단체, 개인 등에 의해 설립된 유치원을 말한다. 사립유치원에는 개인이 설립 운영하는 유치원과 대학 부설 유치원, 종교 재단 운영 유치원 등이 있다.

표 1-1 유치원 유형

유형	내용
국립유치원	국가가 설립, 경영하는 유치원
공립유치원	지방자치단체가 설립, 경영하는 유치원(단설유치원, 병설유치원)
사립유치원	법인 또는 개인이 설립, 경영하는 유치원

유치원 시설 및 취원 유아 수의 추이를 살펴보면 2007년 8,294개소에서 2016년까지 8,987개소로 꾸준히 증가하여 온 것을 볼 수 있다. 2017년까지는 유치원 수는 증가하였으나 원아 수는 감소하기 시작한다. 2018년부터는 유치원과 원아 수가 점차 감소하여 2020년 현재 8,705개소(612,538명)에 이르고 있다.

2020년 현재 국립유치원은 전국에 3개소로 변함이 없지만 공립유치원은 4,973개소로 2019년 대비 117개소가 증가하였으며, 사립유치원은 3,729개소로 2019년 대비 249개소가 감소한 것으로 나타났다. 유치원에 다니는 유아 수별로 보면, 지난 10년 동안 사립유치원에 다니는 유아가 공립유치원에 다니는 유아보다 늘 많았다. 그 이유는 사립유치원은 공립유치원보다 학급 수가 많기 때문이다. 유치원은 국가 수준의 교육과정인 누리과정을 토대로 각 유치원이 교육계획을 수립하여 운영한다. 유치원의 연간 교육일수는 180일이며 하루 교육시간은 최소 3~5시간 운영되어야 하지만, 최근 종일제 요구가 높아지면서 반일제(3~5시간), 연장제(5~8시간), 방과후(8시간 이상) 프로그램을 운영할 수 있다.

표 1-2 연도별 유치원 시설 및 원아 수 (단위: 개소, 명)

연도	국립		공립		사립		계	
	시설 수	원아 수	시설 수	원아 수	시설 수	원아 수	시설 수	원아 수
2007	3	261	4,445	118,161	3,846	423,128	8,294	541,550
2008	3	249	4,480	118,879	3,861	418,694	8,344	537,822
2009	3	231	4,490	125,305	3,880	411,825	8,373	537,361
2010	3	236	4,498	126,341	3,887	412,010	8,388	538,587
2011	3	240	4,499	125,855	3,922	438,402	8,424	564,834
2012	3	226	4,522	127,121	4,013	486,402	8,523	613,749
2013	3	225	4,574	141,827	4,101	516,136	8,678	658,188
2014	3	258	4,616	148,011	4,207	504,277	8,826	652,546
2015	3	256	4,675	161,083	4,252	521,214	8,930	682,553
2016	3	258	4,693	170,091	4,291	533,789	8,987	704,138
2017	3	249	4,744	172,272	4,282	522,110	9,029	694,631
2018	3	249	4,798	172,121	4,220	503,628	9,021	675,998
2019	3	275	4,856	177,055	3,978	456,583	8,837	633,913
2020	3	273	4,973	178,628	3,729	433,637	8,705	612,538

출처: 교육부(2021). 교육부통계서비스(2020. 12. 기준).

2) 어린이집

어린이집은 「영유아보육법」(1991년 제정, 2004년 개정)에 근거하여 0세에서 만 6세 미만의 취학 전 유아를 대상으로 보건복지부 관할하에 보육을 제공하는 유아교육기관으로 보육시설이라고도 한다. 동법 제10조에 제시된 어린이집은 설치 및 운영 주체에 따라 다음과 같이 구분된다.

(1) 국·공립어린이집

국가와 지방자치단체가 설치, 운영(위탁운영 포함)하는 시설이다. 국가나 지방자치단체가 직접 운영하기도 하고, 개인이나 단체 또는 법인에게 위탁하여 운영하기도 한다. 사회복지법인어린이집은 「사회복지사업법」에 의한 사회복지법인이 설치, 운영하는 시설로 시장, 군수, 구청장의 인가를 받아야 한다.

(2) 사회복지법인, 법인·단체등, 민간어린이집

사회복지법인어린이집은 「사회복지사업법」에 의한 사회복지법인이 설치·운영하는 어린이집을 말하며, 법인·단체등 어린이집은 각종 법인(사회복지법인을 제외한 비영리법인)이나 단체 등이 설치, 운영하는 어린이집이다. 민간어린이집은 국·공립, 사회복지법인, 법인 단체등, 직장, 가정, 부모협동 어린이집이 아닌 어린이집을 말한다. 이들 어린이집 유형은 21명 이상의 영유아를 보육한다.

(3) 직장어린이집

사업주가 사업장의 근로자를 위하여 단독 또는 공동으로 사업장 내 또는 그에 준하는 인근 지역과 사원주택 등 사업자, 근로자 밀집 거주 지역에 설치, 운영하는 시설이다. 예를 들면, 정부종합청사, 서울시청, 국회, 서울 중구청과 같은 관공서, 은행, 의료원 어린이집 등이 해당한다.

(4) 가정어린이집

개인이 가정 또는 그에 준하는 곳에서 설치, 운영하는데, 민간어린이집과 달리 이곳에서는 5인 이상 20인 이하의 영유아를 보육할 수 있다.

(5) 부모협동어린이집

0~5세 영유아를 둔 보호자 11인 이상이 상호 출자하여 공동으로 조합을 결성하여 설치, 운영하는 시설이다. 출자는 조합원의 약정에 따르며, 조합원 2/3 이상의 찬성으로 업무 집행자를 선임하여 가급적 시설장을 겸직하도록 한다.

표 1-3 어린이집 유형

어린이집 종류		설치 운영 주체	규모
1	국·공립 어린이집	국가나 지방자치단체가 설치·운영(위탁운영 포함)하는 어린이집(직장어린이집 제외)	상시 영유아 11인 이상 보육
2	사회복지법인 어린이집	「사회복지사업법」에 의한 사회복지법인이 설치, 운영하는 어린이집	상시 영유아 21인 이상을 보육
	법인·단체등 어린이집	각종 법인(사회복지법인을 제외한 비영리법인)이나 단체 등이 설치·운영하는 어린이집	
	민간 어린이집	국·공립, 사회복지법인, 법인·단체등, 직장, 가정, 부모협동어린이집이 아닌 어린이집	
3	직장 어린이집	사업주가 사업장의 근로자를 위하여 설치, 운영하는 어린이집(국가 또는 지방자치단체의 장이 소속 공무원을 위하여 설치, 운영하는 어린이집 포함)	상시 영유아 5인 이상을 보육
4	가정 어린이집	개인이 가정 또는 그에 준하는 곳에 설치, 운영하는 어린이집	상시 영유아 5인 이상 20인 이하를 보육
5	부모협동 어린이집	보호자 11인 이상이 조합을 결성하여 설치, 운영하는 어린이집	상시 영유아 11인 이상을 보육

출처: 보건복지부(2021). 2021년도 보육사업안내.

표 1-4 연도별 어린이집 시설 및 원아 수 (단위: 개소(명))

연도	국·공립	사회복지 법인	법인·단체등	민간	직장	가정	부모 협동	계
2007	1,748 (119,141)	1,460 (118,211)	1,002 (55,906)	13,081 (612,484)	320 (14,538)	13,184 (177,623)	61 (1,444)	30,856 (1,099,933)
2008	1,826 (123,405)	1,458 (113,894)	969 (53,818)	13,306 (615,647)	350 (15,124)	15,525 (210,438)	65 (1,491)	33,499 (1,135,502)
2009	1,917 (129,656)	1,470 (112,338)	935 (52,718)	13,433 (623,045)	370 (16,809)	17,359 (236,843)	66 (1,655)	35,550 (1,175,049)
2010	2,034 (137,604)	1,468 (114,054)	888 (51,126)	13,789 (671,891)	401 (18,794)	19,367 (281,436)	74 (1,898)	38,021 (1,279,910)
2011	2,116 (143,035)	1,462 (112,688)	870 (50,676)	14,134 (671,891)	449 (21,901)	20,722 (308,410)	89 (2,286)	39,842 (1,348,729)

연도	국·공립	사회복지 법인	법인·단체등	민간	직장	가정	부모 협동	계
2012	2,203 (149,677)	1,444 (113,049)	869 (51,914)	14,440 (706,647)	523 (24,987)	22,935 (371,671)	113 (2,913)	42,527 (1,487,361)
2013	2,332 (154,465)	1,439 (108,834)	868 (51,684)	14,751 (770,179)	619 (34,479)	23,632 (364,113)	129 (3,226)	49,770 (1,486,980)
2014	2,489 (159,241)	1,420 (104,552)	852 (49,175)	14,822 (775,414)	692 (39,265)	23,318 (365,250)	149 (3,774)	43,742 (1,496,671)
2015	2,629 (165,743)	1,414 (99,715)	834 (46,858)	14,626 (747,598)	785 (44,765)	22,074 (344,007)	155 (4,127)	42,517 (1,242,813)
2016	2,859 (175,929)	1,402 (99,113)	804 (45,374)	14,316 (745,663)	948 (52,302)	20,598 (328,594)	157 (4,240)	41,084 (1,241,215)
2017	3,157 (186,916)	1,392 (96,794)	771 (43,404)	14,045 (738,559)	1,053 (58,454)	19,656 (321,608)	164 (4,508)	40,238 (1,450,243)
2018	3,602 (200,783)	1,377 (92,787)	748 (41,298)	13,518 (711,209)	1,111 (62,631)	18,651 (302,674)	164 (4,360)	39,171 (1,415,742)
2019	4,324 (232,123)	1,343 (86,775)	707 (38,538)	12,568 (664,106)	1,153 (66,023)	17,117 (273,399)	159 (4,121)	37,371 (1,365,085)
2020	4,958 (253,251)	1,316 (78,322)	671 (34,066)	11,510 (578,196)	1,216 (66,401)	15,529 (230,444)	152 (3,716)	35,352 (1,244,396)

출처: 보건복지부(2021a). 보육통계(2020. 12. 기준).

〈표 1-4〉는 2007년부터 현재까지의 어린이집 시설 수와 어린이집에 다니는 영아와 유아의 수치를 보여준다. 2007년 전체 어린이집은 30,856개소에서 매년 성장하여 누리과정 시행, 양육 수당 등 정책의 변화로 2013년 49,770개소로 급속도로 증가했다가 이후 출산율 감소로 계속 감소하여 2020년에는 35,352개소이다. 2013년 이후 어린이집 전체 기관 수는 감소 추세를 보이는데 국·공립어린이집과 직장어린이집은 매해 증가하는 반면 가정어린이집은 2014년부터 큰 폭으로 감소하는 것으로 나타났다.

어린이집에서는 「제4차 어린이집 표준보육과정」(2020)에 따라 어린이집의 보육이념과 기관의 상황, 보육대상 유아의 특성에 따라 보육계획을 수립하고 실시해야 한다. 아울러「영유아보육법」시행령 및 시행규칙에서 규정하고 있는 제반 보육사업 수행에 필요한 사항과 국가 및 지방자치단체의 지원에 관한 세부 사항들은 보건복지부에서 매년「보육사업안내」에 자세히 제시하고 있다.

퀴즈

01. 유아교육에 대한 설명으로 잘못된 것을 고르시오.

① 유아교육은 유아들이 민주시민으로서의 소양을 갖출 수 있도록 다양한 사회적 경험을 제공한다.
② 유아교육을 통해 국가의 인적자원이 될 수 있도록 유아의 잠재능력을 최대한 계발한다.
③ 유아교육은 유아 전문가에 의해 이루어지는 교육으로 유아교육기관에서만 진행된다.
④ 유아교육은 유아 개개인이 가지고 있는 잠재능력을 최대한으로 계발하여 전인발달이 이루어지도록 한다.

02. 우리나라 유아교육기관의 유형이 아닌 것을 고르시오.

① 단설어린이집 ② 국립유치원
③ 가정어린이집 ④ 사립유치원

03. 유아교육의 중요성은 발달특성 측면의 적기성, (　　　　), (　　　　)으로 설명할 수 있다.

04. 우리나라의 유아교육의 대상 연령은 (　　　)에서 초등학교 취학 전 만 5세까지이다.

05. 우리나라 유아교육기관은 교육부 관할의 (　　　)과 보건복지부 관할의 (　　　)이 있다.

06. 공립유치원은 지방자치단체가 설립, 경영하는 유치원으로 (　　　) 유치원과 병설유치원이 있다.

07. 다음 중 바르게 설명한 문장에 O, 바르지 않은 문장에 X 하시오.

- 유아교육은 교육학의 한 분야이나 어린 연령이므로 양육과 보살핌, 조기교육으로 이루어져야 한다. (　　)
- 영유아기는 뇌발달의 결정적 시기이므로 양질의 유아교육이 중요하다. (　　)

토론 문제

01. 자신의 유아교육 경험과 유아교육의 중요성을 관련지어 생각해 봅시다.

02. 어린이집과 유치원의 공통점과 차이점에 대해 이야기해 봅시다.

정답 1. ③ 2. ① 3. 기초성, 누적성 4. 출생 5. 유치원, 어린이집 6. 단설 7. X, O

Chapter

02

우리나라 유아교육의 역사

1. 전통사회
2. 해방 전 사회(1945년 광복 이전)
3. 광복 후 ~ 2008년
4. 2009년 이후

우리나라 전통사회의 유아교육은 대부분 가정에서 이루어졌으며, 다만 남자아이들이 글을 배우기 위해 서당에 다녔다. 따라서 본질적 의미에서 서당은 유아교육기관이 아니지만, 유아교육은 서당에서 시작되었다고 볼 수 있다. 이렇게 서당에서 시작된 우리나라의 유아교육은 현재에 이르러 교육부가 관할하는 유치원과 보건복지부가 관할하는 어린이집이라는 이원화된 체제로 발전되어 오고 있다.

본 장에서는 우리나라의 유아교육이 유아교육기관의 체제로 성립되어 그 정책이 어떻게 변화되어 왔는지 살펴보고자 한다.

1. 전통사회

우리나라에서는 예부터 서당이라고 하는 사설교육기관이 있었다. 서당은 고려시대(서기 937~1392)로부터 조선시대(서기 1392~1897)에 이르기까지 존재해 왔고 유일한 초등교육기관이었다. 특히 조선시대 말기에는 서당이 널리 보급되어 있었으며, 영국의 지리학자 비숍(I. B. Bishop) 여사는 "작은 마을마다 학교가 있었다"라고 기록한 바 있다(이기숙 외, 2014).

한일병합 이후에도 서당은 존속하였고 식민지 통치자들은 서당을 최소한 수준의 기초교육기관으로 활용하고자 하였다. 이른바 개량서당으로 개편할 것을 유도하여 종래의 한문 위주의 교육 외에 일본어와 산술을 가르치게 하였다(이상금, 1995). 그러나 개량서당으로서의 전환은 순조롭게 진행되지 않았고, 이에 대한 통제와 규제가 강화되면서 서당은 감소되어 갔다.

서당에 상당 수의 유아가 재적하고 있었다는 사실이 밝혀진 바 있다. 박래조(1980)의 연구에 의하면 만 4세아 1.63%, 만 5세아는 10.23%가 서당에 다니고 있었다고 밝히고 있다(이상금, 1995). 이 연구는 전라북도만을 대상 지역으로 삼았다는 제한점을 가지고 있으나, 1930년 이전에 보통학교 취학률이 20%에 미치지 못했던 점을 감안할 때 시사점이 큰 연구결과로 보이는 것이다. 유아가 서당에 재적한 이유는 여러 각도의 분석과 추정이 가능할 것으로 보이나, 확실한 점은 만 4세, 5세아에게 교육이 필요하고 교육이 가능하다고 생각한 학부모의 의식이 있었다는 점이다. 즉, 유아기의 형식적 교육에 대한 학부모의 요구와 수용태세가 형성되어 있었다고 보인다. 이와 같은 우리나라의 학부모의 의식과 자세는 근대식 유아교육을 수용하는 토양이 되었다고 말할 수 있을 것이다.

2. 해방 전 사회(1945년 광복 이전)

가정교육의 일환으로 또는 서당에서 부분적으로 행해지던 유아교육이 유치원이라는 형식적인 교육기관을 통해 시행되었다. 우리나라에 유아교육기관으로서 유치원이 설립될 수 있었던 기초는 1908년 4월 2일 칙령 제22호로 제정 공포된 「조선 여학교령」이었으며, 동령 제1조에 따라 고등여학교에 부속유치원을 설립할 수 있는 법적 근거가 마련되었다. 이 학교령에 따라 1908년 4월 7일부터 전문 24조로 된 관립 한성 고등여학교의 세칙이 시행되었으며 여기에는 유아의 연령, 정원, 교육내용, 1일 보육시간, 보모 1인당 유아 수, 보육료, 기타 사항을 규정하였다(이상금, 1995). 1922년에는 제2차 「조선교육령」과 유치원에 관한 규정이 포함되어 있는 「소학교령」이 공포되었는데, 유치원 설립 인가 절차와 시설 기준 등이 제시되어 있다. 이 조선교육령은 일본인이 제정한 법이기는 하지만 우리나라 유치원에 관한 규정이기 때문에 매우 중요한 의미가 있으며 광복 후에 「교육법」이 제정되기까지 우리나라 유치원의 유일한 법적 근거가 되었다.

이 시기의 유아교육은 민간인들에 의해서 자생적으로 이루어졌는데, 이 시기에 설립된 유치원들은 설립 목적에 따라 크게 두 가지로 구분할 수 있다. 첫 번째는 친일파에 의한 일본인 유치원이고, 두 번째는 한국인 유치원인데, 여기에는 종교적 목적의 입장에서 설립된 유치원이 주류를 이루었다. 이때 설립된 주요 한국인을 대상으로 한 유치원으로 '경성유치원', '이화유치원', '중앙유치원'을 들 수 있다.

① 경성유치원

경성유치원은 1913년에 한국인을 위해 최초로 설립된 유치원이다. 해당 원은 한국인 자녀를 위한 유치원이었으나, 일본에 협조하는 특수층 관리의 자녀만이 다닐 수 있었으며, 일본인 교사들이 일본의 풍습과 습관을 가르침으로써 이른바 '식민지 동화정책'을 위한 조기교육을 실시하였다. 따라서 진정한 의미에서 한국인을 위한 유치원이라고 할 수는 없다.

② 이화유치원

이화유치원은 1914년 미국 선교사 브라운 리(Brown lee)에 의해 설립된 유치원으로 우리나라에서 가장 오랜 역사를 가진 유치원이다. 유치원과 함께 1915년에는 우리나라 최초의 유치원 교사양성기관인 이화유치원 사범과가 설립되었다. 2년제의 이화유치원 사범과는 1928년 이화보육학교로 개칭되었다.

③ 중앙유치원

중앙유치원은 3·1독립선언문의 서명자 33인 중 한 사람인 박희도의 주도에 의해서 1916년 10월 29일에 개원하였다. 해당 유치원의 설립주체는 박희도, 장낙도, 유양호 등으로 중앙교회의 목사, 신도들로서 교사, 육영사업가, 실업가였다(김형목, 2010). 중앙유치원은 1922년 9월 유치원 사범과를 설치하였다. 중앙유치원은 한국인 손에 의해 능동적으로 처음으로 설립된 유치원으로서 의의를 지닌다.

그 이후 우리나라 유치원 수는 점차 사립을 중심으로 급증하여 1920년에 35개의 유치원이, 1930년대에 이르러는 약 206개의 유치원이 전국에 걸쳐 설립되었다. 그러나 그 당시 유치원 교육은 한국인 자녀를 위한 보편적인 교육이라기보다는 일본인 중심의 상류층 자녀를 위한 교육이 주류를 이루었다(이기숙 외, 2014).

1920년대에는 교육구국주의 정신을 계승하여 많은 유치원이 설립된 시기였다. 그러나 열의만 앞서고 유치원 교육의 참뜻을 인식하지 못한 채 확산된 유치원에 대하여 회의와 자성의 움직임이 나타났으며 1930년대에 들어서서 유치원 무용론이 제기되기에 이르렀다. 이에 유아교육계에서는 유치원 교육의 의의를 규명하고자 하는 움직임과 내적 충실을 기하고자 하는 새로운 자각시대를 맞이하게 되었다(이상금, 1995). 그 이후로는 사회적 혼란으로 증가율이 감소되어 1945년에는 144개의 유치원만이 남게 되었다.

3. 광복 후 ~ 2008년

1) 광복 이후부터 제5공화국 정부(1945~1987)

(1) 광복 이후부터 1970년대 말

1945년 8월 15일 광복을 맞이한 우리나라는 1948년 7월 17일 대한민국 「헌법」을 제정하였다. 이때 제정된 「헌법」 제16조는 "모든 국민은 균등하게 교육을 받을 권리가 있다. 적어도 초등교육은 의무적이며 무상으로 한다. 모든 교육기관은 국가의 감독을 받으며 교육제도는 법률로써 정한다."라고 규정하였다(「헌법」 제1호, 1948. 7. 17).

교육제도를 법률로 정하도록 한 「헌법」의 위임에 따라 1949년 12월 31일 「교육법」이 제정되었고, 같은 날 시행되었다. 「교육법」은 제5장 제10절 유치원에 관한 규정을 두어 유치원을 학교제도의 하나로 정했다. 법 제146조는 유치원 교육의 목적을 '유아를 보육하고 적당한 환경을 주어 심신의 발육을 조장하는 것'이라고 하였다.

「교육법」 제정 이후 유치원 교육은 1948년부터 문교부의 보통 교육국 초등교육과에서 담당하였다(「정부조직법」 제20조, 법률 제1호, 1948. 7. 17). 문교부는 1950년 5월 '국립유치원 설치계획'을 발표하고 정부 차원에서 국립유치원을 확대해 나가려고 했으나 한국전쟁으로 실현되지 못하였다(문교부 편, 1980: p.157, p.386). 전쟁 이후 사회가 어느 정도 안정을 되찾으면서 사립유치원이 점차 증가하였으나, 교사의 부족과 교육과정의 부재로 인하여 비체계적으로 운영되었다(문교부 편, 1980: p.157).

1960년대에 정부는 유아교육을 위한 시설 투자를 하지는 않았으나 질적 수준을 높이기 위한 노력을 하였다. 유치원 교육의 질적 수준을 높이기 위해 시도한 정책 중에서 가장 중요한 것은 1969년 2월 19일 문교부령으로 국가 수준의 「유치원 교육과정」을 처음 제정·공포한 것이었다. 한반도에 유치원 교육이 도입된 지 70여 년이 지난 후의 일이었다(교육50년사편찬위원회, 1998: p.317). 이것은 우리나라 첫 번째 유치원 교육과정이었지만, 전인교육을 추구하는 교육목적을 제시하는 초보적 수준의 국가 수준 교육과정이었다.

문교부는 유치원의 교육내용 개선과 함께 교육환경 개선을 위한 노력도 병행하였다. 1962년 8월 「유치원 시설기준」을 제정하여 유치원의 시설과 설비, 교구, 소방시설 등에 관한 기준을 정했다(문교부령 제106호, 1962. 8. 11). 1967년 10월 제정된 「학교시설·설비기준령」 가운데 유치원 조항도 교육환경 개선의 일환이었다(대통령령 제3235호, 1967. 10. 26). 그러나 유치원 취원율 부진, 유아교육 프로그램 부재, 자질 있는 원장 및 교사의 부족, 유아교육을 위한 시설 미비 등으로 체계적인 유치원 교육이 이루어지지는 못하였다(문교부 편, 1980: p.158).

이후 1970년대로 접어들면서 사회는 국가의 경제 발전에 힘입어 유치원 교육에 대한 관심이 높아지게 되었다. 또한 1970년은 유네스코가 선포한 '세계 교육의 해(International Education Year)'였으며, 그 결과 유아교육은 많은 발전을 이루게 되었다. 1970년대 우리나라 유아교육의 발달에서 중요한 사실 중 하나는 공립유치원이 처음 설립 및 운영되었다는 것이다. 실제 1976년에 초등학교 병설 형태로 공립유치원이 서울 4개, 부산 1개로 총 5개 설립 및 운영되었다.

1970년대 유아교육과 관련된 중요한 보고서가 하나 있다. 1978년 문교부의 의뢰로 한국교육개발원(KEDI)이 발간한 「교육발전의 전망과 과제: 1978~1991」가 그것이다. 교육 분야뿐만 아니라 사회 각계의 전문가 수백 명이 참여한 이 보고서에서는 지난 30간의 한국교육을 평가하고, 1991년까지 한국교육이 나아가야 할 방향과 과제 등을 제시하고 있다. 한국교육개발원은 '유아교육의 보편화 실천'을 위한 정책 방향으로 유아교육의 기회 확대, 문화 낙후 지역 저소득층 우선, 공립유치원의 설립 확대 등을 제시하였다. 이와 함께 유아교육 보편화 실현을 위한 정책과제의 하나로 '유아교육 지원체제 강화'를 제시하였다.

이상의 내용을 살펴보면, 정부 수립 초기에는 전쟁과 사회적 혼란으로 유치원의 확장이 어려웠으나 점차 사회가 안정되었다. 이후 1970년대 중반의 공립유치원 설립과 유아교육 부분에 대한 장기종합계획의 수립이 정부의 유아교육에 대한 관심을 유발시켜 유치원 교육과정이 2차 개정되었다.

(2) 유아교육 진흥 종합계획과 「유아교육진흥법」의 제정(1982)

1980년대 정치체제는 큰 변화를 맞이하였다. 1979년 박정희 정권의 유신체제가 막을 내리고, 같은 해 '12·12 쿠데타'로 신군부가 정권을 장악하였기 때문이다. 1981년 제5공화국의 출범은 유아교육에 새로운 전환기를 불러오게 된다. 1980년 9월 청와대에는 교육분야를 담당하는 '교육·문화 비서실'이 따로 신설되어 교육개혁을 위한 정책을 발표하였으며, 1981년 대통령이 새해 국정연설에서 취학 전 교육에 대한 강화방침을 발표함으로써 취학 전 교육의 활성화 방안이 논의되기 시작하였다. 1980년부터 제5공화국은 중점사업으로 새마을협동유아원을 설립하였다. 새마을운동의 일환으로 추진된 새마을협동유아원은 특별한 근거 법령 없이 1980년 12월 발행된 내무부의 운영지침과 '새마을협동유아원 설치 운영자료'에 의해 1981년 3월 시범운영되기 시작되었다. 정부는 같은 해 8월 '제5차 경제사회발전 5개년 계획(1982~1986)'을 확정·발표하였다. 제5차 경제사회발전 5개년 계획에는 '유아교육의 강화'가 교육부문의 세부과제에 포함되었으며,. 교육기회를 확대하기 위해 1981년 8%인 유치원의 취원율을 1986년 50%까지 높인다는 계획이었다(대한민국정부, 1981: p.89).

이어서 정부는 1982년 3월 '유아교육 진흥 종합계획'을 수립하였다. 이 종합계획에 따라 문교부는 '유아교육 진흥책 5개년 계획(1982~1986, 1987~1991)'을 수립하였다. 유아교육 진흥 종합계획에 따라 정부는 1982년 12월 유아교육진흥을 정책적으로 추진하기 위한 법적 기반 확립을 위해 법률 제3635호 「유아교육진흥법」을 제정·공포하였으며, 우리나라 역사상 처음으로 유치원과 함께 새마을유아원을 '유아교육기관'으로 규정하였다.

관련법이 제정됨으로서 나타난 효과는 다음과 같다. 첫째, 관련부처의 담당부서 신설이다. 이전까지 보통교육국 의무교육과에서 담당했던 유치원의 업무는 보통교육국 내의 '유아교육 담당관실'로 이관되었다. 둘째, 시·도 교육위원회에 유아교육 담당 장학사들이 배치됨으로써 유아교육 행정의 효율성을 기하게 되었다. 마지막으로 그동안 다양한 행정부서(문교부, 보건사회부, 내부무, 농촌진흥청)에서 담당했던 유아교육 체제가 문교부 산하의 공·사립유치원과 내무부 산하의 새마을유아원으로 이원화되고, 법적으로는 「유아교육진흥법」이라는 단일법을 적용하도록 하는 법적 단일화 체제를 갖추게 되었다.

이와 같은 「유아교육진흥법」이 제정된 이후 유아교육의 기회는 보다 많은 영유아에게 확대되어 제공되었다. 실제 1980년 7.3%에 불과하던 만 5세 유아 취원율은 1986년 57%까지 확대됨으로써 초등학교 신입생 절반 이상이 취학 전 유아교육을 경험하게 되었다. 일부 계층만 유아교육을 받을 수 있었던 상황에서 취원 대상자의 과반수 이상이 취원한 것은 우리나라 유아교육 사상 매우 의미 있는 양적 증가였다고 할 수 있다(내무부, 1988: p.203).

2) 제6공화국부터 문민정부(1988~1998)

(1) 다양한 탁아시설의 등장과 교육과 보육의 이원화 체제

제5공화국이 저물어 가던 1987년에 우리나라는 다시 정치체제의 격변을 겪었다. 우리나라 국민은 6월 민주 항쟁으로 '6·29 민주화 선언'을 이끌어 냈고, 10월 27일 대통령 직선제와 5년 단임제를 주요내용으로 하는 헌법 개정안을 국민 투표로 확정했다. 이 헌법이 30년간 유지되어 온 현행 헌법이다. 같은 해 12월 16일에는 바뀐 헌법에 따라 제13대 대통령 선거를 치뤘고, 민주정의당 노태우 후보가 당선되었다. 노태우 대통령은 1988년 2월 25일부터 5년간의 임기를 시작했다.

1988년 이전 정부들의 정치·행정 체제를 지배해 온 통치이념은 경제제일주의와 안보우선주의였으나 제6공화국에 접어들면서 복지주의와 자유민주주의가 새로운 통일이념으로 떠올랐다. 정치체제의 변화와 함께 사회·경제적 환경도 변화하고 있었다. 사회 각계의 민주화 요구가 분출했고, 1960년대부터 지속된 경제 성장으로 여성의 경제활동도 크게 늘어났다. 1986년 말 여성 취업자 수는 616만 5천명으로 우리나라 전체 취업자 수의 39.8%를 자지했고, 여성의 근로활동 영역은 거의 모든 산업, 모든 직종에 이르렀다(장하진 외, 2001). 이에 따라 전통적으로 여성이 담당해 왔던 자녀양육은 심각한 사회문제로 대두되었다. 1980년대의 유아교육 진흥정책이 이러한 사회의 요구를 충족하지 못하자, 정부와 민간이 다양한 탁아소를 설치하기 시작했다.

산업구조의 개편으로 기혼 여성들이 노동시장으로 대거 유입되고 저소득층 가정의 자녀들이 방치되는 상황이 벌어지자 도시 빈민지역과 공당지역을 중심으로 민간

탁아소가 생겨나기 시작하였다. 민간탁아소는 새마을유아원과 같은 시기에 생겨나기 시작하여 어려운 재정, 불충분한 시설, 비전문적인 인력에도 불구하고 부모들의 노동시간에 맞는 탁아시간, 저렴한 보육료, 만 2세부터 취원 등 수요자의 요구에 맞추어 운영하는 장점이 있었다. 노동부 역시 1986년 6월 기혼 여성들이 출산 후에도 퇴직하지 않고 계속 취업할 수 있도록 공단지역에 직장탁아소를 설치, 운영하기로 하고 세부 시행계획을 확정하였다(정혜선, 2003).

노태우 정부 출범 후 1988년 3월 14일 문교부와의 업무 보고에서 대통령은 유아교육 체제의 합리적 정립과 유아교육의 질적 향상에 대해 지시하였고, 이에 따라 문교부는 1988년 '중앙교육심의회'를 구성하였다. 같은 해 8월 중앙교육심의회를 거쳐 '유아교육 체제 정립방안'을 확정하였다. 이 방안에는 새마을유아원을 유치원과 탁아소로 개편·정비한다는 것이었다. 이에 따라 새마을유아원은 설립자의 희망에 따라 사립유치원으로 전환하고, 전환하지 않은 경우에는 보육이나 탁아 기능만을 전담하도록 하였다. 그리고 지역의 필요와 희망에 따라 사립유치원에 탁아시설 병설을 허용하기로 하였다. 또한 국회는 1990년 12월 '영유아의 보호, 교육에 관한 법률안'을 다른 여러 건의 법안들과 함께 처리하였으며, 법안의 명칭은 「영유아보육법」으로 변경되었다. 「영유아보육법」은 1991년 1월 14일 공포, 시행되었다.

「영유아보육법」에서 '영유아'는 '6세 미만의 취학 전 아동'을 말하며, '보육시설'은 "보호자가 근로 또는 질병, 기타 사정으로 영유아를 보호하기 어려운 경우에 보호자의 위탁을 받아 영유아를 보육하는 시설"이다(법률 제4328호, 1991.1.14.).

(2) 유아교육의 공교육 체제 확립방안(1997)

1992년 12월 대통령 선거 결과, 민주자유당의 김영삼 후보가 당선되었다. 김영삼 대통령은 군인들이 정치하는 시대가 끝났다는 의미에서 새 정부의 이름을 '문민정부'라 불렀다. 문민정부의 출범과 더불어 사회 전 분야에 대한 개혁의 요구가 분출했고 교육계에서도 교육개혁이 국가 개혁의 근본임을 주장하고 교육 전반에 대한 개혁을 요구하였다. 이에 교육개혁위원회를 설치하고 운영하였다.

문민정보의 교육개혁방안 중 유아교육 관련 개혁은 1994년 9월 5일 발표한 제1차

교육개혁 방안에서 그 터전을 마련하였다(교육개혁위원회, 1997a). 제1차 보고서에서는 "2005년까지 만 5세 아동의 100%가 취학 전 교육을 받도록" 설정하였다. 그리고 교육개혁 11대 과제 중 하나인 '학제의 다원화 및 탄력성 제고'에서는 "유치원을 기본 학제에 편입시키고, 도서·벽지 및 도시 저소득층 유치원 교육을 무상으로 실시"하는 내용이 포함되었다(교육개혁위원회, 1994).

교육개혁위원회는 유아교육개혁을 위해 1996년 12월과 1997년 3월에 두 차례의 공청회를 개최하고 1997년 6월 '유아교육의 공교육 체제 확립' 방안을 대통령에게 보고하였다. 개혁안의 골자는 "3세에서 5세까지의 유아교육에 대한 국가의 책임을 분명히 하고, '유아학교' 체제를 구축하는 방안에 초점"을 두는 것이었다.

이와 같은 유아교육분야의 개혁은 세 가지 방향을 설정하여 마련하였다. 첫째, 3세 이상 초등학교 취학 전 유아들의 교육을 공교육 체제 안에 원칙적으로 포함하고, 교육과 보호 서비스가 함께 제공되도록 새로운 형태의 유아교육체제를 구축한다. 둘째, 불리한 조건에 놓여 있는 저소득층의 유아들에게는 교육의 기회를 우선 제공하고, 학부모 부담을 완화시켜 교육기회의 형평을 유지한다. 셋째, 초등학교 취학 직전 연령인 5세 유아들에게는 최소한 1년의 유아교육을 받고 초등학교에 입학할 수 있도록 교육의 기회와 권리를 보장하여 출발점 평등의 원칙을 구현한다(교육개혁위원회, 1997b).

3) 김대중 정부부터 노무현 정부(1998~2008)

유아교육의 공교육을 위한 정부의 노력은 2000년 교육부 장관 자문기구로 '유아교육발전추진위원회'를 구성·운영하여 「유아교육법」 및 유아교육발전계획을 마련하고 이를 정부입법으로 추진하려 하였으나, 보건복지부의 반대로 무산되었으며, 이후 「영유아보육법」 개정안의 입법 추진으로 유아교육계와 보육계의 갈등이 지속되면서 법 제정이 이루어지지 못하였다. 그러나 2004년 1월 8일 제244회 국회 본회의에서 「유아교육법」이 국회 본회의를 통과하였고, 같은 해 1월 29일 법률 제7120호로 공포되었으며 같은 해 「영유아보육법 개정안」도 함께 발의되었다. 이후 2005년 1월

29일에는 「유아교육법」과 「영유아보육법 개정안」의 시행령이 함께 제정되었다.

「유아교육법」의 제안 이유를 살펴보면(법제처, 2004), 국가인적자원 개발에 대한 범국가적인 관심이 높고 유아교육에 대한 국가 책임이 확대되고 있는 세계적 추세에 맞추어, 「초·중등교육법」에 유아교육체제가 부속적으로 규정되어 발생하는 문제점을 해소하고, 국가인적자원 관리 체제의 기본 틀을 유아 단계부터 체계화하고, 유아의 교육과 보호에 대한 공교육 체제를 마련하므로 유아의 균형적이고 조화로운 발달을 조장함과 아울러, 보호자의 사회·경제적 활동이 원활하게 이루어질 수 있도록 지원하기 위함으로 밝히고 있다.

「유아교육법」의 주요내용을 살펴보면, 유아교육 및 보육에 관한 기본계획 등을 심의하기 위해 국무총리 소속하에 유아교육·보육위원회를 두도록 하여 유아교육과 보육의 연계성을 명시한 것, 유치원도 종일반을 운영할 수 있도록 한 것, 사립유치원의 운영비를 국가로부터 지원받을 수 있도록 한 것, 초등학교 취학 직전 1년의 유아교육을 무상으로 하고 이를 국가 및 지방자치단체가 부담하도록 하는 등의 내용을 규정하고 있다.

「유아교육법」 제정은 유아교육·보호에 대한 독립적인 법체계를 정비한 것으로서 1995년 유아교육 공교육화 추진이 논의된 이래 수차례 입법화 시도 후에 된 것이라 의미가 더 크다고 볼 수 있다. 「유아교육법」 제정 의의를 살펴보면 다음과 같다(이기숙 외, 2014).

첫째, 「유아교육법」 제정은 유치원이 유아학교로서의 기관 법제화, 운영, 교육재정 및 교원에 관한 기본적인 법률로서 「교육기본법」 제9조의 규정에 의해 유아교육, 초·중등교육, 고등교육, 평생교육에 이르는 법체계를 확립한 것이며 출발점 단계의 유아교육에 대한 국가 및 사회의 책무성을 규정하였다는 점에서 커다란 의미를 갖는다. 즉, 「유아교육법」 제정은 유아기부터 체계적인 교육을 받을 권리를 보장함으로써 국가 인적자원 개발의 기본틀을 완성하였다는 것이다.

둘째, 「유아교육법」 제정은 유아교육·보호의 공교육화 기반 구축에 관한 법제화로 국가 및 자치단체의 유아교육·보호에 대한 책임을 확실하게 함으로써 유아들이 공교육체제 속에서 보다 질 높은 교육과 보호의 통합서비스를 받을 수 있게 되었다는 점에서 의의가 있다.

셋째, 만 5세아 무상교육에 대한 의무조항을 규정하고 만 3, 4세 유아에게도 저소득층 자녀부터 점진적으로 무상교육을 실시하는 법적 근거를 마련함으로써 유아의 교육기회를 확대하여 유아교육의 보편적인 기초교육으로 자리매김하게 한 것이다. 특히 유아교육비 지원을 유아의 보호자에게 지원하는 것을 원칙으로 도입한 것은 국가가 학부모의 교육선택권을 보장함으로써 유아교육의 기회를 확대하여 교육권 보장의무를 극대화한 것으로 볼 수 있다.

넷째, 「유아교육법」은 유아교육·보호과정을 학부모의 선택에 따라 반일제, 시간연장제, 방과후과정으로 다양한 프로그램을 운영하고 방과후과정 운영 유치원에 대한 지원근거를 마련함으로써 유치원에서도 보육서비스를 제공하여 여성의 경제적·사회적 활동참여를 높이는 데 기여할 수 있는 근거를 마련하였다.

마지막으로, 사립유치원의 설립 및 유치원 교사의 인건비 등 운영에 소요되는 경비의 전부 또는 일부를 보조하는 법적 근거를 마련하였다.

4. 2009년 이후

1) 누리과정의 제정의 배경

우리나라의 대표적인 유아교육기관인 유치원과 어린이집은 각각 교육부와 보건복지부를 주무 부서로 하여 이원화되어 운영되고 있다. 이에 따라 2011년까지는 각 기관에서 실행되는 교육과정도 마찬가지로 이원화되어 유치원은 유치원 교육과정을, 어린이집에서는 표준보육과정을 사용해 왔다. 이와 같은 교육과정의 이원화는 예산과 부모에게 주게 되는 불필요한 혼돈, 양 부문의 종사자, 학계 전문가, 단체 등 간의 사회적 통합을 저해해 오는 문제로 야기되었다. 이에 따라 동일연령의 모든 유아에게 동등한 질적 수준의 교육 및 보육서비스의 보장을 위해 유아에게 제시하는 기존의 유치원 교육과정과 표준보육과정의 일원화가 필수적인 선결과제라는 주장이 대두되었다(육아정책연구소, 2011).

이에 정부는 2011년 5월 2일 만 5세 교육 및 보육에 대한 국가의 책임을 강화하는 방안을 발표하였다. 이는 유아 단계에서 양질의 교육과 보육을 제공하고 교육과 보육비 부담을 완화할 수 있는 적극적 대책 마련 필요에 의한 것이었다. 구체적인 대책은 현행기관 및 교사관리체제를 유지하면서 우선적으로 만 5세 아동의 교육과 보육을 통합하여 하나의 교육과정으로 만들고, 만 5세 학비 지원을 전 계층으로 확대하며, 지원 단가를 연차적으로 현실화하는 방안이었다.

다시 말해, 만 5세 유아는 부모의 소득 수준과 상관없이 정부의 교육·보육비를 지원받으며, 유치원이나 어린이집 어디에 재원하는가와 상관없이 국가가 마련한 수준 높은 공통과정으로 교육·보육 받도록 한 것이다. 이에 2012년 3월 5세 누리과정이 처음으로 교육·보육현장에 도입되었다.

이후 정부는 제3차 위기관리대책 위원회(2012. 1. 18.)에서 유아교육·보육에 대한 국가의 책임을 강화하기로 결정하고, 2012년 3월에 도입한 5세 누리과정을 확대하는 방안을 마련하였다. 다시 말해, 만 3~4세 유아까지 누리과정을 확대하여 유아(3~5세)의 유아들에게 위와 같은 혜택을 주고자 한 것이다. 이에 따라 2012년 7월 유치원과 어린이집에 3~4세 누리과정과 5세 누리과정 일부개정을 포함하는 '3~5세 연령별 누리과정'이 고시되었다.

이와 같이 누리과정이 확대 도입됨에 따라 2013년부터 우리나라의 모든 3~5세 유아들에게 취학 전 교육의 질을 제고하여 생애 초기 출발점 평등을 보장할 수 있게 되었다(교육과학기술부, 보건복지부, 2012).

2) 누리과정의 개정

교육부는 국정과제 구현과 출발선 평등 실현을 위해 2017년 12월 '유아교육 혁신방안'을 발표하였다. '유아교육 혁신방안'의 주요 내용으로 '유아가 중심이 되는 놀이 위주의 교육과정 개편'이 명시되었다.

또한 기존의 「3~5세 연령별 누리과정」은 유치원 교육과정과 3~5세 보육과정을 통합한 공통과정으로서 유치원과 어린이집 유아들이 공통의 교육내용을 경험할 수 있도록 하는 성과를 이루었으나, 연령별 내용이 과다하다는 문제가 지적되었다. 또한 일부 현장에서는 누리과정의 이해를 돕기 위해 배부된 교사용 지도서에 의존하여 누리과정을 획일적으로 운영하거나 교사가 계획한 자유선택활동을 중심으로 놀이를 운영하여 유아가 자유롭게 놀이를 실천하는 데 한계를 보이기도 하였다(교육부, 보건복지부, 2019).

이에 현장의 목소리와 유아·놀이중심 교육과정 개편 방향을 반영하여 2019년 7월 「2019 개정 누리과정」이 고시되었다. 「2019 개정 누리과정」은 유치원과 어린이집에 다니는 3~5세 유아에게 공통으로 적용되는 교육과정으로 2020년 3월부터 시행되었다. 또한 해당 교육과정은 새로운 시대의 요구에 따라 교육내용을 간략화하고, 유아가 주도하는 놀이를 통해 배움이 구현될 수 있도록 유아·놀이중심 교육과정으로 나아가고자 하였다. 이처럼 개정 누리과정은 교사가 유아의 놀이의 가치와 의미를 이해하고, 유아의 놀이를 통한 배움을 지원하도록 하는 데 중점을 두었다(교육부, 보건복지부, 2019a).

퀴즈

01. 3~5세 연령별 누리과정의 개정 이유가 아닌 것을 고르시오.

① 보다 자유로운 놀이지원을 위해
② 초등교육과정과의 연계성을 위해
③ 국정과제 구현을 위해
④ 교육과정의 통일성을 위해

02. 다음 중 유아교육법 제정의 의의가 아닌 것을 고르시오.

① 국가인적자원 개발의 기본 틀 마련
② 유아들이 공교육 체제 속에서 보다 질 높은 교육과 보호의 통합서비스를 받게 됨
③ 3, 4, 5세 유아에게 무상교육을 보장하는 법적 근거의 마련
④ 사립유치원을 제외하고 분리를 통해 공교육을 확대하고자 하였음

03. 다음 중 바르게 설명한 문장에 ○, 바르지 않은 문장에 × 하시오.

- 유치원 교육의 질적 수준을 높이기 위해 시도한 정책 중에서 가장 중요한 것은 1969년 국가 수준의 「유치원 교육과정」을 처음 제정·공포한 것이다. ( )
- 우리나라 유아교육은 공립유치원을 중심으로 시작되었으며 이후 민간에 의해 유치원이 설립 및 운영되었다. ( )
- 2013년부터 누리과정이 확대 도입됨에 따라 우리나라의 모든 3~5세 유아들은 취학 전 교육을 무상으로 받을 수 있게 되었다. ( )

토론문제

01. 1982년 제정된 「유아교육진흥법」의 제정 배경과 제정 이후의 결과에 대해 생각해 봅시다.

02. 2012년 제정된 누리과정의 제정 배경과 의의에 대하여 생각해 봅시다.

03. 유아교육 공교육화 문제는 국가 주도의 교육개혁이 수립될 때마다 논의되는 상황이다. 유아교육 공교육화가 앞으로 어떤 방향으로 실현되어야 할지 생각해 봅시다.

정답 1. ④ 2. ④ 3. ○, ×, ○

Chapter

03

유아교육의 사상

1. 유아교육과 동양사상
2. 유아교육과 서양사상
3. 20세기 유아교육사상
4. 1990년대 이후: 포스트모더니즘과 유아교육

어떤 사회나 국가든 공동체를 형성하고 발전시키기 위해 미래 세대의 교육에 힘쓰고 있다. 무엇을, 왜, 어떻게 가르칠 것인가와 관련된 교육은 개인과 사회, 나아가 국가의 발전과 관련되어 있기 때문에 해당 시기의 시대정신이 그대로 드러나는 철학사상과 연결해서 보면 더 잘 이해할 수 있다. 인간의 본질은 무엇인지, 어떤 삶이 바람직한 것인지, 어떤 앎과 가치가 이 사회에 필요한가 등은 철학뿐만 아니라 교육의 본질이기 때문이다.

교육사상을 공부한다는 것은 그 사상이 형성된 배경과 개념을 이해하고, 교육을 어떻게 바라보았는지 살펴봄으로써, 유아교육의 현상들을 기존 또는 현재의 방식을 넘어서는 새로운 관점으로 바라보는 안목을 갖추는 출발점이다. 교육사상을 공부하다 보면 인간의 본성, 삶, 앎, 가치뿐만 아니라 유아교육 현상과 문제들을 이해하는 다양한 사유 방식을 배우게 되며, 이를 통해 교육 현상과 문제들에 대한 통찰력을 함양하게 되고 합리적이고 바람직한 해결 방법을 사유하는 지혜로운 교사로 성장할 수 있다.

이 장에서는 유아교육과 관련된 사상을 동양사상과 서양사상으로 나누어 살펴보고, 현재의 유아교육의 뿌리와 형성 과정을 이해하면서 교육 실천에 대한 비판적 사고를 형성하는 데 도움이 되고자 한다.

1. 유아교육과 동양사상

우리나라에서 유아교육이 시작된 것은 19세기 말 개항 이후인 것으로 알려지고 있다(양옥승 외, 2001). 농경사회였던 우리나라의 전통사회는 다른 문화권과 유사하게 형식적인 교육기관보다는 가정교육 차원에서 유아교육을 담당했기 때문에 대표할 만한 특정한 교육사상은 없다. 하지만 해당 시대의 종교와 학문 사상들은 그 시대의 아동관이나 양육관, 유아를 위한 교육관에 영향을 주었다. 이 장에서는 우리나라의 교육사상에 영향을 준 불교, 유교, 동학사상을 중심으로 살펴보고자 한다. 불교는 삼국시대부터 고려시대까지의 지배적인 종교사상이었으며, 조선시대에 이르러서는 유교가 정치와 문화에 절대적인 영향을 끼쳤다. 이후 '어린이 문화운동'의 토대가 된동학사상은 기독교에 의한 유아교육이 전파되기 전까지 우리나라 유아교육의 사상의 출발점이자 핵심 사상이었다.

1) 유아교육과 불교

서기 372년 고구려에 처음 불교가 전래된 이래, 통일신라시대 및 고려시대를 거쳐 불교는 전통사회의 아동관이나 양육관에 많은 영향을 주었다. 불교에서 불(佛), 붓다는 '깨달은 자'를 뜻하는 것으로, 인간 모두는 태어날 때부터 불성을 가지고 태어나며 누구나 부처가 될 수 있다고 보았다(황해익 외, 2018). 즉 인간은 성별, 연령, 신분에 상관없이 누구나 불성의 존재로 깨달음을 얻을 수 있고, 그 깨달음을 통해 누구나 '지혜롭고 자비로운 자유인' 즉 '밝고 따뜻한 주체적 인간'인 이상적 인간이 될 수 있다(고문숙 외, 2014). 이러한 불교적 인간관은 유아를 이미 불성을 가진 존재로 보고, 수행과 정진을 통하여 깨달음에 이를 수 있다고 보았다.

그림 3-1 삼화령 미륵삼존불의 동자 모습의 보살(좌). 신라시대(7세기)
수월관음도에 보이는 선재동자상(우), 고려 후기(14세기)

출처: 직지성보박물관(http://jikjimuseum.org)

불교에서는 4세에서 20세 사이의 남자를 동자(童子), 동아(童兒), 동진(童眞)이라고 부르고, 같은 연령의 여자를 동녀(童女)라고 부른다. 불성에 가까운 신성을 지닌 유아는 현실 속에서 이상을 키우며 이상을 향해 끊임없이 전진해가는 존재이므로, 유아의 장난이나 놀이는 이상적 인간 형성 과정의 중요한 모습이며, 그 속에 담겨져 있는 순수성은 성인도 본받아야 하는 불성의 한 부분이라고 보았다(고문숙 외, 2014). 이러한 불교의 아동관은 동자상에 그대로 드러난다. 불교에서 동자상이 표현하고 있는 동심은 미숙하거나 어린 존재의 마음이 아니라 세속에 물들지 않고 순수한 마음을 유지하고 있는 종교적 이상세계를 표현한 신앙의 대상으로 간주되고 있다.

불교에서는 교육을 정진과 수행을 통한 깨달음의 과정으로 보고, 불교의 가르침인 불교의 5계와 팔정도(八正道)를 도덕교육의 지침으로 활용하였다. 또한 불교 5계는 신라시대의 화랑도에게 전파되어 세속오계(사군이충: 事君以忠, 사친이효: 事親以孝, 교우이신: 交友以信, 임전무퇴: 臨戰無退, 살생유택: 殺生有擇)에 영향을 주었다. 이처럼 불교의 가르침은 국가적으로 교육의 지침으로 삼을 만큼 영향력이 컸으므로 가정에서도 유아를 교육하기 위한 덕목으로 적용되었을 것이라고 짐작된다.

불교 5계	팔정도
불살생(不殺生): 생물을 죽이지 말라	정견(正見): 바르게 보라
불투도(不偸盜): 훔치지 말라	정어(正語): 바르게 말하라
불사음(不邪淫): 음행하지 말라	정명(正命): 바른 길을 가라
불망어(不妄語): 것말 하지 말라	정념(正念): 바른 마음을 가지라
불음주(不飮酒): 술 마시지 말라	정사(正思): 바르게 생각하라
↓	정업(正業): 바른 일을 하라
화랑도 세속오계	정정진(正精進): 바르게 수행하라
	정정(正定): 바른 상태에 머물라

그림 3-2 불교 5계, 팔정도, 화랑도 세속오계

또한 불교에서는 유아에 대한 책임은 일차적으로 부모에게 있다고 보고 부모의 책임을 강조하였다. 불교의 가정 윤리에 대해 기록한 『육방예경』에 따르면, 부모는 유아를 보호하고 도덕적으로 가르쳐야 하는 의무를 갖는다. 따라서 부모는 일상생활에서 구체적 예화, 실물, 직관의 방법을 곁들여 차분하고 간명하게 도덕적 가르침을 실천하여 유아가 스스로 깨우칠 수 있도록 도와야 한다. 이처럼 불교는 유아를 위한 형식적인 기관이 설립되지 않은 시기에, 당시 사람들에게 살아가면서 지켜야 할 도리나 덕목을 설파함으로써 가정교육의 윤리에 영향을 주었다.

2) 유아교육과 유교

유교는 조선시대 이래 현재까지 우리의 정치, 사회, 문화에 깊숙이 뿌리 내리고 있는 전통사상이라고 할 수 있다. 유교의 관점에 따르면, 인간은 하늘로부터 성품을 부여받고 땅으로부터 육신을 부여받은 존재이다(최양미, 2001). 이러한 인간의 본성을 공자는 인(仁)으로 보았고, 맹자는 인의예지(仁義禮智)로 보았다. 즉 인간은 태어날 때부터 인의예지를 갖추고 있지만 단지 자각을 못할 뿐이므로, 개인의 수양과 교육을 통해 이러한 도덕적 능력을 깨달아 선천적으로 갖추어진 덕성을 보존해야 한다는 것이다.

이러한 유교의 인성론은 이후 퇴계 이황과 율곡 이이에게 영향을 주었다. 퇴계는 모든 인간은 내면에 존엄성을 가지고 있으며, 모든 인간의 본성은 선하다고 보았으며, 율곡 역시 모든 사람이 똑같이 선한 성품을 타고 태어났지만, 기질의 맑고 흐림, 순수하고 잡됨의 차이가 있으므로 수기(修己)를 통해 원래의 모습으로 돌아가야 하므로 교육이 필요하다고 보았다(최양미, 2001).

유교에서 교육은 무엇보다 인간의 성한 심성을 회복하는 것으로, 교육의 목적은 인간이 스스로 공부하며 성인 군자와 같은 최고의 이상적인 인간이 되는 것이다(김용재, 2008). 유교식 교육은 태교를 포함하여 4단계, 즉 태교기, 가정교육기, 소학교육기, 대학교육기 등으로 구성된다(안경식, 2000). 유아가 부여받은 좋은 품성을 지키고 훌륭한 인성을 가진 성인으로 성장하기 위해서는 태교기부터 정성을 다해야 한다. 교육의 출발점으로 듣는 태교, 마음가짐의 태교, 거처와 행동에 대한 태교 등 부모의 바른 태도와 몸가짐은 태아의 품성에 영향을 준다고 보았다.

이후 가정교육기에는 주로 식사습관, 언어습관, 의복습관 등 생활습관과 예절을 가르치고, 6세부터는 셈과 방위와 날짜 세는 것 등 일상생활에서 경험하는 상황이나 현상들을 이해하고 적응할 수 있는 능력을 길러야 한다. 이 시기부터 남녀칠세부동

석(男女七歲不同席)과 같이 남녀 구분의 가치가 적용된다. 이후 10세가 되면 「소학」의 내용을 교육받게 된다(최양미, 2001). 이처럼 유교에서는 태교를 중시하고 유아의 일상생활에서의 습관 형성을 강조하면서 유아를 존중하는 방식으로 이루어지지만, 7세부터 남녀가 구분되고 성현들의 가르침을 본받아 배우고 따르는 교육 방식으로 바뀌면서 유아를 수동적인 존재로 보고 있다.

이처럼 유교사상은 유아는 본디 인(仁), 의(義), 예(禮), 지(智) 등을 갖고 태어나는 존재로서 이를 발현시키고 개인의 기질을 닦기 위해 유아기 교육이 필요하다고 보았다. 유아기 교육은 바른 태교에서 시작되어, 올바른 생활습관을 중요하게 여겼다는 점에서 지금의 유아교육과 일맥상통한다고 할 수 있다.

3) 유아교육과 동학사상

동학은 경주의 몰락한 양반 수운 최제우(1824~1864)에 의해 창시된 조선 후기 민족종교로 1860년에 일어난 사상이다. 동학은 유교, 불교, 도교 및 천주교 교리의 일부를 통합한 자생적 민족 종교이자 반봉건, 반외세를 기본 사상으로 하는 사회개혁사상으로(황해익 외, 2018), 인간평등을 강조하면서 신분 차별을 없애고 민족적 주체성을 일깨우고자 하였다. 이후 3대 교주 손병희에 의해 1905년 천도교로 개칭되었으며, 소파 방정환은 이 사상을 기초로 일제 암흑기 동안 아동중심 사상을 발전시키면서 다양한 어린이 운동을 전개하였다.

동학의 핵심 사상은 시천주(侍天主) 사상이다. 시천주 사상은 모든 인간은 내면에 한울님(天柱)을 모시고 있다는 것으로, 하늘의 존엄성이 곧 인간의 존엄성이라는 인내천(人內天) 사상으로 전개되었다. 한울과 인간의 일체설은 인간은 선한 존재라는 성선설로, 사람은 신분에 관계없이 그 자체로 존중받아 마땅하다는 인간평등 사상의 기초가 되었다. 나아가 유아도 한울을 갖추고 있는 인격적인 존재로 생각하고자 했으며, 이는 이후 소파 방정환이 발전시킨 아동중심 사상의 토대가 되었다.

방정환은 「어린이 노래 불켜는 아이」(1920)라는 번역시에서 '어린이'라는 용어를 처음 사용하였다. 어린이는 이미 하늘의 성품을 가진 존재이므로, 어른들은 선한 어린이의 성품을 그대로 보존해야 할 의무가 있다는 아동중심 사상을 펼쳤다. 소파 방정환의 아동중심 사상은 색동회 발족, 어린이날 제정, 「어린이」 잡지 발간 등 어린이 문화운동으로 구현되었다. 그는 어린이를 위하여 외국 동화를 번역하여 엮은 『사랑의 선물』(1913)을 발간하였고, 천도교 소년회를 중심으로 1922년 5월 1일 '어린이날' 행사를 개최한 뒤, 1923년에 매년 5월 5일을 어린이날로 제정하였다(이은화, 양옥승, 1988). 뿐만 아니라 순수한 동심을 보호하기 위해 예술 문화운동의 일환으로 '세계아동예술 전람회'도 개최하였고, 색동회가 발간한 「어린이」 기관지를 통해 민족애창 동요들을 보급하였다. 지금까지도 부르는 '따오기', '반달', '설날', '고향의 봄' 등은 모두 이 시대의 작품으로 유치원에서 널리 애창되었다(이은화, 양옥승, 1988).

그림 3-3 방정환과 『사랑의 선물』(1913)

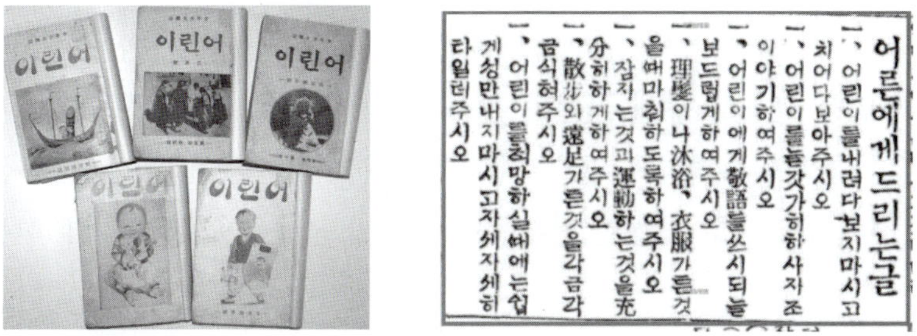

그림 3-4 방정환이 발간한 어린이 잡지(좌)와 어른에게 드리는 글(우)
(동아일보, 1923. 5. 1. 3면)

출처: 한국방정환재단(https://children365.or.kr/)

이처럼 사람이 곧 하늘이며 어린이도 하늘이라는 동학의 인내천 사상과 동학의 영향을 받은 소파 방정환의 사상은 서양 교육사상과 견주어도 전혀 손색이 없는 것으로 한국 아동중심 사상의 출발점이 되었다. 또한 아동을 독립된 인격체로 인식하여 어린이를 위한 문화운동을 전개함으로써 유아교육의 초석을 마련했다는 점도 높이 평가되어야 할 것이다.

2. 유아교육과 서양사상

유아교육사상은 역사적인 변천에 따라 각 시대적 배경과 그 시대의 대표적인 사상가를 중심으로 살펴보고자 한다. 아울러, 형식적인 유아교육기관이 설립되었던 근대 이후 사상가들이 제안한 교육사상들을 유아교육이론과 관련지어 설명하고자 한다. 특히, 20세기의 교육사상들은 유아교육과정 이론과 매우 밀접한 양상을 띠고 있으며, 교육사상에 포함되지 않지만 유아교육이론에 영향을 준 여러 심리학 이론도 함께 고찰할 것이다.

1) 그리스 · 로마시대의 유아교육사상

아테네와 스파르타 등 여러 폴리스로 구성되었던 그리스의 교육은 지, 덕, 체를 갖춘 인간상을 추구하면서 심신의 조화를 강조하였다. 아테네가 인문주의적 자유주의를 지향하면서 교육을 통해 심신의 조화, 도덕적 교양, 시민적 책임을 갖춘 전인적 자유 시민 양성에 주력한 반면, 스파르타는 용기와 군사전략, 법, 복종심, 존경심 등을 배워 신체 건강하고 탁월한 전투능력을 지닌 군인을 양성하는 데 힘썼다(황해익 외, 2018).

이러한 그리스의 교육풍토는 로마에 전파되었고, 왕정시대, 공화정시대, 제정시대 등 로마의 정치·사회적 변화를 거치면서 교육은 문예 교양과 정치 생활에 필요한 지적 능력을 기르는 데 주력하게 되었다. 이 시기 교육의 중요성에 대해 설파했던 철학자는 플라톤과 아리스토텔레스를 꼽을 수 있다.

그림 3-5 플라톤(좌)과 아리스토텔레스(우)

출처: 구글(www.google.co.kr)

아테네 귀족 출신인 플라톤(Plato, B. C. 427~347)은 세계를 끊임없이 생성하고 변화하는 물질과 초월적이며 변화하지 않는 이데아(idea)로 구분하는 이원론적 세계관을 주장하였다. 이러한 이원론적 관점에 따라 인간은 물질(몸)과 정신으로 구성되어 있다고 보았으며, 몸보다 정신을 더 중요하게 생각하였다. 따라서 교육의 본질은 물질과 대립되는 절대적인 관념인 이데아를 파악하여 형상화하는 것으로, 교육을 통해 인간이 갖고 있는 모든 이성적 요소를 훈련하여 이성과의 조화를 이루어야 한다고 주장하였다. 일례로, 교육은 사물을 감각적으로 알게 하는 것이 아니라, 그 사물의 근원인 이데아를 파악할 수 있게 지적인 과정을 거치도록 도와야 한다.

플라톤이 강조하는 이데아는 경험이나 감각에 선행하는 영구불변의 진리로, 진리의 최상 덕목에는 진, 선, 미가 있고, 그 아래에는 지혜, 절제, 정의, 용기 등이 있다. 이러한 진리에 대한 지식을 갖게 하는 능력이 지성인데, 교육은 지성도야로서 정신세계를 형상화시킬 수 있도록 계획되었다.

플라톤에 따르면 유아기는 이데아 세계에 도달할 수 있는 정신과 성격의 토대를 형성하는 중요한 시기로, 출생에서 5세까지 유아의 신체적·보건적 습관이 강조되었다. 이를 위해 가정보다는 국가가 경영하는 육아원에서 건전한 인격 형성에 도움이 되는 엄선된 이야기와 동화를 듣고, 도덕적 형성을 위해 리듬과 하모니가 조화로운 음악을 즐기며, 건강한 신체와 유희를 위해 게임과 스포츠를 배워야 한다고 주장하였다.

한편, 아리스토텔레스(Aristoteles, B. C. 384~322)는 플라톤의 제자로, 인간 본성의 가장 높은 이성은 그 사람을 독특한 존재가 되게 한다고 믿었다. 그는 교육을 통하여 모든 시민이 행복하고 자유로울 수 있으며, 국가도 좋아질 수 있기 때문에, 교육은 국가적 사업으로서 모든 국민에게 동일한 것이 되어야 한다고 주장하였다.

아리스토텔레스에 의하면 교육의 목표는 모방과 습관의 형성으로, 이는 유아기부터 시작되어야 한다. 모방이란 후일 갖게 될 직업 준비를 의미하는 것으로, 가정에서 유아에게 들려주는 동화나 허용하는 놀이는 미래의 일을 모방하는 것이 되어야 한다. 그리고 습관 형성을 위해서 유아는 충분한 영양을 섭취하고, 적절한 운동이 포함된 놀이를 통하여 신체를 단련해야 한다. 이러한 유아기의 모방과 습관 형성은 이후 지성 훈련에 이르는 과정의 기초로서 장차 도덕적인 시민의 토대를 마련하는 것이라고 보았다.

요약해 보면, 플라톤이나 아리스토텔레스 모두 신체보다는 정신적 가치에 우위를 두어 인간의 이성을 강조하였다. 이러한 관점은 이후 인간의 이성이 자율적이며 올바로 훈련되고 사용되기만 한다면 진리의 궁극적인 원천이 된다고 생각하는 합리주의 교육사상가들에게 영향을 주었고, 르네상스와 근대 계몽주의 시대를 거치면서 많은 영향력을 끼쳤다. 두 사상가 모두 유아기 동안의 습관 형성의 중요성을 언급했으나 이는 유아기의 고유한 특성이라기보다는 국가 발전을 위한 수단으로서 유아교육을 인식했다는 한계를 보여준다.

2) 중세의 유아교육사상

중세는 로마제국이 해체되고 민중의 평등, 사랑, 구원을 약속하는 기독교와 영주, 기사, 농노가 농토를 매개로 주종관계를 맺는 봉건제도로 대변되는 시대이다. 위에서 살펴본 그리스·로마 철학들은 신학으로 대체되었고, 도덕적이고 금욕적인 기독교 문화가 성행하였다. 이에 따라 중세의 교육은 기독교의 영향으로 신을 공경하고 교회의 교리에 순종하는 인간의 양성과 내세에서의 구원을 준비하는 특성을 띠게 되었다(황해익 외, 2018).

중세시대 역시 그리스·로마시대처럼 유아에 대한 독특한 관점은 나타나지 않았다. 그리하여 유아들은 성인과 동일하게 인식되어 성인과 똑같은 놀이를 하고, 똑같은 일을 할 수 있는 존재, 즉 성인의 축소판으로 여겨졌다. 더구나 어거스틴(Augustine, 354~430)의 원죄론이 더해져 유아들의 자발적인 놀이나 표현들은 죄악시되었다. 그는 교회를 통해서만 인간은 그 모습을 드러낼 수 있고, 선의 질서를 따를 수 있다고 보고(이은화, 양옥승, 1988), 주기도문, 십계명, 기독교적인 삶 등 종교적·도덕적 실천을 강조하였다. 유아들도 종교적 교리를 가르치는 부모와 성인에게 복종하는 엄격한 훈육을 받았으며, 성경의 내용을 암송하는 반복이 주된 교육방법이었다(황해익 외, 2018).

중세 말기, 십자군 전쟁으로 인해 여러 도시들이 발달하고 화폐가 보급되면서 새로운 시민사회가 형성되기 시작하였다. 이러한 사회변화는 중세의 기독교 교육과 달리 시민을 양성하기 위한 상공업 및 직업 교육을 요구하였고, 새로운 부를 축적한 계층이 등장하면서 기존의 봉건제도의 몰락과 신 중심의 세계관보다는 인간성을 회복하기 위한 르네상스 운동으로 이어졌다. 이에 따라 신적이고 초월적인 중세 기독교 교육에 반대하면서 참된 인간성 파악에 관심을 두고 인간 주체의 개성을 계발하는 자유인을 양성하기 위한 교육으로 전환되었다.

3) 근대의 유아교육사상[1)]

근대는 르네상스의 인본주의적 요소와 종교개혁의 가르침이라는 두 세계관이 시대적 정신으로 작동하였다. 14세기와 15세기에 걸친 르네상스 사상가들은 기독교 사상보다는 그리스 사상을 선택하여 신보다 인간을 만물의 척도라고 생각하였다. 이러한 인문주의 사상은 교육에도 영향을 주어 휴머니즘을 교육이념으로 하는 자유교육이 힘을 얻게 되었고, 유아의 심신의 건강한 발달을 중요시하면서 유아에 대한 애정과 이해가 강조되었다. 이러한 인문주의는 근대 유아교육사상의 토대로 이어졌다(양옥승 외, 2001).

1) 이 절 이하의 내용은 『유아교육과정 탐구』(양옥승, 2008) '제2장 유아교육과정 탐구의 변천사', '제3장 유아교육과정 이론', '제10장 교육과정의 다양화: 1990년대 이후'의 일부 내용을 요약·정리하여 재구성한 것이다.

한편, 16세기 독일의 마틴 루터(Martin Kuther, 1483~1546)와 스위스의 존 칼빈(John Calvin, 1509~1564)은 신약성경의 기독교 교리와 영적인 생활을 다시 건립하려는 종교개혁을 실행하였다. 종교개혁은 '하나님이 사람을 창조하시되 하나님의 형상으로 창조하셨다'라는 성경의 입장에서 출발하여 인간의 존엄성을 강조하면서 모든 사람이 인격체로서 평등하다는 신념, 즉 만인평등설이 널리 전파되었다. 이에 기초하여 루터는 최초로 계급, 직위, 성별에 관계없이 모든 사람이 평등하게 교육받아야 하며, 그 의무는 교회가 아니라 국가에 있다는 보편적 의무교육의 필요성을 강조하였다(양옥승 외, 2001).

이러한 르네상스의 인문주의는 이후 합리주의, 낭만주의, 자연주의로 이어져 유아교육사상에 영향을 주었고, 만인평등설을 주장한 종교개혁은 평등교육을 강조하면서 유아교육에 대한 관심을 환기시켰다. 또한 17세기 급성장한 과학의 발전에 힘입어 구체적인 지식을 중시하는 실학주의가 성행하면서 기존의 암송과 반복 위주였던 교수방법은 구체적인 사물과 실물교육을 중시하는 풍토로 전환되었다. 이처럼 르네상스와 종교개혁은 유아교육에 대한 새로운 관점을 탄생시켰으며, 이는 코메니우스, 로크, 루소, 페스탈로치 등의 사상과 실천에서 잘 나타나고 있다.

(1) 코메니우스

그림 3-6 코메니우스와 세계도회 일부

출처: 구글(www.google.co.kr)

코메니우스(Kehann Amos Comenius, 1592~1670)는 체코의 모라비아에서 태어난 성직자였다. 코메니우스가 살았던 당시의 유럽은 르네상스와 종교개혁이라는 커다란 변화가 일어나고 있었고, 그 결과 모든 사람에게 평등한 교육의 기회가 제공되어야 한다는 주장이 힘을 얻게 되었다. 성직자였던 코메니우스는 기독교 사상을 토대로 모든 유아가 성별, 지능, 빈부의 차별 없이 창조주의 고귀한 자녀로서 순수한 진리와 덕성과 신앙으로 교육될 권리와 의무를 지니는 존재라고 생각하고, 이를 그의 교육론의 대전제로 삼았다.

그리하여 모든 사람들이 성경과 기독교 교리를 배울 수 있는 학교체제를 갖추는 것을 교육의 이상으로 삼고, 영아부터 청년기에 이르는 모든 사람에게 적절한 교육제도와 교육방법을 확립하고자 노력하였다. 『대교수학(*Didactica Magna*)』(1632)에서 인간교육기간을 출생에서 24세까지로 잡고, 이를 다시 유아기(출생~6세), 아동기(7~12세), 소년기(13~18세), 청년기(19~24세)로 나누어 각 시기별 교육내용을 제시하였다. 특히, 코메니우스는 다음과 같이 유아교육의 중요성을 강조하였다.

> "인간의 교육은 어릴 때에 가장 잘 되고 또 어릴 때라야 성공할 수 있다. 만일 어떤 사람에게 덕성을 교육하려 한다면 아직 어린 나이 때에 길들여야 한다. 그리고 만일 어떤 사람이 지혜를 기르려 한다면 그의 열성이 아직 불붙고 있고, 마음이 아직 굳어 있지 않고, 기억력이 아직 강한 동안인 인생의 초년기에서 그가 지혜를 향해 열려 있어야 한다."

한편, 코메니우스는 하나님이 창조하신 세계를 탐구하고 해부하여 얻어낸 자연원리를 신앙과 결합시켜 하나의 통합적인 사상체계를 만들고자 하였다. 이에 지적·도덕적·신앙적 인간, 즉 심리적·영적 모든 인격이 통합된 전인교육을 주장하였다. 이를 위한 교육방법으로 실물교육과 감각교육방법을 창안하고, 세계 최초의 그림책인 『세계도회(*Orbis Sensualium Pictus*)』(1658)를 제작하였다(〈그림 3-6〉 참조). 이 책은 모든 사람에게 하나님이 창조하신 세계에 관한 지식을 전수하기 위한 것으로, 유아기부터 가장 중요한 감각인 시각을 활용하여 그림으로 물리학, 광학, 천문학, 기하학 등에서 다루는 가장 중요한 대상을 보여주고자 하였다(양옥승 외, 2001).

또한 6세 이하의 유아를 훈련하고 있는 어머니와 보모를 위한 교육지침서인 『유아학교(*Schola Ludus*)』(1654)에서 유아교육의 중요성 및 유아교육방법을 제시하였다.

그에 따르면 교육은 유아의 자연(본성) 질서를 따라 이루어져야 한다. 예를 들어 '유아가 갖고 놀고자 하는 것은 그것이 해롭지 않는 한 무엇이든지 주어야 하며', 나아가 놀이, 게임, 이야기, 음악, 조작적 활동을 소개한 유아교육 프로그램을 제안하기도 하였다(이은화, 양옥승, 1988). 이처럼 코메니우스의 교육사상은 기독교 사상을 그 토대로 했으나, 유아기의 교육의 중요성을 인식하고 실물교육 및 감각교육을 제시하여 이후의 유아교육방법 및 시청각교육에 영향을 주었다.

(2) 로크

그림 3-7 로크
출처: 구글(www.google.co.kr)

17세기 영국의 철학자이며, 과학혁명시대를 대표하는 사상가인 로크(John Locke, 1632~1704)는 지식의 기원을 밝히고자 하였다. 로크는 인간은 선천적으로 지식의 기원을 갖고 있다는 생득관념을 주장하는 합리주의의 입장에 반대하고, 지식의 기원에 대한 경험주의, 즉 지식은 인간의 감각경험으로부터 형성된다고 하였다. 즉 인간의 정신은 어떠한 관념도 가지고 있지 않은 백지상태(Tabula rasa)로, 인간의 지식은 외부세계인 물리적·사회적 환경에서의 경험을 통해 획득된다고 보았다. 이 백지설은 그의 교육론의 출발점이 되어 경험과 학습이 지식 형성의 중요한 기초가 된다고 강조하였다.

로크는 유아들은 원래 깨끗이 비어 있는 빈 그릇으로 동등하게 태어난다고 보고, 교육을 통한 이성적 인간 형성에 주력하는 후천적인 교육의 역할을 강조하였다. 따라서 부모는 자녀를 맹목적으로 사랑하기보다는 이성적인 사랑으로 교육해야 한다고 역설하였다. 특히 유아기 동안 인간의 정신은 가장 유연하므로 반복과 모방을 통해 올바른 습관을 형성하도록 철저한 훈육이 필요하다고 보았다.

(3) 루소

그림 3-8 루소와 그의 저서 『에밀』
출처: 구글(www.google.co.kr)

루소(Jean Jacques Rousseau, 1712~1778)는 스위스에서 태어났지만, 생애의 대부분을 프랑스에서 보낸 철학자이다. 루소가 살았던 당시는 산업화의 발달로 중산층이 성장하고, 종교개혁 이후 평등사상이 널리 퍼지면서 민주주의가 확립되기 시작한 시기였다. 또한 인쇄술의 발명으로 지식이 증가하면서 이성을 통하여 인간을 해방하고 합리적인 사회를 건설할 수 있다고 믿고, 사회, 정치, 문화, 종교 등 모든 구조로부터 자유로운 인간양성을 목적으로 하는 계몽주의가 성장하였다. 그러나 계몽주의가 지나치게 이성과 분석력을 강조하게 되자, 이에 대항하여 자연주의(naturalism)가 등장하였다. 자연주의는 자연(본성)을 가장 귀하게 여기며 자연(본성)의 법칙에 따라 살아가는 것이 이상적이고 가치 있는 삶이라고 주장하였다(황해익 외, 2018).

이러한 자연주의 사상은 유아교육에도 지대한 영향을 주었는데, 루소는 그의 저서 『에밀』에서 어린이들은 독립적인 인격을 가진 존재로서 그들 나름대로의 특유한 감정과 사고 양식을 갖고 있는 존재라고 강조하였다. 다시 말해서 어린이는 성인과의 다른 존재로 어린이 특유의 삶을 인정하라는 것이다. 이러한 그의 주장은 이후 아동존중사상으로 확대되었다.

루소는 인간은 선한 존재로 태어나므로 교육은 인간이 가지고 있는 본성(자연)의 선을 충분히 개발할 수 있는 기회를 주기 위해 본성(자연)의 계획에 따라서 이루어져야 한다고 보았다. 따라서 교육은 특정한 지식이나 내용을 가르치는 것이 아니라 인간의 본성이 잘 성장하도록 안내하는 것이다. 루소에게 본성(자연)은 인간 생명의 근원이자 사물의 근원으로 우주 만물을 창조하는 근원이다. '자연으로 돌아가라'라는 루소의 주장은 교육은 어린이가 사회 환경과의 접촉이나 경험을 갖기 전에 어린이에게 스스로 자아를 충분히 개발할 수 있는 기회를 주어야 함을 의미한다(양옥승 외, 2001). 이처럼 인간의 본성을 선한 존재로 보는 성선설과 본성(자연)을 존중하는 교육 신념은 19세기 당시의 교육실제에는 적합하지 않았으나, 이후 낭만주의 교육운동의 도화선이 되었으며, 아동중심 교육의 토대가 되었다(양옥승 외, 2001; 이은화, 양옥승, 1988).

더 알아보기

루소의 인간발달 단계

루소는 『에밀』에서 인간 발달을 유아기(출생~2세), 아동기(2~12세), 아동기 후기(12~15세), 청년기(15세 이상) 4단계로 나누었다.

유아기(출생~2세)의 유아는 활동적이며, 호기심이 많아 많은 것을 감각을 통하여 배우게 된다. 이 시기에 유아는 언어를 획득하기 시작하는데, 이것도 거의 전적으로 혼자 힘으로 해낸다. 루소에 따르면, 유아를 독촉하거나 교정해 주기를 반복하는 성인의 행위는 유아를 소심하고 불안하게 만들며, 독립성을 잃게 하므로 주의가 필요하다고 하였다.

아동기(2~12세) 시기 어린이들은 일종의 직관적 추리력을 갖게 되지만 이는 극히 제한적이다. 이때 어린이는 달리고, 뛰어 오르고, 소리치고, 놀려는 충동 때문에 잠시도 가만히 있지 않는다. 만약 교사가 이러한 어린이의 본성을 알지 못하고 억제한다면, 어린이는 교사에게 의지하거나, 스스로를 비하시킬 수 있으므로 교사는 이 연령에 적합한 여러 형태의 과제를 제시해야 한다고 제안하였다.

(4) 페스탈로치

루소가 교육에 대한 이상을 제시했다면 이를 교육현장에 실천한 사람이 바로 페스탈로치(Johann Heinrich Pestalozzi, 1746~1827)이다. 스위스에서 태어난 페스탈로치는 코메니우스처럼 감각에 의한 교수방법을 주장하였으며, 빈민학교와 고아원을 설립하여 루소의 자연주의 교육론에 기초한 교수법과 학교를 운영했던 교육실천가이다.

페스탈로치는 기독교 신앙에 입각하여 어린이는 신이 내려준 선물로 생각하여 모든 어린이들을 존중하였다(이은화, 양옥승 1988). 이러한 어린이들을 위한 교육의 목적은 사회적 자아실현과 개인적 자아실현으로, 인간이 선천적으로 갖고 태어난 지, 덕, 체의 능력을 상호 조화롭게 발전시킴으로써 인간성을 개발하고 이를 통해 사회개혁을 이룰 수 있다고 보았다.

이를 위한 교육 원리로 자발성의 원리, 직관의 원리, 노작의 원리 등을 소개하였다.

첫째, 자발성의 원리란 교육은 인위적인 방법이 아니라 유아의 일상생활에서 자연적 요구와 이에 따른 감각운동적인 활동 속에서 찾아야 한다는 것으로, 유아의 능력을 내부로부터 스스로 발전시켜야 한다는 것이다. 둘째, 직관의 원리란 모든 인식은 직관에 근원을 두고 있다는 것으로, 관찰을 통한 사물 교육이 언어 교육보다 선행하며, 보는 것, 듣는 것, 행하는 것이 판단이나 추리보다 선행한다는 것이다. 셋째, 노작의 원리는 노동을 통해 교육한다는 것으로, 빈민학교를 운영하면서 농경과 방직 등의 노작교육을 통한 인간교육에 주력하였다.

이처럼 인간의 활동적인 본성에서부터 출발해야 한다는 페스탈로치의 통찰은 후일 듀이(Dewey)에게 영향을 주었으며, 교육 원리는 근대 교육학의 중심 원리가 되어 활동중심 유아교육, 아동중심 교육의 출발점이 되었다.

(5) 프뢰벨

그림 3-9 프뢰벨과 은물들(1은물, 2은물, 3은물, 4은물 일부)

출처: 구글(www.google.co.kr)

독일에서 태어난 프뢰벨(Friedrich Froebel, 1782~1852)은 코메니우스의 감각교육, 루소의 자연주의 교육 및 페스탈로치의 교육의 원리 등을 집대성한 교육사상가이자 실천가이다.

프뢰벨의 관념론(idealism)은 고대 플라톤에서 유래하여 19세기 독일 사상계를 지배했던 절대적 관념론에 기초한다. 관념론에서는 인식(앎)의 기원이 물질이 아닌 인식 주체의 정신에 있다고 보기 때문에, 인식 주체인 인간의 우월성을 강조한다. 인간의 이성이 진리의 판단기준이 되므로, 진리는 가변적이기보다는 절대적이다. 따라서 관념론은 인식 주체로서 인간의 우월성, 이성적 판단에 의한 진리의 절대성 등을 강조하게 된다.

또한 프뢰벨은 '만물을 지배하는 근저에는 모든 것을 작용하게 하고 영원히 존재하는 통일자가 필연적으로 존재한다'는 만유재신론(panentheismus)적인 세계관으로 교육을 설명하였다. 즉 신은 우주 만물을 포괄하며 만물에 내재함과 동시에 만물을 초월해 있는 존재이다. 따라서 프뢰벨은 세계를 하나의 살아 있는 유기적 통일체로 간주하고 그 중심에 신을 두어 신과 인간과 만물에 동일한 신성이 내재하고 있다고 생각하였다. 이러한 신성에 대한 개념은 인간, 자연, 신을 보다 큰 개념적 통일로 재통합하려는 교육적 시도로 연결되었다. 그리하여 인간은 신에 의해 창조된 만큼 신성이 내재되어 있다는 믿음을 갖고 있던 프뢰벨은 교육을 인간의 신성을 발현(unfolding)하는 것으로 보고, 자기 활동인 놀이와 작업을 통해 보편적이고 영원한 신적 통일의 법칙에 합치될 수 있다고 생각하였다.

프뢰벨은 놀이를 어린 시기의 자기 활동적인 본능을 바르게 길러주는 최고의 교육방법이라고 보았다. 『인간교육(*Menschen erziehung*)』에서 '놀이는 내면세계의 자발적이고 적극적인 표상활동, 즉 자발적인 필요와 충동에 의한 내부의 자기 활동적 표상'으로 규정하고, '어린시절 가장 순수하고 고귀한 정신활동', '선(善)의 원천'이며 '후일 생활의 기본'이라고 주장하였다. 프뢰벨은 1840년 4세부터 6세 사이의 유아를 위한 학교인 유치원(Kindergarten)을 설립하여 유아들이 놀이를 통하여 자기 활동적 본성을 실현하여, 궁극적으로 신적인 통일의 법칙을 깨닫도록 하였다.

특히, 프뢰벨의 유치원에서는 훈련받은 교사가 체계적인 유아교육과정에 의한 교육을 실행하였다는 점에서 최초의 유아교육기관이라고 볼 수 있다. 프뢰벨 유치원의 교육과정은 계열성에 기초하여 은물, 작업, 게임과 놀이, 이야기, 시, 정원가꾸기 등으로 구성된다. 은물(gift)은 정신활동과 같은 내적인 활동의 양성과 발달을 위해 '정신이 객관화' 된 것으로, 은물을 통해 자연의 원리를 알게 되며 우주의 진리를 깨우칠 수 있게 된다고 보았다. 그는 일상적이면서 만족을 줄 수 있는 간단한 형태, 크기 그리고 색을 바탕으로 한 기하학적인 놀잇감인 10가지의 은물을 고안하였다. 예를 들어 1은물인 색공의 움직임을 보면서 유아들은 자유와 통일의 개념을 직관할 수 있으며, 8개의 입방체로 이루어져 있는 3은물을 통해서는 통일을 상징하는 상자와 그 상자를 구성하고 있는 요소들, 즉 8개의 입방체간의 관계를 개별 유아와 전체, 개인과 사회를 학습하도록 만들어졌다. 이처럼 은물은 교사의 안내하에 물질세계의 질서를 존중하고 파악하는 데 목적으로 두었다.

작업(occupation)은 구체적인 자료를 가지고 감각운동 연습을 통해서 유아 스스로 형태를 창조하는 활동으로, 구멍 뚫기, 바느질하기, 그리기, 색칠하기, 종이끈으로 형태 만들기, 매트 짜기, 종이접기, 종이 오리기, 콩 작업, 상자 만들기, 점토로 만들기 등 10가지 작업이 이루어졌으며, 이외에도 간단한 게임와 놀이는 개인 및 사회적 질서와 관련된 도덕교육을 위해 실시되었다. 또한 유치원의 환경을 중요하게 생각하여, 정원을 이용하거나, 식물 및 그림 등이 가득한 햇빛이 잘 드는 공간을 제공하고 동식물을 기르는 환경을 갖추었다.

아울러 프뢰벨은 유아가 창조적이고 사회에 공헌하는 사회적 인간이 되기 위해서 유치원 교사는 남성보다 여성이 적임자라고 생각하였다. 교사는 어머니처럼 정서적으로 애착되어서도 안 되며 초등학교처럼 정서적으로 분리되어서도 안 된다고 보고 교사들에게 훈련을 실시한 것으로 알려져 있다. 이러한 프뢰벨의 유치원은 이후 영국에서 시도되었고, 나아가 미국에도 확산되었다. 특히 프뢰벨은 놀이의 교육적 가치를 강조하면서 교육과정 구성의 기본을 아동과 놀이에 두고 있어 현대 유아교육과정의 기틀인 아동중심 교육과정, 놀이중심 교육과정을 마련하였다고 볼 수 있다. 현재 프뢰벨의 교육과정은 원형 그대로 보존, 적용되고 있지는 않지만, 프뢰벨이 고안, 적용했던 은물은 가베라는 명칭으로 일부 유아교육에서 활용되고 있다.

3. 20세기 유아교육사상

18세기 시민혁명과 19세기 산업혁명을 통해 성장한 민주주의와 자본주의는 20세기에 들어 도시화 및 산업화된 사회를 형성하였다. 이와 함께 과학과 기술의 발전은 생활양식의 변화뿐만 아니라 다양한 학문과 산업 분야를 발달시켰다. 다른 한편으로는 인간의 권리에 대한 재조명이 이루어지면서 세계 여러 나라들은 교육의 대중

화를 위한 교육제도를 마련하였고 이와 관련된 학문도 발전하였다. 이와 함께 유아교육에 대한 관심도 증가하여 프뢰벨 유치원은 유럽 전역으로 퍼져 나갔으며, 미국으로도 전파되었다.

처음에는 자선사업의 일환으로 시작되었던 미국의 유아교육은 프뢰벨 유치원을 수용하였으나, 점차 프뢰벨 유치원이 유아의 발달적 특성을 무시하고 지나친 소근육 활동과 관념적이고 상징적인 의미를 요구하고 있다는 비판에 직면하게 되었다. 또한 공교육 제도권 밖에서 성장하고 있었던 유아교육은 듀이(Dewey)의 진보주의 교육사상 이외에도 그 당시 어린이의 성장과 발달을 설명하는 새로운 심리학 이론을 받아들여 유아교육사상과 이론을 발전시켜 나갔다.

1) 듀이

그림 3-10 듀이와 실험학교

출처: 구글(www.google.co.kr)

19세기 후반 미국은 산업주의, 도시화 현상, 인구의 대이동 등 급격한 사회변화가 이루어졌으며, 이러한 변화를 합리화하기 위해 생물학적 그리고 사회적 다윈주의(Darwinism)가 발전하였다(양옥승 외, 2001). 이에 대해 변화의 불가피성과 경험의 중요성을 주장한 영국의 경험론을 재조명하는 실용주의가 등장하였다.

미국 실용주의의 대표적인 사상가인 존 듀이(John Dewey, 1859~1952)는 철학을 전공하여 여러 대학 교수로 역임하면서 시카고대학교 부속학교에 인간의 생생한 사회생활을 실험실로 한 '실험학교(the laboratory school)'를 설립하고 그의 교육이론을 실천하였다. 그 후 이 학교에서 얻은 경험은 듀이의 여러 저서의 근간이 되었고, 교육 이론과 실천 간의 긴밀한 관계를 명료화하고자 하였다(곽노의, 홍순정, 2000). 특히 1916년 자신의 교육철학을 집대성한 『민주주의와 교육(*Democracy and Education*)』을 출판하면서 진보주의 교육사상은 미국 교육에 지대한 영향을 주었다.

듀이는 세계를 정신과 물질로 분리하여 보지 않았다. 인간은 물질을 경험하고, 그것을 생각하면서 앎의 과정을 겪게 되므로, 무엇을 안다는 것은 대상을 지각하는 경험과 분리될 수 없다고 주장하였다. 즉 지식이란 경험에 뿌리를 두고 있으며, 인간의 정신은 활동적이고 탐구적이어서 환경과 상호작용을 통해 지식이 창조된다는 것이다. 따라서 지식은 불변하거나 절대적인 것이 아니라 상대적인 것이며, 오늘의 진리가 다른 상황적 맥락에서 또는 미래에서는 더 이상 진리가 아닐 수도 있다고 보았다.

또한 듀이는 아동을 학습자로서 능력 있는 존재, 활동적인 존재, 환경에 능동적으로 상호작용하는 존재로 이해하였다. 학습자인 유아는 문제상황을 해결하기 위하여 자신의 지성을 사용할 수 있고 이를 경험하는 존재로, 자신이 처한 환경에서 행동하면서 배움을 이루어 나간다. 이에 듀이는 교육을 경험을 통한 끝없는 성장과정으로, 유아가 살아가는 사회와의 끊임없는 상호작용으로 얻게 되는 지식의 재구성 과정 그 자체로 보았다.

이런 의미에서, 교육은 곧 삶이자 생활이자 사회화 과정이라고 할 수 있다. 이에 근거하여, 유아의 생활과 밀접한 경험을 유아의 발달과 흥미에 맞게 재구성한 경험 중심의 교육과정을 제안하였다. 특히 듀이는 교육과정 구성의 중심을 학생의 흥미와 필요라고 보고, 가장 좋은 교육방법은 학습자에게 가장 의미 있는 경험적 상황에서 많은 선택의 자유를 학생에게 부여해 주는 것이라고 주장하였다. 일례로, 실생활과 관련된 요리, 방목, 목공예, 수예 등과 관련된 경험들이 교육내용으로 제공되었다. 또한 교육방법은 주로 활동, 즉 그림 그리기, 독서하기, 놀이 등이 제안되었고, 활동 과정에서 유아들이 역사나 과학과 같은 교과에도 관심을 갖게 된다고 보았다.

학교는 작은 공동체이자 사회이기 때문에 유아들은 협동적으로 문제를 해결할 수 있는 과제를 해결하면서 협동, 배려, 노동의 소중함, 집중력 등을 배울 수 있다. 이를 위해 교사는 경험이 풍부한 동료 여행자로서, 안내자 또는 프로젝트 지도자의 역할을 한다. 즉 교사는 유아의 흥미나 필요(요구)로부터 생겨난 유아의 학습활동을 조언하고 안내하는 사람으로서 자신의 광범위한 경험들을 기초로 수행해야 한다.

듀이가 유아교육에 미친 영향은 그 어떤 사상가보다 크다. 무엇보다도 프뢰벨 유치원의 관념적이며 상징적인 의미를 비판하면서 이에 대한 대안으로서 학습자의 경험, 흥미 및 요구 등 새로운 개념으로 교육을 개념화하였다. 교육을 삶, 경험, 지속적인 재구성 과정으로 정의하여 다양한 환경과의 상호작용의 중요성을 탐구하였고, 교육과정을 고정된 계획이 아닌 재구성되고 재조직된다는 변형의 중요성 등을 강조하는 현대 교육사상에 중대한 영향을 끼쳤다. 특히 교육의 목적과 경험의 의미 그리고 유아교육에서의 경험중심· 활동중심 교육과정, 프로젝트 접근법 등 현대 유아교육의 기틀을 새롭게 마련하였다.

더 알아보기

프로젝트 접근법

듀이는 1886년 자신이 세운 실험학교에서 교사에 의한 교육이 아닌 활동을 통한 학습을 실현하고자 프로젝트 형식을 취하는 교수법을 시도하기 시작했다. 이 교수법은 킬패트릭(Kilpatrick)에 의해 '프로젝트 방법'으로 소개되었으나, 진보주의 교육이 쇠퇴하면서 주춤했다가 1989년 캐츠와 차드(Katz & Chard, 1989)에 의해 '프로젝트 접근법(The project approach)'이라는 교수방법으로 소개되어 현재 널리 사용되고 있다.

프로젝트 접근법의 목적은 '유아의 주변 세계에 대한 이해를 증진시키고 계속 학습하고자 하는 성향을 키워주는 것, 넓은 의미로 유아의 정신 계발'에 있다. 즉 프로젝트 접근법은 특정한 지식이나 내용을 전수하기보다 태도 또는 성향의 발달에 목적을 두어, 무엇을 학습할 것인가보다는 어떻게 학습하는지에 더 관심을 둔다. 이를 위해 주제 선정하기-도입(계획 및 준비단계)-전개(탐색 및 표상단계)-마무리 및 평가 등 구조적인 단계를 거치는 교수방법을 제시하였다.

2) 여러 심리학과 유아교육

비록 심리학이 인간의 본질이나 가치 및 윤리에 대한 철학은 아니지만, 인간의 정신 또는 지식, 앎의 형성 과정이나 특성을 이해하고자 했다는 점에서 유아교육에 빠르게 수용되면서 큰 역할을 하게 되었다. 이러한 심리학 이론들은 홀(Hall)과 게젤(Gesell)의 발달주의, 손다이크(Thorndike)의 실험심리학, 피아제(Piaget)와 비고츠키(Vygotsky)의 인지발달이론 등이 있다.

홀(Hall)은 다윈주의에 따라 개체발생은 계통발생을 반복한다고 보고, 발달주의(developmentalism)와 실험과학의 중요성을 주장하였다. 홀에 따르면, 아동은 성인과는 다른 방식으로 학습하므로, 교육은 아동의 자연적 성장 순서와 패턴을 그대로 따라 유아의 신체적 건강과 자유놀이에 역점을 두어야 한다(양옥승, 2008). 또한 아동의 필요와 흥미(관심)에 초점을 맞추어 교육하기 위해서는 아동 관찰에 의한 아동연구의 필요성을 제안하였다. 따라서 교사는 무엇보다도 아동발달에 대한 과학적 연구결과에 주목할 것을 역설하였다. 이러한 아동발달에 대한 홀의 생각은 후일 게젤(Gesell)의 성숙 이론으로 발전되었다. 게젤에 따르면, 성숙(maturity)이란 유전자가 발달 방향을 특정 순서로 진행토록 하는 내재적인 힘으로, 지적 영역뿐만 아니라 신체 발달 등 모든 영역에 적용된다. 게젤은 아동 관찰 기법을 사용하여 아동의 성장패턴을 밝히고 그에 따른 연령별 성장의 규준(norm)을 제시하였다. 이러한 성장변화는 아동기의 보편적인 발달 단계를 밝혀주기도 하지만 동시에 발달속도에서의 개인차를 설명해 준다. 그러나, 성인들은 이 규준대로 유아들이 행동하도록 기대하게 되고, 교사들 역시 이 규준을 교육내용으로 삼는 경우도 나타나는 등 연령에 따른 고정된 발달을 지나치게 강조하는 폐해도 나타났다(이기숙, 2000).

한편, 학습심리학은 인간을 환경적 자극에 반응하는 수동적 존재라고 보고, 일정한 자극에 반응하는 자극-반응이론을 토대로 행동의 빈도를 증가 또는 감소시키는 강화와 소멸의 원리, 반복적인 경험은 습관이 된다는 습관형성의 원리 등을 실험을 통해 증명하면서 학습이론으로 발전시켰다. 대표적인 학자인 손다이크(Thorndike)는 자극와 반응의 학습 이론에 기초하여 교육을 재정립할 것을 주장하였다. 인간의 행동은 학습의 결과로서, 학습을 자극-반응의 관계로 보고, 교사는 바람직한 인간 행동을 선택하여 아동에게 적합한 자극을 제공하고 반응하게 하면서 인간의 마음(정신)을 변화시키는 교육의 과정을 이끌어야 한다고 제안하였다. 이는 행동 변화에 대한 측정 및 평가의 중요성을 강조하는 교육과정으로 전개되었으며, 유아교육에서는 복종, 자조, 즐거움, 겸손, 용기 등 기본생활습관 형성을 강조한 힐(Hill)의 『유치원과 1학년을 위한 행위 교육과정(*A Conduct Curriculum for the Kindergarten and First Grade*)』의 배경이 되었다. 또한 베라이터와 엥겔만(Bereiter & Engelman)은 학습 심리학을 기초로 유아교육 프로그램을 개발하였다. 이들은 유아의 행동 변화와 개인차는 학습이론으로 설명 가능하다고 보고, 1960년대부터 1970년대까지 여러 유형의 직접교수(direct instruction) 모형을 개발, 보급하였다.

그림 3-11 피아제와 비고츠키

출처: 구글(www.google.co.kr)

1950년대 후반 러시아의 스푸트니크(Sputnik) 발사로 미국 교육 부실론이 대두되고 듀이의 진보주의 교육은 점차 축소되면서 브루너(Bruner)의 지식의 구조를 강조한 학문중심 교육과정이 등장하였다. 또한 빈곤문제를 해결하기 위한 교육개혁인 헤드스타드(Head Start)와 팔로우 스루(Follow Through)와 같은 국가 차원의 유아교육 프로젝트도 시행되었다. 이러한 1960년대의 변화는 유아의 인지발달에 대한 관심으로 이어졌고 피아제(Piaget)의 인지발달이론이 급부상하였다.

피아제(Piaget)는 인간의 지식이 어떻게 형성되는지를 생물학적 기제로 설명하였다. 피아제는 지식을 구성하는 기제로 동화, 조절, 평형화 등을 가정하고, 인간은 환경과의 상호작용과정에서 이 기제들을 통해 계속적으로 지식을 구성한다고 보았다. 또한 인지 발달은 연령에 따라 감각운동기, 전조작기, 구체적 조작기, 형식적 조작기 순서 등의 단계로 진행되면서 각 단계마다 질적으로 전혀 다른 사고를 하게 된다. 아울러 피아제는 유아의 공간, 시간, 인과성, 수, 논리·수학적 지식이나 개념이 언제

나타나고 어떻게 변형되는지를 설명하였다. 이러한 피아제의 발달이론은 연령을 기준으로 지식구성과정이나 발달과정이 보편적으로 나타난다고 보았다.

위에서 설명한 듀이의 교육사상과 피아제의 인지발달이론이 결합하여 탄생된 대표적인 유아교육 프로그램은 하이스코프(High/Scope) 프로그램, 1987년 미국 NAEYC의 '발달적으로 적합한 유아교육 프로그램의 실제(DAP)'(Bredekamp, 1987) 등을 꼽을 수 있다.

그러나 피아제의 인지이론은 유아가 처해 있는 사회문화적 맥락이 어떻게 유아의 지식구성이나 사고 발달에 영향을 주는지 소홀히 했으며, 교육은 유아의 인지발달 순서만을 뒤쫓아 갈 수만은 없다는 비판을 받았다. 또한 유아들은 이미 익숙한 경험이나 환경에서 지식이 더 잘 형성된다는 점이 지적되면서, 이에 대한 대안으로 비고츠키(Vygotsky) 이론이 널리 퍼지게 되었다.

비고츠키의 이론은 사회문화적 삶의 맥락에서 유아교육과 교육과정을 논할 수 있는 새로운 근거를 제시하였다. 비고츠키에 따르면, 인간의 지식 형성이나 사고 발달은 개인과 사회·문화와의 상호작용을 통해 이루어진다. 역사적인 진화의 과정을 거쳐 사회에 내재해 있는 문화는 사회적인 상호작용을 통해 개인의 내면세계로 전환되며, 이는 보다 고등한 정신 기능을 발달시키는 요인이 된다. 비고츠키의 입장에서 보면, 교육도 일종의 사회문화적 환경으로서 교육의 목적은 성숙한 상태가 아니라 학습자를 성숙하게 하는 기능에 두어야 한다. 예를 들면 전조작기 유아가 다음 발달단계로 이행하는 것을 기다리기보다는 적극적으로 교육함으로써 발달을 촉진시키는 것이다. 이러한 발달과 교육 간의 관계는 실제적 발달과 잠재적 발달을 구분하는 근접발달지대(ZPD: Zone of Proximal Development)에서 잘 드러난다. 아울러 유아의 지적 발달을 실제적 수준에서 잠재적 발달 가능성의 수준까지 끌어올리는 데 있어 교사나 또래 친구가 결정적인 역할을 한다.

이렇듯 비고츠키 이론은 인간의 인지발달에서 사회문화적 환경과의 상호작용을 중시하였기 때문에 사회적 상호작용주의 혹은 사회적 구성주의라고 불리기도 한다. 문화나 역사가 유아의 지식구성과 학습에 어떠한 영향을 주는지를 조명한 비고츠키 이론은 이탈리아의 레지오 에밀리아(Reggio Emilia)와 미국유아교육협회(NAEYC)의 DAP

개정판(Bredekamp & Copple, 1997, Copple & Bredekamp, 2009) 등에 영향을 주었고, 구성주의 유아교육과정의 확산으로 이어졌다.

4. 1990년대 이후: 포스트모더니즘과 유아교육

1990년대 들어서면서 심리학 및 발달이론에 대한 과다한 의존을 비판하면서 다양한 대안적 이론들의 관점에서 유아교육을 새롭게 이해하려고 시도하였다. 예를 들어, 비판이론, 해석학 및 현상학, 페미니즘, 포스트모더니즘 등 인문학 및 사회과학 이론의 관점을 빌어 유아교육을 새롭게 개념화하려는 것이다. 이러한 유아교육의 '재개념화(reconceptalization)' 운동은 1970년대 중반부터 시작된 교육과정 분야의 재개념화 운동의 영향을 받았으며 20세기 후반부터 나타난 시대정신인 포스트모던 사상의 영향으로 더욱 심화되었다.

1) 비판이론

비판이론은 신마르스크주의 이론을 바탕으로 유아교육의 현상을 학교 밖의 정치, 경제, 사회, 문화 등의 구조와 관련 지으면서 이해하고자 한다. 이 관점에서는 학교교육에 영향을 주고 있는 이데올로기 및 헤게모니, 사회문화적 권력, 정치경제적 통제방식, 학교 내외의 권력과 위계구조, 학생 및 유아를 지배하는 다양한 형태의 권력과 통제 등에 초점을 두고 교육 현실을 이해하고자 한다(양옥승, 2008: 임부연 외, 2021; 유혜령, 2010; 허숙, 1997). 구체적으로 '어떤 지식이 교육과정에 포함되어야 하며, 교육의 형태는 어떠해야 하는가? 학교 교육의 내용에 누구의 목소리가 반영되고 있으며, 누구의 이익이 대변되고 있는가?' 등의 질문을 던지면서, 유아교육과정에서 인종, 계층, 성, 언어적 다양성의 구조가 양산해 낸 불평등을 성찰해야 한다고 주장한다(Kessler & Swadener, 1992/2000). 이러한 비판이론은 유아교육기관에서 어떻게 민주주의를 강화하여 평등하고 정의로운 사회를 구현하며 진보적으로 사회를 변화시킬 수 있는지를 모색하고자 한다(양옥승, 1987).

2) 해석학·현상학 관점

이 관점은 인간이 겪는 일상의 체험(lived experience)에 기초하여 교육현상을 이해하고자 하며, 유아들이 생활세계에서 체험하는 의미를 이해하는 데 초점을 두어 유아교육 현상을 이해하고자 한다(임부연 외, 2021). 유아는 자신의 경험 속에서 각자의 개인적 의미, 가치, 정서, 의도 등 주관적인 의미화를 이루어가는 존재이다(유혜령, 2005). 따라서 유아 경험의 존재론적 의미를 드러냄으로써 교육의 주체인 유아를 위해 실존적이고 존재론적 교육을 시도하고자 한다. 다시 말해, 유아들을 위한 경험과 배움은 사회나 학문이 미리 정해놓은 개념을 전달하는 것이 아니라, 유아들의 감각과 신체로 직접적으로 지각하는 생활세계의 경험으로서 이해하고자 한다. 예를 들어, 윌리라는 유아에게 숫자 12는 11과 13 사이에 위치한 숫자가 아니라 자신의 생일을 알려주는 숫자일 뿐이며(유혜령, 2005), 영아들이 어린이집에서 권력에 의해 편성된 시간, 공간, 몸, 관계 등을 어떻게 경험하면서 정서를 형성해 나가는지를 이해하려는 것이다(Leavitt, 1994/2014). 이처럼 해석학과 현상학은 유아와 교육 현실에 내재한 의미들을 읽어내면서 유아들을 새롭게 이해하고 유아들이 체험하는 경험의 의미로 교육현상을 이해하고자 한다.

3) 페미니즘

페미니즘은 남성중심의 가부장제 사회의 질서화된 억압을 밝히고 이를 해체하려는 운동으로, 페미니즘 내에서도 다양한 입장이 존재한다. 교육현상을 이해하기 위한 페미니즘 이론들은 '여성은 태어나는 것이 아니라 만들어진다(Simone de Beauvoir)'는 지적에 동의하면서 여성과 젠더(gender)의 관계를 역사적·정치적·문화적으로 고찰하고 있다. 그리하여 젠더가 교육현장에서 어떻게 작동하고 있는지, 유아교사 또는 남자아이와 여자아이의 교육 경험에 어떤 영향을 주고, 어떻게 몸을 형성하게 하는지에 관심을 둔다(임부연 외, 2021). 예를 들면, 유아교사의 여성성에 강요되고 있는 전통적인 어머니의 역할이나 돌봄(caring)의 의미에 숨겨져 있는 전통적인 가부장적 사회에서 요구되었던 여성의 역할을 드러냄으로써 지배적인 젠더 질서가 아닌 새로운 유아교사의 이미지를 개척하고자 한다.

한편, 나딩스(Noddings)는 사회적으로 이슈가 되는 여러 문제들은 교육적 실패라기보다는 도덕적 실패에 따른 것이므로, 사회적 문제 해결을 위해서는 학업 성취보다는 아동이 주변의 다양한 관계에 관심을 갖게 하고, 사랑과 우정, 협력, 돌봄의 덕목을 함양하도록 하는 데 교육의 초점을 두어야 한다고 강조하기도 한다(양옥승, 2008).

4) 포스트모더니즘

포스트모더니즘은 합리성과 진보를 내세우며 서구를 풍미했던 모더니즘에 대한 반기로 등장한 20세기 중반 이후의 시대정신으로 볼 수 있다. 포스트모던 관점에서 보면, 지식은 고정적이고 불변한 것이 아니라 맥락과 상황의 영향 속에서 형성된다. 따라서 모든 삶을 관통하는 보편적 진리는 없으며, 진리나 지식은 현상이나 상황을 이해하려고 사람들이 만들어낸 사회적 구성물일 뿐이며, 권력의 역학관계에 의해 정당화된다.

이러한 진리의 확실성이나 절대성에 대한 부정은 모든 현상의 불확실성과 상대성을 인정해야 한다는 주장으로 이어져, 유아교육의 지배적인 담론 속에 숨겨져 있는 모순과 편견을 파헤치고자 한다. 카넬라(Cannella, 1997/2002)는 유아교육 분야를 지배하고 있는 언어인 아동기, 아동발달, 모성, 여성, 아동중심, 놀이중심 교육과 같은 주제와 용어들은 계몽주의에서 강조했던 인간의 절대성과 합리성에 근거하여 형성된 개념들이라고 비판한다. 또한 20세기 이후 유아교육과정의 절대적인 이론인 아동발달 이론 역시, 서구 중산층과 백인의 이미지를 세계 모든 아동의 이미지로 보편화, 제도화함으로써 비서구적인 문화의 아동들이나 저소득층 가정의 아동을 정상에서 벗어난 주변부에 위치시키는 결과를 초래하였다고 주장한다.

포스트모더니즘에서는 모더니즘에서 지향하는 질서의 보편성과 위계성은 간섭과

억압을 낳는다고 보고, 모던적 관점의 시간과 공간을 해체한다(양옥승, 2008). 모더니즘 입장에서 시간은 연령이나 수업시간으로 편제되어 교육의 목표를 효과적으로 달성하기 위한 최선의 조건 중 하나이다. 그러나 포스트모더니즘 관점에서 교육의 시간은 교사들에게 짧은 시간에 보다 많은 문제를 처리해야 하는 '시간의 포로'가 되게 하는 요소이며(Slattery, 1995), 유아들에게는 경험과 배움을 위한 생활의 시간이 아니라 제도화된 시간, 시계 시간을 경험하게 할 뿐이다. 교육공간 역시 모더니즘 관점에서 보면 보편적이고 절대적인 지식을 전달하고 습득하는 공간이지만, 포스트모더니즘 관점에서 보면 다양한 개인들이 지식을 구성하는 상황적이고 과정적이고 변용적인 공간이다. 따라서 유아교육기관은 시간과 공간에 대한 모더니즘적 사고를 해체하고, 유아와 교사 사이, 공간과 시간 사이, 미지의 것과 알아가는 것 사이, 과거와 현재 사이, 개인과 집단 사이, 사람과 사물 사이를 연결 짓고 교류하게 하는 역동적인 삶의 공간으로 변용될 필요가 있다. 유아교육기관이 유아와 교사가 공동체로서 공통 관심사를 찾아 함께 참여하여 사회문화적인 의미를 공유하는 공간으로 그 역할을 다하고 있는 예는 이탈리아의 레지오 에밀리아 프로그램에서 볼 수 있다.

더 알아보기

레지오 에밀리아 접근법

레지오 에밀리아(Reggio Emilia) 접근법(이하 레지오 접근법)은 1992년 12월 〈뉴스위크〉지가 세계의 10개 학교 중 하나로 선정, 발표하면서 세계적인 주목을 받기 시작했다. 레지오 접근법은 이탈리아 국가 및 레지오 에밀리아 도시의 특수하고 공통된 가치와 문화가 결부된 독특한 교육과정 모형으로, 철학과 기존의 유아교육 이론들을 접목시켰다.

레지오 접근법은 지식의 절대성이나 객관성을 부정하고 상대성이나 주관적 인식을 추구하는 포스트모더니즘을 도입했다는 특징이 있다. 이론에서 실천을 도출했다기보다는 실천을 이해하고 해석하면서 인지적 갈등을 통해 학습자 스스로 지식을 구성한다는 피아제 이론, 듀이의 진보주의, 인간의 정신은 사회문화적 환경의 산물이라고 보는 비고츠키의 이론, 상징적 표상과 관련된 후기 피아제 학파의 여러 이론들, 가드너의 다중지능이론 등을 결합하였다.

학교를 민주주의 실천의 장으로 인식하는 시민들에 의해 자치적으로 시작된 레지오 접근법은 현재 레지오 에밀리아 시에서 운영하는 시립 유아교육체제로서 3~6세를 위한 유아학교와

0~3세 유아를 위한 영유아 센터로 구분된다. 이 접근법에서 아동은 '유능한 유아', '행복한 유아', '사회적 의사소통의 권리와 능력을 가진 유아'로서 태어날 때부터 이미 사회구성원으로서의 권리와 강하고 풍부한 잠재력을 가지고 있어서 학습에 능동적이며 성인이 생각하는 것보다 다양한 상징언어를 통해 자신을 표현하는 존재이다. 이러한 유아들을 존중하는 방식은 유아의 목소리를 기록하고 보존하는 것에서부터 시작된다. 유아들끼리의 의사소통이 적극 장려되며 소통의 과정이나 결과는 기록(다큐멘테이션)으로 남긴다. 유아에 대한 기록은 유아, 성인, 지역사회 간의 의사소통 수단이자 동시에 개인에게는 전후 지식 간의 시간적 연결도구로 사용된다. 즉 유아는 자기 활동 기록을 살펴봄으로써 과거의 경험과 지식에 비추어 현재의 지식과 경험을 스스로 구성하며, 다른 유아의 기록을 관찰하면서 자기의 경험과 지식을 사회적으로 구성할 수 있다고 본다.

레지오 접근법은 목적이나 목표가 미리 정해져 있지 않다. 그 이유는 유아의 교육적 요구나 흥미는 매우 유동적이기 때문에 미리 교육목표나 내용을 정한다면 유아의 잠재 가능성을 방해한다고 생각한다. 따라서 유아의 흥미를 바탕으로 발현적으로 주제를 선정하는 발현적 교육과정 형태를 띤다. 이를 위해 프로젝트 교수방법이 활용되며, 탐색과정은 기호, 글자, 도표, 그림 등 다양한 상징적 표상을 통해 기록하되, 한 주제에 대해 다양한 매체를 사용하여 탐색한 다음, 재방문, 재탐색, 재표상하는 경험의 순환과정을 통해 주제에 대한 이해 수준을 심화시켜 나가도록 진행한다. 또한 탐색이나 기록들은 아동, 교사, 가족, 지역사회가 서로 공유하고 협력하는 과정에 있어 공동선을 추구하며 의사소통적인 관계를 구축한다는 점에서 그 특징이 있다.

퀴즈

01. 동학사상을 토대로 '어린이' 존중 사상을 실천한 방정환의 업적이 아닌 것을 고르시오.

① 색동회를 발족하고 어린이날을 제정하였다.
② 외국 동화 및 동시를 번역하고 「어린이」잡지를 발간하는 등 어린이 문화 운동을 일으켰다.
③ 어린이를 존중하여 어린이를 위한 교육기관을 설립하고, 어린이 교육에 힘썼다.
④ '세계 아동 예술 전람회' 및 따오기, 반달, 설날 등 민족 애창 동요를 보급하여 예술 문화 운동을 주도하였다.

02. 유아교육사상가 및 사상가의 공헌을 잘못 연결한 것을 고르시오.

① 코메니우스–아동교육의 중요성 및 감각교육 강조
② 홀–성숙이론과 연령별 성장 규준
③ 손다이크–자극과 반응의 학습이론 및 행동측정과 평가의 중요성
④ 듀이–경험의 중요성 및 학습자의 흥미를 기초한 경험중심 교육과정

03. 다음 중 바르게 설명한 문장에 O, 바르지 않은 문장에 X 하시오.

- 유아교육에 영향을 준 동양사상 중 성선설을 주장한 사상은 유교 사상이다. (　　)
- 서양 유아교육사상에서 아동중심 사상은 고대 플라톤과 아리스토텔레스부터 강조되어 근대의 코메니우스, 루소, 페스탈로치, 프뢰벨로 이어졌다. (　　)
- 피아제와 비고츠키는 인간의 지식 형성 과정에 관심을 두어 인지발달이론을 전개해 나갔다. 피아제는 환경과의 상호작용을 통해 인지발달이 이루어지며, 발달과정은 연령에 따라 구분될 수 있다고 본 반면, 비고츠키는 사회문화적 환경의 내면화를 통한 정신의 발달과정을 설명하면서 교육이나 또래 등의 영향을 강조하고 있다. (　　)

04. 고대 그리스시대부터 20세기까지 유아교육사상의 형성 및 전개 과정에 영향을 준 세계관으로, 세계를 변하지 않는 초월적인 이데아와 끊임없이 변화하는 물질로 구분하여 보고, 인간 역시 정신과 육체로 분리할 수 있다고 보는 세계관을 무엇이라 하는가?

07. 세계 최초로 아동중심 사상에 근거하여 놀이중심 교육과정을 구현하고자 유치원을 설립하고 교사를 양성한 유아교육사상가는 누구인가?

토론 문제

01. 유아교육에서 사상을 이해해야 하는 이유를 설명해 봅시다.

02. 불교, 유교, 동학사상이 우리나라 유아교육에 준 영향에 대해 정리해 봅시다.

03. 프뢰벨과 듀이의 교육사상을 비교, 정리해 봅시다.

04. 현대의 포스트모더니즘 관점에 따르면 현재의 교육현상(예: 시간, 공간, 교사의 역할 등)이 어떻게 변화될 수 있을지 생각해 봅시다.

정답 1. ③ 2. ② 3. O, X, O 4. 이원론적 세계관 5. 프뢰벨

Chapter

04

영유아의 발달과 유아교육

1. 발달의 개념적 기초
2. 발달이론
3. 영유아기의 발달적 특징

유아교사에게 발달에 대한 이해는 매우 중요한 이론 영역이다. 발달이론과 원리를 통해 인간을 어떠한 존재로 정의하는지 이해하고, 그 특징을 고찰하는 것이 유아교육 실천에 도움을 줄 수 있기 때문이다.

이번 장에서는 발달의 개념적 기초와 함께 발달이론, 영유아기의 발달적 특징에 대해 살펴보고자 한다.

1. 발달의 개념적 기초

1) 발달의 개념

발달이란 시간이 경과함에 따라 인간이 양적 또는 질적으로 변화하는 과정을 의미한다. 양적인 변화는 신장이나 체중, 어휘력에서 보이는 변화와 같이 크기 또는 양에서의 변화를 의미한다. 질적인 변화는 지능의 본질이나 정신작용의 변화와 같이 본질이나 구조, 조직상의 변화를 의미한다(정옥분, 2018). 이러한 과정은 인간의 전 생애에 걸쳐 이루어지게 되는데, 과거에는 성인에 이르면 발달이 완성되었다고 보았으나, 최근에는 웰 에이징(well-aging)의 개념이 대두되면서 인간의 노화까지도 발달의 한 과정으로 포함하고 있다.

인간의 발달과 관련된 개념으로는 성장, 성숙, 학습이 있다. 성장(growth)은 신체의 크기나 능력이 증가하는 것으로 주로 양적인 변화를 의미하며, 성숙(maturation)은 영아기의 빠른 성장, 사춘기와 같이 유전적으로 결정되어 있는 발달적 변화와 시기가 시간의 흐름에 따라 자연스럽게 나타나는 생물학적 과정을 말한다. 또한 학습(learning)은 직접적 혹은 간접적 경험의 결과로 획득되는 발달적 변화를 의미한다. 인간의 발달은 이러한 성장, 성숙, 학습의 개념이 함께 공존할 때 이루어진다고 할 수 있다.

따라서 발달이란, 인간의 일생에서 성장, 성숙, 학습이 끊임없이 함께 작용하여 변화하는 모든 과정이라 할 수 있다.

2) 발달 원리

발달은 매우 복잡하고 다양한 과정을 거쳐 이루어진다. 이러한 발달의 보편적 특성을 탐구하기 위해 실험과 관찰을 통해 이루어진 많은 연구들은 인간의 발달의 특성에 나타나는 몇 가지 공통적인 특성과 원리를 발견하였다. 이에 따르면 모든 영유아들의 발달은 환경과 무관하게 몇 가지 보편적 원리를 따른다. 발달원리에 대한 진술은 학자마다 다양한 범주를 지니지만 대체적으로 다음의 원리에 준거하여 설명할 수 있다(이영 외, 2015).

첫째, 발달과정에는 일정한 순서가 있고 누적적이다. 예를 들면, 모든 영유아는 처음에는 기어 다니고, 그 후에는 앉고 설 수 있으며, 그 다음에는 걷고 달리기를 할 수 있다. 이처럼 이동하는 데 필요한 신체능력은 일정한 순서를 거치게 되는데, 걷기에 관련된 신체 능력을 획득한 다음에 달리기에 필요한 능력이 추가로 획득된다. 언어발달에서도 모든 영유아들은 옹알이를 한 후에 한 단어, 두 단어 말을 하고 간단한 문장을 사용하여 의사소통을 하다가 점차 복잡한 문장을 사용하여 말한다. 이처럼 발달은 순서가 있기 때문에 아무리 여러 번 훈련을 하여도 그 단계에 필요한 능력을 갖추지 못한다면 다음으로 넘어갈 수 없고, 순서가 바뀌지 않는다.

둘째, 신체 및 운동발달은 일정한 방향으로 진행된다. 즉, 발달은 일정한 순서와 방향의 원리에 따라 진행된다는 것이다. 방향은 세 가지 원리에 따라 진행된다. ① 머리에서 발끝 방향으로 발달이 진행되는 두미(cephalocaudal) 방향의 원리이다. 이에 따르면 먼저 머리가 발달한 후, 점차 팔, 다리, 아래 부분이 발달한다, ② 몸 중심부에서 말초 쪽으로 발달이 진행되는 근원(proximo-distal) 방향의 원리이다. 이에 따르면 몸 중앙에 있는 심장이 먼저 생기고 점차 손가락, 발가락 등 말초 부분이 형성된다. ③ 일반적인 기능에서 특수한 기능으로 발달하는 전체-세분화(mass- specific) 방향의 원리이다. 이에 따르면 영유아 초기에는 바닥에 떨어져 있는 작은 물건을 주울 때 팔 전체를 사용하지만, 시간이 지나면서 팔 전체가 아닌 엄지손가락과 손가락을 사용하게 된다.

셋째, 발달은 지속적으로 이루어지지만 발달 속도는 일정하지 않다. 특정 시기에 특정 영역이 급격하게 발달하기도 하고 천천히 발달하기도 한다. 예를 들어, 신체의 성장과 발달은 태아기부터 영아기, 유아기, 아동기, 청년기까지 지속적으로 이루어지나 영아기에 가장 빠르게 진행된다. 사춘기에는 2차 성징이 나타나면서 호르몬 수준의 변화로 생식기관의 발달이 다른 시기보다 빠르게 일어난다. 이처럼 발달은 지속적으로 이루어지지만 그 속도는 일정하지 않다.

넷째, 발달에는 개인차가 있다. 발달은 보편적인 순서에 따라 이루어지지만 개인의 특성, 성별 그리고 환경과 유전의 조건에 따라 발달의 차이가 나타난다. 어떤 영아는 돌이 되기 전에 걷기 시작하고, 어떤 영아는 두 돌이 다 되어 걷기 시작한다. 심지어 일란성 쌍생아들도 신생아기부터 개인차가 나타나며 발달의 속도와 양상은 각기 다르다. 또한 성별에 따라서도 발달적 특징이 다른데, 대개 여아들은 남아들에 비해 상대적으로 언어발달이 빠르고 남아들은 여아들에 비해 대근육의 발달이 상대적으로 우세한 편이다.

다섯째, 발달의 모든 영역들은 상호작용하므로 상호 밀접한 연관이 있다. 신체발달과 인지발달, 언어발달, 정서발달, 사회성 발달은 서로 밀접하게 영향을 주고받으면서 진행되므로 각 영역의 발달을 분리하여 생각할 수 없다. 신체적으로 건강한 영유아는 활발한 탐색 활동을 하게 되고 그로 인해 정보를 많이 얻게 되어 인지능력도 발달하게 된다. 정서 이해가 빠른 유아는 또래의 마음을 잘 이해하여 사회적 능력의 수준이 높다. 반면 언어발달 수준이 뒤떨어지면 사회성과 대인관계에도 문제가 생긴다. 이처럼 발달의 여러 영역들은 서로 영향을 주고받으며 유기적으로 연결되어 있다.

2. 발달이론

영유아의 발달은 복잡하고 다양하기 때문에, 영유아에게 나타나는 발달의 모든 측면을 설명할 수 있는 통합적인 단일 이론은 없다. 영유아 발달의 한 현상을 설명하는 데에는 어떤 특정 이론이 적합하고, 또 다른 현상에는 다른 이론이 더 적합하기 때문이다. 본 장에서는 인간을 이해하는 다양한 관점으로 성숙 이론, 정신분석 이론, 학습 이론, 인지발달 이론, 동물행동학 이론을 중심으로 살펴보고자 한다.

1) 성숙 이론

성숙 이론에서는 인간 발달의 과정이 유전적으로 결정되어 있다고 본다. 즉, 인간이 태어날 때부터 발달의 유전적 청사진이 이미 존재한다는 것이다, 영유아를 내적으로 발달 가능한 존재로 보고, 영유아의 성장 또는 발달은 성숙 기제에 의하며 환경적 영향은 부가적인 것이라고 본다(문혁준 외, 2018).

20세기 초반 게젤(Gesell)은 영유아의 성장과 발달은 유전인자가 통제하는 시간표대로 진행되기 때문에 정해진 발달 단계를 거치지만 발달 속도에는 개인차가 있다고 보았다. 게젤은 성숙 이론의 주요 개념으로 성숙과 학습준비도 등을 제시하였고, 이러한 개념을 객관적이고 체계적인 연구를 통해 과학적으로 입증하고자 하였다. 성숙의 과정은 인간이 수정되는 순간부터 예정된 발달 순서에 따라 진행된다. 게젤은 유전자가 발달에 미치는 영향을 증명하기 위해 일란성 쌍생아를 대상으로 연구하였는데, 타고난 유전적 형질이 동일하면서 서로 다른 환경에서 양육된 일란성 쌍생아는 인간의 발달에 영향을 미치는 유전과 환경의 요인을 설명해 주기 때문이다. 그 결과 환경이 달라도 같은 유전자를 보유한 개인이 유사한 발달을 보임을 증명하였다.

학습준비도란 영유아에게 무엇을 가르치기 위해서는 영유아가 성숙될 때까지 기다려야 한다는 학습의 시기에 관한 개념이다. 영유아가 준비되어 있지 않았을 때는 준비될 때까지 기다려야 한다는 것이다. 즉, 인간의 내부에는 발달과 성숙을 위한 내적인 성장 시간표가 있어 이에 따라 신체적·정서적·사회적인 성장을 이루며, 교육을 통해 혹은 인위적으로 발달시기를 앞당기거나 늦추려 하는 것은 의미가 없다고 보았다. 이러한 측면에서 게젤은 '표준행동규준(behavior norms)'을 제시하였다. 표준행동규준은 출생에서 청년기까지의 행동발달 변화 정도에 따른 관찰 연구를 바탕으로 운동행동, 적응행동, 언어행동, 그리고 개인적·사회적 행동의 연령적 발달특성을 기술한 것이다.

게젤의 표준행동규준은 당시 부모, 교사, 소아과 의사들에게 중요한 자료로 활용되었을 뿐만 아니라, 유아교육자에게도 제공되었다. 이러한 규준은 유아의 학습기능을 포함하여 신체적·정서적·지적발달에 대한 성숙도를 객관적으로 볼 수 있는 중요한 준거가 되었다(양옥승 외, 2015). 이와 같은 게젤의 표준행동규준은 인간발달의 규칙성과 보편성을 보여준다.

2) 정신분석 이론

정신분석 이론은 인간의 성격 및 정서 측면을 강조한 이론이다. 정신분석 이론은 정신이 인간 행동의 기초가 된다는 가정하에 인간에게 내재되어 있는 본능적 욕구와 사회적 관계에서 가지게 되는 갈등에 초점을 두고 이것이 성격발달과 어떤 관계가 있는지 이해하고자 하였다. 이 관점의 시초는 프로이트의 심리성적 발달이론이고, 에릭슨은 이를 확장하여 심리사회적 발달이론으로 발전시켰다.

(1) 프로이트의 심리성적 발달이론

'정신분석학의 아버지'라고 불리는 프로이트(Freud)는 정신과 의사로 무의식적 충동이나 동기에 관심을 가졌으며 인간의 행동이 무의식 속에 잠재된 생각이나 욕망에 의해 일어나므로 이를 통해 인간의 행동을 이해할 수 있다고 믿었다(양옥승 외, 2015).

프로이트는 인간의 정신을 빙산에 비유하며 의식, 전의식, 무의식으로 구성되어 있다고 보았다. 즉, 빙산에서 물 위에 보이는 부분은 의식으로서 우리가 인식할 수 있는 사고, 감정, 지각 등이라고 본다. 의식은 정신의 가장 큰 부분을 인간이 주의를 기울이면 알아차릴 수 있는 정신세계를 의미한다. 전의식은 주의를 기울이고 마음에 떠올리려 노력해야 의식세계로 인식될 수 있는 정신세계를 의미하며, 기억, 사고, 꿈 등으로 이루어져 있다. 마지막으로 무의식은 물 속에 감추어져 있는 부분으로 정신의 가장 큰 부분을 차지함에도 불구하고 전혀 볼 수 없고, 관련 정보 역시 의식할 수 없다. 다시 말해 무의식은 의식적 노력에 의해서도 자각되지 않는 정신 영역이다. 그러나 인간의 모든 행동은 이러한 무의식의 지배를 받으며 인간의 사고와 행동에 영향을 미치게 된다. 또한 무의식은 어린 시기의 성적 본능과 충동들이 무의식 속에 잠재되었다가 사고와 행동의 동기를 제공한다.

프로이트는 가장 중요한 본능을 성적인 본능이라 보고, 이를 리비도(libido)라 불렀다. 프로이트에 의하면 모든 인간은 고정된 양의 리비도를 가지고 태어나 다섯 단계의 심리성적 발달단계를 거치며, 발달의 각각 단계마다 신체의 특정한 부분에서 쾌감을 경험한다. 심리성적 발달단계는 리비도가 인간의 신체 중 어느 부위에 집중되느냐에 따라 구강기, 항문기, 남근기, 잠복기, 생식기로 구분한다. 다시 말해 유아가 성장함에 따라 리비도가 집중되는 신체 부분이 달라지고 각 단계에서 추구하는 성적 충동이 적절히 만족되어야 다음 단계로 발달할 수 있다는 것이다.

프로이트는 심리성적 발달단계 중 첫 세 단계를 특히 중요하게 생각하였다(이영 외, 2015). 이 단계 동안 충분한 만족을 경험하지 못하거나 지나치게 만족한 유아는 그 단계에 고착하게 된다. 고착은 발달이 일어나지 않고 멈추는 것으로, 한 단계에 고착하게 되면 다음 단계로 넘어가기 어렵다. 프로이트는 어린 시절의 고착이 성인기까지 영향을 미친다고 주장하였다.

표 4-1 프로이트의 발달단계

구강기 (출생~1세)	리비도가 구강에 집중되는 시기로 빨고 깨물며 씹는 행동을 통해 성적 욕구를 충족시킨다. 구강기의 고착현상은 손가락 빨기, 과식, 과음 등이다.
항문기 (1~3세)	이 시기의 성감대는 항문 주변으로 항문의 괄약근을 수축하고 이완하는 과정을 통해 만족감을 얻는 시기이다. 배변훈련을 통해 이러한 욕구가 충족될 수 있다. 항문기의 고착현상은 배변훈련이 너무 엄격하거나 청결을 지나치게 강조하면 나타나는 것으로 인색하거나 고집이 세고 의심이 많은 성격을 형성할 수 있다.
남근기 (3~6세)	리비도가 성기로 집중되면서 자신의 성기 자극을 통해 만족감을 얻는 시기로 자위행위를 하기도 한다. 동성의 부모를 강하게 질투하는 오이디푸스 콤플렉스와 엘렉트라 콤플렉스가 나타나기도 하지만 남아는 거세불안의 두려움, 여아는 남근선망의 갈등으로 인해 결국 동성의 부모와 동일시함으로써 문제를 극복하고 초자아가 발달하게 된다.
잠복기 (6~11세)	학령기가 되면 외부 환경과 성취과업에 관심을 갖게 되고 리비도가 무의식 속으로 잠복하면서 평온한 상태를 유지한다.
생식기 (청년기)	잠복되었던 성적 에너지가 신체적 성숙이 이루어짐에 따라 진정한 의미에서의 성욕이 나타나는 시기이다. 가족 이외의 이성을 향한 성적 충동이 발생한다.

출처: 양옥승 외(2015). 유아교육론.

(2) 에릭슨의 심리사회적 발달이론

에릭슨(Erikson)은 프로이트의 이론을 근간으로 하여 자신의 이론을 발전시켰다. 그는 성적 에너지를 강조하였던 프로이트와 달리 사회문화적 영향을 강조하였다. 그는 아동을 자신의 성적 욕구와 부모의 양육태도에 의해 성격이 만들어지는 수동적인 존재가 아니라, 각 발달단계마다 스스로 환경에 적응하기 위해 노력하는 능동적인 존재로 인식하였다. 또한 프로이트는 성격발달단계를 사춘기에서 끝났다고 본 반면, 에릭슨은 심리사회적 발달이 성인기를 지나 노년기에 이르기까지 전 생애를 통해 계속된다고 주장하였다.

에릭슨에 의하면 인간은 일생 동안 8단계의 발달과정을 거치며, 발달단계마다 해결해야 하는 심리적 위기가 있다. 이러한 심리적 위기를 만족스럽게 해결하면 건전한 성격 발달이 이루어지지만, 갈등이 지속되거나 위기를 잘 해결하지 못하면 부정적인 자아 발달이 이루어진다고 보았다.

표 4-2 에릭슨의 심리사회적 발달단계

기본적 신뢰감 대 불신감 (출생~1세)	양육자가 얼마나 일관되고 지속적인 경험을 제공하느냐에 따라 영아는 세상에 대한 기대와 어머니에 대한 신뢰감이 형성되나 그렇지 못할 때에는 불신감이 형성된다. 이 시기의 기본적 신뢰감 형성은 성장한 후의 사회관계의 기초가 된다.
자율성 대 수치심 (1~3세)	이 시기는 대소변의 통제가 가능하고 신체적·언어적 능력의 발달과 함께 모든 일을 스스로 하려고 하는 자율성을 발휘하게 된다. 자유를 허락하면서 적절히 도와주면 자율성이 발달하지만, 지나친 통제나 사회적 기대에 부응하지 못하면 수치심을 느끼고 회의감이 생기기도 한다.
주도성 대 죄책감 (3~6세)	이 시기에는 성인의 인정을 받고 싶어 하며 또래와 갈등도 경험하게 된다. 유아가 스스로 자신의 일을 잘하고 목표를 달성하게 되면 주도성을 갖게 되지만 실패를 경험하거나 완성할 기회를 갖지 못하면 죄책감이 생긴다.
근면성 대 열등감 (6~11세)	프로이트의 잠복기로서 자아성장에 결정적인 시기이다. 학교생활을 통해 기초적 인지기능과 사회적 기능, 신체기능을 습득하면서 근면성이 발달한다. 그러나 각종 능력을 습득하지 못하고 학습에 실패하거나 놀이에서 실수하는 경험이 누적되면 열등감을 갖게 된다.

정체성 대 역할혼미 (청년기, 11~19세)	자기 존재에 대한 의문과 탐색을 하는 시기로 자아의 내적 갈등에 초점을 두고 자아정체감을 찾고자 하며, 자신이 선택한 가치관과 직업적 목표를 통해 개인적 정체성을 형성하는 반면 방황이 길어지고 정체감이 제대로 형성되지 못하면 미래의 성인 역할에 대한 혼란에 빠질 수 있다.
친밀성 대 고립감 (성인 초기, 19~24세)	앞 단계에서 형성된 자신의 정체성을 바탕으로 타인과 연합하여 공동의 정체성을 확립하며 친밀감을 나누고 사회적 관계를 형성해 간다. 그러나 앞 단계에서 자아정체감이 확립되지 못한 사람은 타인들과 원만한 관계를 맺지 못하고 자신에게만 몰두하여 고립감을 느끼게 된다.
생산성 대 침체성 (성인 후기, 25~54세)	가정적으로는 자녀의 양육과 교육에 전념하고, 사회적으로는 다음 세대의 복지나 사회적 변화에 관심을 가지며, 직업에 있어서도 매우 생산적으로 일하는 시기이다. 이 시기에 이렇게 다양한 생산성을 발휘하지 못한다면 타인에게는 관심이 없고 오로지 자신의 욕구에만 몰두하여 침체성이 형성된다.
자아통합 대 절망감 (노년기, 54세 이후)	개인의 전 생애를 통한 완성적 노력과 성취에 대하여 반성하는 시기로 지금까지의 발달과정에 대한 최종적인 통합을 하며 인생의 가치를 평가하게 된다. 이때 자신의 인생에 대한 무의미함과 무력감을 느끼고 죽음에 대한 두려움 때문에 절망할 수도 있다.

출처: 양옥승 외(2015). 유아교육론.

3) 학습 이론

학습 이론은 행동주의 이론이라 불리기도 하는데, 영유아발달에서 생물학적 요인보다 환경적 요인을 더 강조하는 입장이다. 이 관점에서는 인간의 모든 행동이 학습과 경험에 의해 이루어진다는 것을 전제로 한다. 이러한 점에서 학습 이론은 직접 관찰하고 측정할 수 있는 유아의 외현적 행동에 초점을 두고 유아의 행동을 변화시키는 궁극적인 법칙을 밝혀내고자 한다. 학습 이론을 대표하는 이론에는 행동주의 이론과 사회학습 이론이 있다.

(1) 행동주의 이론

행동주의 이론은 관찰 가능한 행동만을 대상으로 연구하는 이론으로 전 생애적인 과정을 통해 학습이 이루어진다고 본다. 학습이 이루어지는 과정을 설명하는 대표적인 접근방법으로 고전적 조건 형성과 조작적 조건 형성을 들 수 있다.

① 파블로프의 고전적 조건 형성

러시아의 생리학자인 파블로프(Pavlov)는 개의 소화과정을 연구하던 중 개에게 먹이를 주기 전에 개가 먹이를 준비하는 소리만 들어도 침을 흘리는 현상을 발견하였다. 여기에 착안하여 파블로프는 개에게 먹이를 주면서 동시에 종을 울리는 실험을 통해 개가 종소리만 들어도 침을 흘리는 현상을 발견하였다. 이를 고전적 조건 형성이라 하였다.

고전적 조건 형성의 원리는 개에게 먹이(무조건자극)를 주면, 개는 자연스럽게 침을 흘리는데(무조건 반응), 먹이를 줄 때 종소리(조건자극)를 동시에 들려주면 일정 시간이 지난 후에 개는 종소리만 들어도 침을 흘리게 되는 것(조건반응)이다. 즉, 먹이라는 무조건자극 없이 의미가 없는 조건자극인 종소리를 함께 들려줌으로써 침을 흘리는 의도적 반응을 이끌어 내도록 조건 형성을 시키는 것이다.

왓슨(watson)은 고전적 조건 형성의 원리를 인간에게 적용시켜 연구하였는데, 대표적으로 영유아의 공포정서를 학습시키는 데 적용하였다. 그는 흰쥐를 무서워하지 않고 만지려는 자신의 11개월 된 아들 알버트(Albert)에게 흰쥐를 보여주기 전에 큰 소리를 반복하여 들려주도록 하였다. 실험이 반복되자 알버트는 흰쥐만 보아도 고개를 돌리며 피하고 울었다. 즉, 처음에는 중립자극이었던 흰쥐가 큰 소리와 연합하여 조건화된 놀란 반응을 보이는 조건 형성이 이루어진 것이다. 이후에 알버트는 토끼, 개, 솜, 털 코트와 같이 흰 털이 달린 물건들을 모두 두려워하는 반응을 보였는데, 이러한 현상을 '자극 일반화'라고 한다. 이와 같은 실험을 통해 왓슨은 공포, 분노, 사랑 등 인간이 가지는 모든 정서반응은 고전적 조건 형성을 통하여 학습된다고 주장하였다.

② 스키너의 조작적 조건 형성

유기체를 자극에 반응하는 다소 무력한 존재로 보았던 고전적 조건 형성과 달리, 조작적 조건 형성은 유기체의 자발적인 반응에 초점을 두었다(이영 외, 2015). 예를 들어 아기가 옹알이를 하면 엄마는 아기에게 미소를 보여주며 언어적 반응을 한다. 이

경우에 아기는 엄마의 주의를 끌기 위해 계속 옹알이를 한다. 즉, 우연히 했던 행동인 옹알이가 엄마의 미소인 조건화된 반응을 유도하는 것이다. 따라서 조작적 조건 형성이란 어떤 반응에 대해 선택적으로 보상해 줌으로써 그 반응이 일어날 확률을 증가시키거나 감소시키는 것을 의미한다.

조작적 조건 형성의 대표적인 학자 스키너(Skinner)는 스키너 상자를 만들어 이 상자에 흰쥐를 넣고 쥐의 행동을 관찰하였다. 이 상자는 손잡이 레버를 누르면 먹이가 떨어지도록 설계되어 있다. 즉, 무조건 먹이를 주는 것이 아니라 특정 행동을 해야만 먹이가 나오도록 만든 것이다. 쥐는 상자 속에서 자유롭게 돌아다니다가 우연히 지렛대를 누르게 되는데, 이때 먹이가 나오는 경험을 하게 된다. 이러한 과정을 반복함으로써 흰쥐는 먹이가 먹고 싶으면 의도적으로 스위치를 누르는 행동을 하게 된다. 이 실험은 우연적인 반응, 즉 우연히 지렛대를 누르는 행동 뒤에 수반되는 강화, 먹이라는 자극요인을 통해 의도적으로 지렛대를 누르는 행동을 유발시켰다. 결국 먹이라는 보상을 통해 원하는 행동을 조건 형성시킨 것이다.

이처럼, 특정 행동 후에 먹이라는 보상이 주어져 특정 행동이나 반응의 확률, 빈도를 증가시키는 현상을 강화(reinforement)라 하며, 강화물(강화재)은 강화의 수단으로 사용되는 물건이나 자극을 의미한다. 예로 인사습관을 기르기 위해 아이가 인사를 할 때마다 사탕을 줌으로써 인사습관을 가지게 하는 것이다.

강화에는 의도하는 행동을 하면 먹이, 사탕, 칭찬 등을 제시하는 정적 강화와, 아이에게 청소면제, 숙제 줄여주기 등 싫어하는 것을 감소, 제거해 주는 부적 강화가 있다. 부적 강화는 벌과 구분되는데, 벌은 의도하지 않은 행동을 통제하는 수단으로 체벌 등을 예로 들 수 있다. 이러한 개념을 바탕으로 조작적 조건행동에서는 부정적 행동을 없애고자 할 때 아동을 벌주는 방법보다는 소거시키고, 바람직한 행동에 대해서는 정적 강화를 결합시켜 영유아의 행동을 수정해야 한다고 본다. 이와 같은 행동주의 이론의 원리는 영유아를 대상으로 하는 교수·학습방법에 많은 영향을 미쳤다.

(2) 반두라의 사회학습 이론

반두라(Bandura)는 인간은 동물과 달리 자신의 행동과 행동결과에 대해 생각할 수 있는 인지적 존재임을 강조하였다. 반두라는 인간이 동물과 달리 인지적인 존재이며, 발달은 아동과 환경 간의 지속적인 상호작용을 통해 이루어진다는 '상호결정론(reciprocal determinism)' 개념을 제시하였다. 이러한 인지적 강조로 인해 반두라의 이론을 '인지적 사회학습 이론' 또는 '후기 행동주의'라 칭한다(문혁준 외, 2018).

또한 반두라는 관찰학습과 모델링을 중요한 발달과정으로 인식하였다. 즉, 인간은 직접적인 강화에 의한 경험을 통해 학습하기도 하지만, 타인의 행동을 관찰하는 것만으로도 새로운 행동을 학습할 수 있다고 주장한다. 예를 들면, 급식을 받아서 앞서 가던 친구가 뛰다가 급식을 쏟게 될 경우, 뒤를 따라가던 유아는 급식판을 든 상태에서는 조심히 걸어가야 한다는 것을 학습하게 된다는 것이다. 인간이 관찰한 내용을 시행할 수 있음에도 불구하고 하지 않을 수도 있다는 것은 중요한 의의를 가진다. 이는 강화와 동기가 학습자가 행동을 하게 하는 데 중요한 요소가 될 수 있다는 의미이자, 인간의 내적 과정이 중요성을 인정받았다는 뜻이기도 하다. 이와 같은 관찰학습의 인지과정은 주의집중과정, 주의파지과정(시각적 자극을 언어적 부호와 연결시켜 기억하기), 운동재생과정(필요한 운동능력 갖추기), 강화와 동기적 과정(새로운 반응의 획득과 수행구분)을 거쳐 이루어진다고 보았다(Bandura, 1989).

이후 반두라는 자신이 어떤 일을 잘 해 낼 수 있다는 개인적인 신념인 '자기 효능감(self-efficacy)'을 발달의 주요 매개로 강조하였다. 자기 효능감은 상황이 요구하는 행동을 수행할 수 있다는 개인의 확신으로서, 개인의 행동 여부를 결정하게 된다.

4) 인지발달 이론

인지발달 이론은 인간이 어떻게 지식을 구성하고, 어떻게 생각하는지에 대한 인간의 사고과정에 관심을 갖는다. 이에 대해서는 학자들마다 다른 관점에서 설명하고 있는데, 본 장에서는 피아제의 인지발달 이론, 비고츠키의 사회문화적 이론에서 어떻게 유아들의 인지발달을 이해하고 있는지 살펴보고자 한다.

(1) 피아제의 인지발달 이론

인간은 세상을 어떻게 이해하는가? 피아제(Piaget)의 연구는 이 질문의 답을 찾기 위한 것이다. 피아제는 영유아가 주변 세상을 이해하고 적응하려는 노력의 결과로 발달이 이루어진다고 보았고, 유기체의 인지발달을 설명하였다. 그에 따르면 지식은 유기체 안에서 구성되는 것으로서 '인지적인 인간과 환경의 상호작용'을 통해 이루어진다고 보았다.

피아제는 인간이 환경과의 상호작용을 통해 인지구조를 끊임없이 재구성해 간다고 주장한다. 피아제는 인지발달과 관련하여 도식(schema), 적응(adaptation), 동화(assimilation), 조절(accommodation), 평형(equilibrium) 등과 같은 새로운 개념을 제시하였다. '도식'은 개인이 가지고 있는 정신적 구조이자 틀로서, 환경에 적응하는 데 사용하는 '이해의 틀'이라 할 수 있다. 이러한 도식은 조직과 적응의 과정을 통하여 형성되는데, 모든 인간은 태어나면서 이 두 가지의 근본적인 경향성을 지니고 있다. 영유아가 새로운 정보를 획득할수록 도식은 점점 복잡해진다. '적응'은 새로운 정보를 자신이 이미 알고 있는 인지 구조에 포함시키는 것을 의미하며, 적응을 위해서는 동화와 조절의 두 가지 과정이 필요하다. '동화'는 새로운 정보를 받아들여 이미 존재하는 인지구조에 포함시키는 것이고, '조절'은 유아의 인지구조를 새로운 정보에 맞게 변화시키는 것이다. 유기체는 지속적으로 동화와 조절을 통한 적응과정을 거쳐 인지구조의 '평형' 상태를 유지하려고 한다.

피아제는 적응과정을 통해 새롭게 생기는 인지구조는 기존의 구조와 질적으로 다르다고 주장하며, 인지구조의 질적 변화를 묶어서 인지발달 단계로 제시하였다. 이와 같은 인지발달 단계에는 중요한 특징이 있는데, 모든 유아가 동일한 단계로, 일정한 순서를 거쳐 인지발달이 이루어지지만 속도는 유아마다 차이가 있다는 것이다. 피아제의 인지발달 단계는 감각운동기, 전조작기, 구체적 조작기, 형식적 조작기로 구성된다. 각 단계와 그에 해당하는 연령과 특성들을 제시하면 〈표 4-3〉과 같다.

표 4-3 피아제의 인지발달 단계

단 계	특 징
감각운동기 (출생~2세)	• 감각기관을 통해 사물을 이해 • 8~12개월부터 대상영속성(사물이 눈앞에 보이지 않거나 만질 수 없을 때에도 여전히 존재한다는 것을 아는 것) 시작 • 목표지향적 행동(goal-directed actions) 시작
전조작기 (2~7세)	• 상징적 사고(symbolic thought)의 출현 • 자아중심적(egocentrism) : 유아들이 우주의 모든 현상을 자기중심적으로 생각하는 것으로 타인도 자신과 동일한 방식으로 지각한다고 생각하는 것 • 물활론적 사고(animism) : 무생물이 살아 있고, 사람처럼 감정이나 의도를 가지고 있다고 생각하는 것으로 4~6세의 유아들은 활동하는 모든 대상물을 살아 있다고 여김 • 보존개념(conservation)의 결여 : 사물의 외형이 변한다고 할지라도 그것의 속성은 변하지 않는다는 것을 이해하는 능력이 결여됨 • 불완전한 분류 능력(class inclusion) : 상위 유목과 하위 유목 간의 관계, 전체와 부분의 관계를 이해하는 능력이 불완전함
구체적 조작기 (7~11세)	• 보존개념(conservation) 이해 : 문제해결을 위해 직관보다는 논리적 조작이나 규칙을 적용하기 시작함 • 유목화하고 서열화(class inclusion) : 큰 것부터 작은 것으로 또는 그 반대로 순서적인 배열을 하는 능력을 획득 • 조망 수용(perpective taking) : 자기중심적인 사고에서 벗어나 타인의 입장, 감정, 인지 등을 추론하고 이해할 수 있는 능력 • 분류 가능 : 대상물이 지니고 있는 공통 속성에 따라 분류하고, 하나의 속성에 따라 분류하는 단순 유목화, 물체를 두 가지 이상의 속성으로 나누어 분류하는 다중 유목화가 가능
형식적 조작기 (11세 이후)	추상적 사고(hypothetico-deductive reasoning), 가설적 사고가 가능

출처: 양옥승 외(2015). 유아교육론.

인지발달 이론은 영유아가 '능동적이고 적극적인 사고가'라는 점을 인정하며 유아들이 스스로 지식을 습득하도록 해야 한다는 점을 강조한 점에서 긍정적으로 평가된다. 이러한 관점에서 영유아를 이해하는 교사는 단순히 지식을 전달하기보다 영유아가 구체적인 대상을 가지고 직접 탐색 및 탐구할 수 있는 기회를 제공하며 영유아의 학습을 적극적으로 지원해야 함을 시사한다. 반면, 각 발달이 이루어지는 원인에 대해서는 구체적인 이유를 설명하지 못하고 있고, 영유아의 능력에 대해 과소평가하는 반면 청소년과 성인의 능력에 대해서는 과대평가를 하고 있다는 점에서 한계점을 갖는다.

(2) 비고츠키의 사회문화적 이론

러시아의 심리학자 비고츠키(Vygotsky)는 영유아는 타인과의 관계에서 영향을 받으며 성장하는 사회적 존재임을 강조하면서 영유아를 이해하기 위해서는 그들이 성장해 가는 사회, 문화 및 관습적 맥락을 함께 이해해야 한다고 주장하였다. 비고츠키는 피아제가 간과했던 사회문화적 요인의 중요성을 강조한다. 이에 따르면 영유아들은 자신의 주위에 있는 다른 사람들로부터 배우는 것이므로 모든 문화권의 유아가 똑같은 인지발달 단계를 거친다고 보지 않았다.

비고츠키는 인간의 정신활동, 고등인지과정, 사고와 행동을 조절하기 위해 언어를 사용하는 능력은 사회문화적 학습의 결과이며, 인지발달은 성인이나 자신보다 뛰어난 또래 간의 대화와 의견 교환을 통해 이루어진다고 보았다. 비고츠키에게 언어는 타인과 의사소통을 하고 사회적 경험을 표현하는 주된 방법이 되며, 사고에 필수적인 도구이다. 따라서 비고츠키는 언어에 대해 사회문화적 세계와 영유아의 정신기능을 연결시켜주는 중요한 매개체로서 언어습득은 영유아의 인지발달의 초석이 된다고 보았다.

또한 비고츠키는 유아가 발달을 성취하고 내면화하기 위해 성인이나 더 우수한 또래가 유아의 학습에 도움을 줄 수 있다고 주장하였다. 이러한 주장과 관련이 있는 핵심 개념은 근접발달지대(zone of proximal development, ZPD)이다. 근접발달지대란 스스로 문제를 해결할 수 있는 현재의 발달수준과 성인이나 또래의 도움을 받아서 문제를 해결할 수 있는 잠재적 발달수준의 차이를 의미한다. 근접발달지대는 각 유아 개개인마다 다를 수 있으며, 역동적이며 민감한 지역이다.

이후 비고츠키의 이론에 영향을 받은 학자들은 이와 같은 관점에서 영유아교육에 '비계'의 개념을 도입하였다. 비계는 영유아가 스스로의 힘으로 문제를 해결할 수 있도록 도움을 제공하는 것을 의미한다. 교사는 비계설정(scaffolding)을 제공함으로써 교육이 영유아의 발달을 주도해 가도록 도울 수 있으며, 유아의 수준에 맞는 적절한 비계를 설정해 주어야 한다. 일반적으로 처음에는 영유아가 문제를 해결할 수 있도록 도움을 제공하고, 차츰 영유아의 능력 안에서 과제를 스스로 해결할 수 있도록 도움의 양을 줄여나간다.

이와 같은 비고츠키의 이론은 영유아의 발달에서 사회문화적 맥락의 중요성을 강조하고, 개인의 차이에도 관심을 가졌다는 점에서 긍정적인 평가를 받고 있다.

5) 동물행동학 이론

동물행동학 이론은 인간의 발달을 진화론적 관점에서 보는 것이다. 즉, 동물의 적응과 진화과정에 관련이 있다고 보고 행동의 적응력 또는 생존의 가치와 진화론에 관심을 둔다. 동물행동학의 기원은 다윈의 진화론이다. 동물행동학의 대표적인 학자로는 진화과정과 적응행동 간의 밀접한 관계를 강조한 로렌츠(Lorenz)와 영아와 주양육자 간의 애착관계를 동물행동학 이론으로 이해하려 했던 보울비(Bowlby)가 있다.

(1) 각인 이론

로렌츠(Lorenz)는 알에서 나온 청둥오리가 부화 후 13~16시간 사이에 자신이 목격한 움직이는 물체를 어미로 인식해 따라다니는 것을 발견하였다. 그 후 다양한 동물을 대상으로 실험하면서, 어린 동물들이 생후 초기 특정한 시기 동안 어떤 대상에 노출되어 추종행동을 하면서 그 대상에 애착되는 것을 각인(imprinting)이라고 개념화하였다.

각인은 생후 초기 제한된 기간 내에서만 일어나는데, 이를 결정적 시기(critical period)라 지칭한다. 이와 같은 각인은 한번 형성되면 나머지 생애 동안 지속된다. 이와 같은 각인 이론은 영유아 발달에 적용되어 영유아가 제한된 시간 내에 특정한 적응행동을 습득하도록 생물학적으로 준비되어 있으며, 이러한 행동을 발현시키기 위해서는 적절한 환경적 지원이 있어야 한다는 시사점을 준다.

(2) 애착 이론

영아기는 생의 발달과정에서 타인으로부터 물리적·정서적 지원에 크게 의존하는 시기로 일차적 양육자와 맺는 애정적 유대 관계인 애착은 이후 발달과정에서 중요한 의미를 갖는다(문혁준 외, 2018). 애착 형성의 과정을 보울비(Bowlby, 1969)의 이론에 기초하여 살펴보면 다음과 같다.

표 4-4 애착 형성의 과정

단 계	연령	특 징
1단계	출생부터 8~12주	• 요구 중심의 애착 전조 행동 • 상대방과 가까운 거리를 유지하려는 애착의 전조 행동으로서 울기, 빨기, 미소짓기, 움켜잡기 등을 보이는 단계
2단계	8주~8개월	• 특정인에 대한 선호 행동 • 부모 또는 정기적으로 자신을 돌보아 주는 소수의 특정인에게 선호를 보이는 단계
3단계	8개월~2세	• 특정인에 대한 뚜렷한 애착 행동 • 영아와 양육자 간에 애착이 확실히 형성되었다고 말할 수 있는 단계로 신호 또는 움직임을 사용하여 애착을 느끼는 인물과 가까운 거리를 유지하는 단계
4단계	2세 이후	• 다수에 대한 애착행동 • 다른 사람의 존재를 인식하기 시작하며, 타인과 상호작용하고자 할 때, 상대방의 요구와 필요를 고려해야 한다는 사실을 인식하게 되는 단계

출처: 문혁준 외(2018). 아동학개론.

이후 에인스워드(Ainsworth, 1979)는 12~18개월 된 영아와 부모 간의 애착의 질을 파악하기 위해 8개의 에피소드로 구성된 낯선 상황 실험을 고안하였고, 이 실험에서 발생하는 두 번의 격리와 재결합 과정을 통해 애착유형을 분류하였다. 이에 따른 애착유형은 다음과 같다.

표 4-5 애착의 유형

단 계	특 징
안정애착	영아는 주 양육자와 함께 있을 때 금방 놀잇감을 가지고 잘 놀며, 주 양육자가 돌아오면 반갑게 맞이하고 당황하더라도 금방 진정된다.
불안정애착	영아는 새로운 환경 탐색에 관심이 없고, 주 양육자와 분리되었을 때 별로 고통스러워하지 않는다. 또한 주 양육자가 돌아오면 접촉하기를 피하며 주 양육자가 접촉하려 노력하면 거부하지는 않으나 안겨 있어도 달라붙지 않는다.
불안정 저항애착	영아는 주 양육자가 함께 있을 경우에도 새로운 환경을 탐색하지 않으며, 주 양육자와의 분리 이전에 이미 불안해한다. 또한 주 양육자와 분리되었을 때 극심한 불안을 보이며, 낯선 상황에서 주 양육자가 돌아오면 처음엔 다가가서 안겼다가도 이내 화난 듯이 밀어내 버리거나 쉽게 진정되지 않는다.
불안정 혼동 애착	영아는 회피와 저항이 복합된 반응을 보인다. 즉, 주 양육자가 다시 돌아왔을 때 주 양육자와 접촉을 하려 하면서도 동시에 몸부림을 치거나 발로 차면서 저항한다.

영유아의 애착 형성은 이후 성격발달에도 중요한 영향을 미친다. 양육자와 강한 애착을 형성한 영유아는 주 양육자와 가까이 있어야 할 필요가 없으므로 탐색할 수 있는 자유가 생기면 새로운 것을 시도하고 문제에 도전하며, 낯선 상황에 보다 더 긍정적 태도를 가지게 된다.

3. 영유아기의 발달적 특징

1) 신체발달

영유아기는 신체적인 성장이 가장 급속도로 이루어지는 시기이다. 영아기는 출생에서 만 2세까지의 기간을 의미한다. 영아기는 인생에서 가장 짧은 생애주기의 기간이나 신체발달에 있어 가장 급격한 변화를 보이는 시기이다. 구체적으로 살펴보면, 신생아의 체중은 출생 시 보통 3.00~3.5kg이나, 체중은 빠르게 늘어 3개월경에는 출생 시 체중의 약 2배가 되고, 만 1세경에는 약 3배가 되며, 만 2세경에는 약 4배로 증가한다. 키는 체중에 비해 성장속도가 느린 편이다. 출생 시 신장은 50cm 정도인

데, 만 2세경에는 약 87~88cm 정도로 성인 평균 신장의 1/2 정도가 된다.

영아의 운동능력 발달의 순서에는 보편적인 원리가 적용된다. 따라서 모든 영아들은 머리 가누기, 뒤집기, 앉기, 기기, 일어서기, 걷기, 뛰기의 일정한 순서로 발달을 성취한다. 영아기에는 기기, 걷기와 같은 대근육 운동기능의 발달뿐만 아니라 물체를 붙잡고 조작하는 정교한 소근육 운동기능도 발달한다.

유아기는 만 3세부터 초등학교 입학 전까지의 시기를 의미하며, 이 시기의 신체적 성장은 영아기에 비해 그 속도는 느리지만 신장과 체중이 꾸준히 증가한다. 유아기의 성장속도는 신장이 매년 5~7cm 정도 자라며 체중은 2~3kg씩 증가한다. 이러한 외형적인 신체 변화와 마찬가지로 유아의 근육과 골격의 성장도 빠르게 진행되어 신체적으로 더욱 단단해지고 힘이 더 세어진다.

유아기를 거치면서 운동발달은 여러모로 뚜렷한 변화를 보인다. 달리기와 높이뛰기와 관련된 대근육 운동기술과 단추 채우기나 그림 그리기 등의 소근육 운동기술이 비약적으로 발달한다. 유아들은 영아기에 성취한 신체적인 능력을 기초로 반복적인 연습과 활동을 통해 달리기, 뛰어오르기, 뛰어내리기, 던지기, 자전거 타기 등 운동기술을 정교화시킨다.

2) 인지발달

영아들은 주위 환경으로부터 오는 여러 가지 자극에 반응하고 적응하는 놀라운 감각을 가지고 태어난다. 이러한 감각은 영아기의 다양한 경험을 통해 발달하는데, 영아는 감각기관을 통해 자극을 경험할 때 여러 감각 기관으로부터 들어오는 정보를 통합할 수도 있다. 영아는 주로 감각기관과 운동기능을 통해 세상을 알아간다. 새로운 물건을 접하면 손으로 만져보거나, 입에 넣어보거나, 던져보는 등의 행동을 통해 지식을 습득한다.

영아는 태어난 후 일정 시간이 지나면 대상영속성(object permanence)을 획득하게 되는데, 대상영속성이란 눈에 보이지 않는 사물도 존재한다는 사실을 이해하는 것을 의미한다. 대상영속성은 영아기에 이루어지는 중요한 인지발달 중 하나이다. 18

개월경이면 대부분의 영아들은 말을 하거나 몸짓과 같은 상징을 사용하여 자신의 생각을 표현할 수 있다.

만 3세경에는 뇌의 무게가 성인의 90%에 이르고, 뇌의 크기는 만 6세경에 거의 성인과 비슷한 크기로 발달한다. 두뇌의 각 부분은 각기 다른 시기에 발달하는데, 만 3~6세에는 전두엽이 빠른 속도로 발달한다. 전두엽은 인간의 종합적 사고를 관장하는 곳으로 상위인지를 사용한 사고기능을 담당한다.

또한 유아기는 피아제의 사고발달 단계 중 전조작기에 해당하는 시기로, 상징적 사고, 중심화(자기중심성), 물활론적 사고와 인공론, 직관적 사고, 변환적 사고의 특징을 보인다. 또한 유아기는 지능이 급격하게 발달한다. 연령이 증가하면서 미분화된 일반지능은 점차 분화되어 여러 특수한 능력으로 발달하고, 보다 높은 수준의 사고능력으로 발달한다. 영아기의 지능은 주로 지각과 운동기능이지만 유아기에는 언어능력이 나타나게 되며 점차 상징적이며 추상적인 지능으로 발달한다(이영 외, 2015).

3) 언어발달

인간은 언어를 습득할 준비를 갖추고 세상에 태어난다. 신생아들은 주변의 다른 소리와 엄마 목소리의 차이를 알아차리고, 생후 96시간 이내에 모국어와 외국어를 구별할 수 있다. 이와 같은 영유아의 언어 능력은 연령 증가와 함께 발달한다. 영유아의 언어발달을 음성언어와 문자언어로 나누어 살펴보면 다음과 같다.

(1) 음성언어의 발달

음성언어에 있어서 영아는 대체로 3~4개월이 되면 웅얼거리는 소리(cooing)를 낸다. 또한 6개월경이 되면 옹알이(babbling)를 한다. 이후 영아들은 6~7개월경이면 자기 이름을 부르는 소리에 반응하고 스스로 소리를 만들어 반복하기도 한다. 생후 9개월 후부터는 성인의 말소리를 모방할 수 있다. 생후 9~15개월쯤이면 영아는 하나의 단어로 의사소통을 하기 시작한다. 18개월경이 되면 한 단어로 말하는 시기가 끝나고 두 개의 단어를 결합해 자신의 의사와 감정을 표현한다.

영유아기에 유아가 사용하는 단어의 수는 빠르게 증가한다. 이는 인지발달과 밀접하게 관련되어 있는데, 연령별로 살펴보면 2세 200단어, 3세 900단어, 4세 1600단어, 5세는 2500단어를 사용하는 등 단어 사용 능력이 급격히 발달한다. 특히 이해어휘는 표현어휘보다 빨리 발달하며, 표현어휘의 2배를 사용하므로 5세경이 되면 대략 5,000단어를 이해할 수 있게 된다. 문장과 문법의 발달에 있어서도, 2세경의 영아는 두 단어로 문장을 만들어서 사용하며, 전보식 언어의 특성을 보인다. 3세에는 2~4단어, 4세에는 3~7단어, 5세에는 6~12단어를 사용하여 문장을 만든다(유안진, 1999). 이처럼 유아들은 사용하는 단어의 수가 확장되면서 점차 문장 구사력이 발달한다. 또한 문장 사용에 있어서 만 3세경에는 부정문이나 복수형에 대한 개념을 가지게 되어 '싫어', '아니'와 같은 부정적 의미의 문장을 많이 사용한다. 또한 4~5세경의 유아들이 사용하는 문장들은 평서문, 부정문, 의문문 및 명령문 등으로 다양하고 복잡해질 뿐만 아니라 부사와 형용사를 포함한다.

(2) 문자언어의 발달

문자언어 발달의 경우 읽기와 쓰기의 발달로 이해해 볼 수 있다(조형숙 외, 2013). 읽기 발달에 있어서 2세의 영유아는 주위의 글자에 관심을 가지고, 책의 글자가 읽는 것이라는 것을 인식하게 된다. 3세 유아는 책을 볼 때 그림이 아니라 글자를 읽는 것이라는 것을 알게 되고, 읽기의 목적을 '책을 읽기 위해서, 학교에 가려고 등'으로 언급한다. 또한 책에 관심을 가지고 나름대로 글자에 의미를 부여하려 한다. 4세 유아는 책을 읽는 방법과 방향, 페이지 제목 등을 인식하며 소리와 글자 간의 일대일 대응을 할 수 있다. 또한 주위에서 아는 글자를 읽어보려고 하며, 친구 이름에 있는 글자를 기억하는 모습을 보인다. 뿐만 아니라, 맥락을 기초로 상황적 문자를 읽는 모습을 보이기도 한다. 5세가 되면, 영유아는 아는 글자가 다른 상황에 제시되어도 읽을 수 있으며, 주변에서 자주 보는 글자를 읽는다. 또한 가족과 친구들의 이름을 읽기도 하며, 상황이 제시되지 않아도(탈맥락적 상황) 몇 개의 단어를 읽을 수 있다.

쓰기 발달에 있어서 2세의 영유아는 쓴 것과 그린 것을 구분할 수 있으며, 연필, 볼펜, 사인펜 등의 필기도구를 사용해 보려 한다. 3세 영유아는 긁적거리기를 많이

하며, 자기가 쓴 것을 성인에게 열심히 보여주려고 한다. 또한 본인 이름에 있는 글자를 배우려 하며, 어떤 글자를 써 달라고 성인에게 요구하기도 한다. 실제 이 나이대 유아들의 쓰기 결과물에는 여러 글자 형태가 나타나기도 한다. 4세 영유아는 여러 가지 글자 놀이를 즐기고, 자신의 이름을 쓸 줄 알게 된다. 또한 다양한 목적에 맞게 쓰거나 다른 사람이 쓰도록 문어체로 불러줄 수 있다. 나아가 다양한 목적을 가진 쓰기 행위를 이해하고, 자발적으로 쓰려고 하는 의지를 보이기도 한다. 모르는 글자는 주위의 사람들에게 물어보고, 이 나이대 유아들의 쓰기 결과물에는 창안적 글자 쓰기가 나타나기도 한다. 5세 영유아는 여러 상황에 맞는 글이 있음을 알게 되고, 간단한 단어를 쓸 수 있고, 간단한 글을 써 보려는 시도를 하려 한다. 또한 쓰기 도구에 있어 다양한 도구를 사용하여 쓰고, 소리나는 대로 글자를 쓰는 모습이 관찰된다.

4) 사회정서발달

(1) 자아개념 발달

자아개념이란 한 개인이 자기 자신의 실체라고 믿고 있는 복합적이며 역동적인 신념의 조직체이다. 자아개념은 한 개인이 긍정적인 자아존중감을 발달시키는 중심이 되는 중요한 개념이다. 이와 같은 자아개념은 일생의 초기인 영유아기에 형성되기 시작하여 이후 그를 둘러싼 환경과 상호작용하며 겪는 다양한 경험에 의해 변화하고 발달한다. 자아개념의 발달과정을 살펴보면 다음과 같다.

① 영아기

자아개념은 자아를 인식하는 것으로부터 시작할 수 있다. 백일 전후 영아에게 거울을 보여주면 처음에는 거울에 비친 자신을 타인으로 인식하나 성장하면서 점차 자신이라는 것을 알고 탐색하며 즐거워한다. 그러나 엄밀히 말해서 이러한 현상은 영아가 자아개념을 형성했다고 보기에는 무리가 있다. 자기인식을 기초로 주변 사람들과의 관계를 통해서 타인을 인식하고, 자신과 타인의 다름을 인식하고 분리하며 타인과 독립된 자신의 존재를 인식하는 과정을 거쳐야 한다.

② 유아기

이 시기의 유아는 자신의 성, 나이, 키 등 외적인 이미지와 특별한 지식 및 능력을 통해 자아를 인식하며 자아개념을 형성하는데, 이를 분류적 자아개념이라고 부를 수 있다. 유아에게 중요한 대표적인 분류적 자아개념은 바로 나이인데, 자신의 나이뿐 아니라 부모, 조부모, 친척, 또래 등의 나이에 관심을 가지고 끊임없이 물어보고 확인하며 이를 근거로 자아를 인식한다. 또한 이 시기의 유아는 "내 말이 맞아.", "나 혼자 할 수 있어.", "내가 할게." 등과 같은 자기주장, 독립성, 자발성을 보이기도 하고, "나는 키가 커", "나 밥 두 그릇 먹었어.", "난 다 알아."라고 말하면서 자신이 특별한 능력과 지식을 가지고 있다는 것을 나타내고자 한다. 이 시기의 자아개념의 또 다른 특징은 소유개념이다. "우리 엄마", "내 이불" 등과 같이 사람이나 사물에 대해 강한 소유의식을 보이는데, 이것은 자신이 속한 사람과 사물을 통해 자아개념을 더 확장시키고 있음을 보여주는 것으로 해석할 수 있다.

(2) 정서발달

정서는 사람의 마음에 일어나는 여러 가지 감정, 그러한 감정을 불러일으키는 기분 또는 분위기를 의미한다(최현정, 이금구, 우혜진, 2018). 영유아기는 언어 능력이 미숙하기 때문에 자기 감정을 언어로 정확히 전달하지 못할 수 있다. 그러므로 자신의 감정을 정확히 인식하고 사회적으로 적절한 방식을 표현할 수 있는 능력을 길러야 할 때이다. 정서는 개인의 경험과 지각에 따라 다르게 나타나므로 개별적이고 주관적이지만, 모든 문화권에서 공통적으로 나타나기 때문에 보편적인 특성을 지닌다.

영아는 생후 2년 동안 정서가 분화되는데, 정서의 종류는 대체로 일차 정서(또는 기본 정서)와 이차 정서(또는 복합정서)로 구분한다(Bridges, 1930). 일차 정서란 선천적으로 타고나는 것으로 모든 문화권의 영아에게서 공통적으로 나타나며 기쁨, 슬픔, 분노, 공포 등이 포함된다. 이차 정서는 한 가지 이상의 정서가 통합된 것으로 자아인식이나 자기 행동평가와 같은 복잡한 인지 능력을 요구하며 당황, 질투, 수치심, 죄책감, 자긍심 등이 포함된다. 영유아기에 나타나는 대표적인 정서로는 기쁨, 분노, 공포, 질투, 호기심을 들 수 있다.

영유아기를 거치면서 유아는 자신뿐만 아니라 타인의 정서상태를 인식하고, 정서를 이해하고 해석하며, 그에 따라 적절히 반응하고 자신의 정서를 조절하는 능력이 발달하고 정교해진다. 영유아는 자신이 인식한 정서를 상황에 따라 표현하게 되는데, 영아기에는 일차 정서를 주로 표현하는 것에서 시작하여 정서가 발달하고 연령이 증가함에 따라 이차 정서까지의 반응을 보이게 된다.

(3) 성역할

유아기 성역할에 대해 바른 개념을 획득하는 것은 한 인간이 자신의 정체성을 인식하고 바른 성역할을 수행해 가기 위해 반드시 필요하고 중요한 일이다. 이러한 성역할의 개념은 영유아기에 형성되는데, 이때 형성된 개념이 유아의 이후의 삶에 매우 큰 영향을 주기 때문에 이 시기에 영유아를 양육하는 부모와 주변 성인들이 어떤 성역할 개념을 가지고 있느냐는 큰 문제이고, 이것은 많은 연구에서 영유아의 성역할 개념 형성에 주변의 성인이 중요한 영향을 미친다는 것을 증명한다.

유아가 자신에게 기대되는 성역할을 이해하기 위해서는 먼저 자신의 성에 대해 정확한 이해가 선행되어야 한다. 성역할 개념이 발달하는 과정을 정리하면 다음과 같다(최현정, 이금구, 우혜진, 2018).

첫째, 성 정체감의 단계이다. 3세경에 유아는 자신이 남성이거나 여성임을 인식한다. 자신의 성에 대한 명칭 붙이기에서부터 성 정체감이 형성되는데, 자신이 여성인지 남성인지 구분하며 양성을 식별하고, 주변 사물에 대한 성 유형화가 가능해진다. 그러나 아직 성이 불변의 속성임을 알지 못하므로 경우에 따라 바뀔 수 있다고 생각하는 시기이다.

둘째, 성 안정성의 단계이다. 유아는 4세경에 시간이 아무리 지나도 성은 변할 수 없다는 것을 안다. 즉, 유아는 장차 크면 남자아이는 남자어른이 되고 여자아이는 여자어른이 된다는 것을 알게 되는 것이다. 이때 4~5세 유아는 "엄마! 나 언제부터 여자였어?", "나 언제 남자가 돼?"라는 질문을 하기도 한다.

셋째, 성 일관성의 단계이다. 6~7세경에 유아는 성인과 다름없는 성 개념을 갖게 된다. 즉, 시간과 상황이 아무리 변해도 성은 안정된 속성이라는 것을 알게 된다. 이

시기의 유아는 직업, 가정 역할놀이, 놀잇감과 관련한 성 유형화에 관심을 가지며 단지 외모(머리 모양, 의상 등)만으로 성을 구분하지 않는다. 예를 들어, 여성이 머리를 짧게 자르거나 남자가 치마를 입는다고 해서 성이 달라지지 않는다는 것을 알게 된다는 것이다.

(4) 친사회적 행동

친사회적 행동은 주변 환경에 잘 적응하고 주위의 사람들과 적절한 관계를 형성함으로써 바람직한 사회관계가 유지될 수 있도록 자발적으로 실천하는 행동을 의미한다(최현정, 이금구, 우혜진, 2018). 이와 같은 친사회적 행동은 사회적 반응을 유발하여 사회성 발달을 증진시키고, 주변 또래에게 영향을 미치며 또래로부터 사회적 지지와 지위를 얻게 되는 기반으로 작용한다. 이러한 친사회적 발달을 살펴보면 다음과 같다(최현정, 이금구, 우혜진, 2018).

표 4-6 영유아기 친사회적 행동의 발달

단 계	특 징
0~6개월	• 다른 사람에게 긍정적으로 반응함(예: 미소짓기, 웃기 등) • 사회적 놀이를 즐김(예: 까꿍 놀이 등) • 다른 사람의 상태에 정서적으로 반응함(예: 엄마가 울면 같이 울기 등)
6~12개월	• 사회적 게임에 능동적으로 참여함 • 나누는 행동을 보여줌 • 친숙한 사람에게 애정을 표시함
12~24개월	• 간단한 요구에 순응함 • 협력적인 게임의 규칙에 대한 지식을 나타냄 • 돌보는 행동을 보여줌 • 고통스러워하는 다른 사람을 위로함
24~36개월	• 몸짓뿐만 아니라 말로 다른 사람의 주의를 끎 • 더 다양하고 풍부하게 돌봐주며 도와주는 장면을 보여줌 • 도와주려는 자신의 의도를 표현함

출처: 최현정, 이금구, 우혜진(2018). 유아사회교육.

퀴즈

01. 보울비(Bowlby)의 애착유형 중 잘못된 것을 고르시오.

① 회피애착 ② 저항애착
③ 혼란애착 ④ 분리애착

02. 근접발달지대에 대한 설명으로 잘못된 것을 고르시오.

① 인지발달 이론에서 피아제가 발견하고 주장하였다.
② 학습이 가장 역동적으로 일어날 수 있는 영역이다.
③ 인지발달이 사회적 상호작용의 결과로 발전한다는 사실을 강조한다.
④ 실질적 발달 수준과 잠재적 발달 수준의 차이이다.

03. 다음 중 바르게 설명한 문장에 O, 바르지 않은 문장에 X 하시오.

- 에릭슨은 각 발달 단계에서 긍정적 면과 부정적 면이 균형을 이루는 것이 최상의 발달이라고 하였다. ( )
- 영유아는 성 동일시를 시작으로 성 항상성, 성 안정성의 단계를 거쳐 성역할에 대한 개념이 형성된다. ( )
- 영아기 시기 처음 발현되는 정서는 기쁨, 행복, 분노, 울음, 놀람, 부끄러움, 자부심 등의 일차 정서이다. ( )

04. 스키너 이론에 의하면 교육이란 ( )을 이용해 유아의 바람직한 행동빈도를 높이고 ( )을 이용해 바람직하지 않은 행동 빈도를 줄이는 과정이다.

05. 생의 초기 일차적 양육자와 맺는 애정적, 신뢰적 유대 관계를 ( )이라고 하며 이후 성격발달에 영향을 미친다.

토론문제

01. 발달과 관련된 비디오나 책을 읽고 저널을 쓴 후 서로의 의견을 나누어 봅시다.

02. 발달이론에 근거하여 자신의 영유아기의 의미있는 경험을 분석해 봅시다.

정답 1. ④ 2. ① 3. O, X, X 4. 강화, 소거 5. 애착

Chapter

05

유아교육과 교사

1. 유아교사의 전문성
2. 유아교사의 자질과 역할(자율성과 책무성)
3. 유아교사의 전문성 성장
4. 유아교사의 윤리

1. 유아교사의 전문성

보통 '전문가'라고 할 때 일반인들은 소정의 교육을 받고 자격시험을 통과하여 자격을 갖추고 관련 업무에 전문적 지식과 기술, 전문적 신념을 갖고 책임감 있게 종사하는 사람을 생각한다. 유아교사의 전문성도 자격을 갖춘 사람이 전문적 지식과 기술, 교육적 신념을 갖고 책임감 있게 유아를 교육할 때 인정받을 수 있다. 유아교사로서의 전문성을 인정받기 위해서는 윤리강령, 계속 이루어지는 훈련, 사회에서의 필요성, 이타주의, 전문적인 지식, 자율성, 상대방과의 적당한 거리 지키기, 실제와 관련된 규칙(Katz, 1988)과 함께 개별화와 융통성, 보살핌과 협력, 개방성과 의사소통 능력, 현장성과 정보기술 이해, 지속적 자기갱신, 삶의 비전(양옥승, 2002) 등을 갖추어야 한다. 본 장에서는 전문적 지식과 훈련 과정 요건을 자격기준 개념으로 살펴보고자 한다. 유아교사의 경우, 근무하고자 하는 유아교육기관에 적합한 자격을 먼저 갖추어야 한다. 유치원 정교사와 보육교사 두 자격은 모두 무시험검정이며 그 취득 요건이 상이하다. 먼저 유아교사의 자격 종류별로 기준을 살펴보겠다.

1) 유치원 교사, 원감, 원장 자격기준

유치원 교사 및 원감, 원장의 자격기준은 「유아교육법」(법률 제14567호, '17. 2. 8) 제22조 제1항 [별표 1]에 표시되어 있다. 각 자격기준을 구체적으로 살펴보면 다음과 같다.

표 5-1 유치원 교사 및 원감, 원장 자격기준

자격종별	자격기준
원 장	1. 유치원의 원감자격증을 가지고 3년 이상의 교육경력과 소정의 재교육을 받은 자 2. 학식·덕망이 높은 자로서 대통령령이 정하는 기준에 해당한다고 교육부장관의 인정을 받은 자
원 감	1. 유치원 정교사(1급)자격증을 가지고 3년 이상의 교육경력과 소정의 재교육을 받은 자 2. 유치원 정교사(2급)자격증을 가지고 6년 이상의 교육경력과 소정의 재교육을 받은 자

자격종별	자격기준
정교사(1급)	1. 유치원 정교사(2급)자격증을 가진 자로서 3년 이상의 교육경력을 가지고 소정의 재교육을 받은 자 2. 유치원 정교사(2급)자격증을 가지고 교육대학원 또는 교육부장관이 지정하는 대학원의 교육과에서 유치원 교육과정을 전공하여 석사학위를 받은 자로서 1년 이상의 교육경력이 있는 자
정교사(2급)	1. 대학에 설치하는 유아교육과 졸업자 2. 대학(전문대학 및 이와 동등 이상의 각종학교와 「평생교육법」 제31조 제4항에 따른 전문대학학력인정 평생교육시설을 포함한다) 졸업자로서 재학 중 소정의 보육과 교직 학점을 취득한 자(산업대학 포함) 3. 교육대학원 또는 교육부장관이 지정하는 대학원의 교육과에서 유치원 교육과정을 전공하고 석사학위를 받은 자 4. 유치원 준교사자격증을 가진 자로서 2년 이상의 교육경력을 가지고 소정의 재교육을 받은 자

2) 보육교사 및 보육시설장 자격기준

보육교직원 자격을 관리하는 데 있어 효율성과 투명성을 제고하기 위하여 보육교사(2005. 1. 29~)와 보육시설장(2006. 12. 30.~)의 국가자격증 제도가 도입되어, 보육시설에서 교사로 근무하기 위해서는 보육교사 자격증을 소지하여야 한다. 보육교사 자격을 취득하기 위해서는 필수 13과목, 선택 4과목 총 51학점 이상 이수해야 하며, 대면 교과목의 경우 최소한 8시간 이상의 출석 대면수업을 참석하여야 하며, 6주 240시간의 실습을 수료하여야 한다.

표 5-2 보육교사 자격기준

보육교사 2급	보육교사 1급
1. 전문대학 또는 이와 같은 수준 이상의 학교에서 보건복지부령으로 정하는 보육 관련 교과목 및 학점을 이수하고 졸업한 사람	1. 보육교사 2급 자격을 취득한 후 3년 이상의 보육 업무 경력이 있는 사람으로서 보건복지부장관이 정하는 승급교육을 받은 사람
2. 보육교사 3급 자격을 취득한 후 2년 이상의 보육업무 경력이 있는 사람으로서 보건복지부장관이 정하는 승급교육을 받은 사람	2. 보육교사 2급 자격을 취득한 후 보육 관련 대학원에서 석사학위 이상을 취득하고 1년 이상의 보육업무 경력이 있는 사람으로서 보건복지부장관이 정하는 승급교육을 받은 사람

보육시설장의 자격 요건은 보육시설의 종류에 따라 상이하다. 보육시설 종류에 따른 보육시설장의 자격기준은 다음과 같다.

표 5-3 보육시설 종류에 따른 보육시설장 자격기준

보육시설장 자격의 종류	보육시설의 특성	자격 기준
일반 어린이집 원장	보육정원이 300인 이하	1. 보육교사 1급 자격을 취득한 후 3년 이상의 보육 등 아동복지업무 경력이 있는 자 2. 「유아교육법」에 따른 유치원정교사 1급 자격 또는 같은 법에 따른 특수학교(유치원 과정을 말한다)의 정교사 자격을 취득한 후 3년 이상의 보육 등 아동복지업무 경력이 있는 사람 3. 유치원 원장의 자격을 가진 사람 4. 「초·중등교육법」에 따른 초등학교 정교사 자격 또는 같은 법에 따른 특수학교(초등학교 과정을 말한다)의 정교사 자격을 취득한 후 5년 이상의 보육 등 아동복지업무 경력이 있는 사람 5. 「사회복지사업법」에 따른 사회복지사 1급 자격을 취득한 후 5년 이상의 보육 등 아동복지업무 경력이 있는 사람 6. 「의료법」에 의한 간호사 자격을 취득한 후 7년 이상의 보육 등 아동복지업무 경력이 있는 사람 7. 국가 또는 지방자치단체에서 7급 이상의 공무원으로 보육 등 아동복지 업무에 5년 이상 근무한 경력이 있는 사람
장애아 전문 어린이집 원장	「장애인복지법」 제32조에 따라 장애인으로 등록된 영유아만을 12명 이상 보육하는 어린이집	일반기준에서 정한 자격을 갖춘 사람으로서 다음 하나에 해당하는 사람 1. 대학(전문대학을 포함한다)에서 장애인복지 및 재활관련학과를 전공한 자 2. 「장애아동복지지원법」 제32조에 따른 장애 영유아 어린이집에서 2년 이상의 보육업무 경력이 있는 자
가정 어린이집 원장	개인이 가정 또는 그에 준하는 곳에서 5인 이상 20인 이하를 보육하는 어린이집	1. 일반기준에서 정한 자격을 갖춘 사람 2. 보육교사 1급 이상의 자격을 취득한 후 1년 이상의 보육업무 경력이 있는 사람
영아전담 어린이집 원장	만 3세 미만의 영아만을 20인 이상 보육하는 어린이집	1. 일반기준에서 정한 자격을 갖춘 사람 2. 간호사 면허를 취득한 후 5년 이상의 아동간호업무 경력이 있는 사람

위에서 설명한 교사의 자격기준은 유아교육기관에서 근무하기 위해서 필요한 법적 자격을 말하는 것이며, 이러한 법적 자격을 갖추었다 할지라도 가르쳐야 할 내용에 대한 전문적 지식과 이를 수행할 수 있는 교수·학습 방법적 지식, 유아에 대한 이해, 상담과 생활지도, 행정처리 등을 수행할 수 있는 능력과 자질을 갖추어야 전문적인 유아교사라 할 수 있다. 유아교사 개인적 측면에서 전문성은 유아교사가 되고자 하는 꿈을 이루는 동기가 되고, 교사로서의 임무를 보다 즐겁고 효율적으로 수행하는 힘의 원천이 된다. 자신이 전문적인 교사라고 인식하는 교사는 교육과정을 실천하는 일이 매우 즐겁고 운영 성과도 다르게 나타나며(김주현, 2016), 전문성 인식의 수준에 따라 교사-영유아 상호작용에 차이가 나타나기 때문에(권미성, 문혁준, 2013) 유아교사가 자신을 전문가라고 인식하고, 사회에서 유아교사를 전문가로 인정하는 것은 매우 중요하다. 유아교사가 근무하는 사회적 측면에서 전문성은 교사에게 필요한 능력, 자질, 성향, 가치, 기술, 행동양식 등과 여기에 필요한 여러 가지 변인들의 총합이며, 사회발전에 따라 계속 변하는 훌륭한 교사의 중요한 특성이나 능력(OECD, 2012)을 갖춘 교사가 직무를 수행하기 때문에 전문성을 갖춘 유아교사는 좋은 교육·보육 환경을 질적으로 향상시키기 위하여 적절한 프로그램 및 환경을 제공할 수 있는 매우 중요한 요인이다(양옥승, 1993).

2. 유아교사의 자질과 역할(자율성과 책무성)

유아교사로서 전문성을 갖춘 사람은 오랜 시간 동안 교육과 훈련을 통해서 얻어진 높은 수준의 기술과 지적능력을 기초로 하여 전문적 분야에서 책임감을 갖고 자율적인 결정(Ritzer, 1977)을 내릴 수 있다. 즉 전문가로서의 유아교사는 자신의 수업과 학급운영에 대하여 전문적인 지식과 신념 또는 직무를 수행하기 위해 필요한 역할과 자질을 갖추고 자율적으로 결정을 내리고, 수행한 일에 대해 책임감 있게 임하는 태도를 취한다. 자질이란 타고난 성품이나 소질을 갖추고 있는 정도를 의미하는 것으로 교사의 자질은 비교적 연속성이 있는 교사가 갖추어야 할 지적·정서적·사회적·신체적인 개인적 특성과 교직적 태도 모두를 뜻한다(한국교원단체총연합회,1997).

그렇다면 유아교사로서 전문적인 역할과 자질은 무엇일까? 교사로서 필요한 전문적인 역할과 자질은 주로 수업과 관련되지만 고정되어 있는 것이 아니라, 교사와 학습자가 살아가는 시대의 문화 및 제도 등에 따라 지속적으로 새롭게 정의되고, 요구되는 역할기대가 변화한다. 그렇기 때문에 유아교사는 개인적 측면과 사회·문화적 측면에서 요구하는 역할과 자질도 갖추었을 때 보다 효율적이며 효과적으로 감당할 수 있을 것이라 생각한다. 따라서 본 절에서는 유아교사의 역할과 자질을 수업과 관련된 교육·보육적 측면, 사회·문화적 측면, 개인적 측면으로 나누어 살펴보고자 한다.

1) 교육·보육적 측면의 역할과 자질

(1) 교육·보육과정 구성 및 실천자

유아교사는 국가수준의 교육과정을 이해했다는 전제하에 교사가 담당하고 있는 학급의 특성, 개별 유아의 특성, 유아교육기관의 특성, 지역사회의 특성을 고려하여 학급단위의 교육과정을 개발하고 운영하는 교육과정의 구성자 역할을 담당해야 한다. 우리나라 국가수준 교육과정인 누리과정에서는 실천적 측면에서 각 유아교육기관의 교육적 철학을 실천할 수 있도록 융통성을 각 유아교육기관에게 부여하였고, 각 학급과 개별 유아들에게 적절한 활동을 실천할 수 있는 교수·학습방법의 최종적인 결정을 학급의 담당교사가 하도록 재량을 부여하고 있다. 따라서 유아교사는 국가수준의 교육과정을 유아들에게 수동적으로 전달하는 것이 아니라 자신이 담당하고 있는 학급과 개별 유아들을 위해 최선의 교육적 결정을 하여 교육과정을 구성해 나가야 한다. 특별히 초·중등학교 교실보다 유아들이 활동하는 교실은 매일 매일의 상황이 다르게 전개되며, 순간마다 다른 교수 상황이 포함되고, 유아마다 개별적으로 진행되기 때문에 유아교사에게는 더 많은 자율성과 능동적인 역할을 담당하여야 한다. 즉, 유아교사는 시·도교육청의 교육과정 수준, 유아교육기관의 상황, 담당하고 있는 학급의 발달적 특성 및 특수성을 잘 이해하면서 동시에 개별 유아의 흥미와 요구를 수용하여 교육과정을 개발하고 실천하는 역할을 담당해야 한다.

(2) 생활지도와 상담자로서의 역할

유아교사는 유아들이 자신이 갖고 있는 흥미, 욕구, 잠재적 능력을 발견하고 활용할 수 있도록 최대한 도와주며, 일상생활에서 부딪치는 문제들을 해결할 수 있도록 도와주어야 한다. 유아들의 기본생활습관이 형성되도록 일상생활 속에서 활동화하며, 연습하도록 돕고, 유아들의 개별적 특성 및 학습적 특성을 파악하여 가정과 연계학습 및 발달이 이루어지도록 부모와 상담하고, 때로는 유아들의 개별적 상태에 대한 공감을 표현하는 것이 필요하다.

(3) 학급관리자로서의 역할

유아교사는 유아들을 대할 때 공정하고, 객관적으로 응대하여야 한다. 학급의 규칙은 편애하지 않고, 개인의 감정이나 선입견 없이 적용하도록 노력해야 한다. 유아들과 활동 혹은 프로젝트를 수행할 때 합리적으로 혹은 효율적으로 달성하기 위해 인적·물적 자원 활용 계획을 세우고, 그 성과를 평가하는 일련의 과정을 투명하게 객관적으로 실행하면서 구성원과 공유하는 것이 유아, 학부모, 다른 동료로부터 신뢰를 얻는 한 방법이다. 또한 학급 담임교사로서 책임감 있게 대해야 할 업무를 숙지하고 실천해야 한다. 학급경영록 혹은 학급일지 등을 성실하게 작성하고, 출석 및 결석한 유아의 명단을 사실대로 보고하며, 질병에 걸린 유아의 관리 감독을 철저히 하고 필요한 경우 유아교육기관장과 보건소에 보고하며, 다치거나 상처 입은 유아의 원인을 파악하여 치료하고 보고하는 등 유아의 안전 및 보호에 대한 의무를 충실히 하여야 한다.

(4) 유아의 양육 및 보호자로서의 역할

유아교사는 매일매일 영유아가 등원하는 시점부터 하원하는 시점까지, 혹은 보호자에게 유아를 인계하는 순간까지 유아를 안전하게 보호하여야 한다. 부모들은 영유아를 유아교육기관에 맡기고 안전하게 돌아오길 기대하며, 이러한 역할을 유아교사에게 기대하고 있다. 많은 시간을 유아교육기관에서 보내는 영유아들에게는 사실 유아교사가 부모의 역할을 거의 대신해 주고 있는 것이나 다름없다. 앞에서 언급한 교육적 경험 이외에도 적당한 때에 유아가 식사와 간식을 먹을 수 있도록 하고, 피곤하면 휴식을 취할 수 있게 하며, 다치지 않도록 주의를 기울이고 관찰하며 때로는 응급처치를 하고 치료를 받을 수 있도록 조치를 강구하여야 한다. 매 순간 영유아의 건강을 돌보고 사랑과 위안을 주도록 노력해야 한다. 유아교육기관에서 경험하는 모든 활동을 안전하면서도 즐겁게 하도록 세심한 배려를 하는 것이 바로 유아교사의 양육 및 보호자로서의 역할이다.

(5) 역할 수행에 대한 반성적 사고(통찰)

유아교사는 자신이 수행한 역할에 대해 지속적으로 점검하고, 평가하고, 개선하고자 노력하는 반성적 사고를 해야 한다. 매일 유아들과 함께 한 단위활동과 하루일과에 대한 회상을 하면서 유아들이 교육적 목표에 도달했는지, 수업의 절차가 적절했는지, 유아들은 활동에 대해 흥미를 느끼며 만족해했는지, 학급 전체 유아가 모두 수행하는 데 어려움은 없었는지 등에 대해 점검하여 개선점을 찾고, 긍정적이며 효율적인 측면과 보완해야 할 점을 다음 차시, 내일의 활동, 혹은 차년도에 어떻게 반영할 것인지에 대해 고민하고 기록으로 남겨 학급 담당교사로서뿐 아니라 유아교육기관 전체 구성원이 공유하며 함께 개선해 나갈 수 있도록 한다. 또한 유아교육기관 주관의 행사나 업무도 추진한 사항에 대해 함께 고민하고 의견을 교류하여 더 나은 방향으로 나갈 수 있는 방법을 함께 모색하도록 한다.

2) 사회·문화적 측면의 역할과 자질

(1) 유아교육기관에서의 공동체 구성원으로서의 역할

유아교사는 자신이 담당하고 있는 학급은 물론 다른 학급의 유아와 부모에게도 친밀하게 응대하고 필요한 경우 협조적으로 관계를 맺어야 한다. 자신이 맡은 학급만 잘되면 된다는 생각은 매우 협소하며 근시안적 사고이다. 우리가 살아가는 사회에서는 다른 사람과의 협력 없이 살 수 없으며, 결국 나 자신도 다른 사람의 협조를 받게 될 것이기 때문이다. 유아교사는 유아교육기관의 한 구성원으로서 마감일에 맞추어 업무를 처리하는 자세, 절차와 질서를 준용하는 자세, 공동으로 관리·처리해야 하는 일 등에 적극적으로 참여하는 자세를 갖추어야 한다. 즉 유아교사는 유아와 교사 자신이 살아갈 유아교육기관이 협력적 공동체가 되도록 노력하여야 한다.

(2) 지역사회에서의 공동체 형성 조력가 역할

유아교사는 지역사회 인사들과도 친밀하고 협력적으로 일하는 자세가 필요하다. 특히 더불어 살아가는 공동체가 강조되고 있는 현대사회에서는 유아교육기관이 위치한 지역사회의 특성을 반영하여 교육과정을 실천하고, 지역사회의 공동체 일원으로서 감당해야 하는 역할에 대한 수용, 지역사회에서 유아가 활동할 경험의 내용과 종류에 대한 결정 및 설계 등을 담당해야 한다. 아울러 지역의 성인교육과 지역사회의 복지를 위한 서비스를 시도할 수 있어야 한다. 그리고 이러한 역할을 감당할 때 정치적 중립성을 유지하도록 한다.

3) 개인적 측면의 자질

유아교사로서의 역할을 제대로 수행하기 위해서는 그에 적합한 자질을 갖추는 것이 필요하다. 유아교사가 개인적 측면에서 갖추어야 할 자질들을 살펴보면 다음과 같다.

(1) 건강

건강한 교사는 유아들에게 밝은 마음으로 성실하게 임할 수 있다. 반면에 건강하지 않으면 유아의 요구에 민감하게 반응할 수 없을 뿐 아니라, 다른 교사나 직원에게 부담스러운 행동을 하게 될 수 있으므로 건강하도록 관리에 힘써야 한다.

(2) 정서적으로 성숙한 표현

유아교사는 밝고 명랑한 성격으로 유아들을 대하려고 노력하지만 많은 수의 유아들과 6~8시간을 보내게 되므로 지치기 쉽다. 따라서 유아들과 동료들에게 편안하게 응대하며 정서적으로 성숙한 표현을 하도록 끊임없이 노력하여야 한다. 정서적으로 성숙하게 표현하는 방법 중 하나는 소통하고자 하는 의지를 적극적으로 표현하는 것이다. 아프니까 결근한다고 문자로 통보하는 것이 아니라 나의 아픔과 건강의 이상으로 누군가가 피해 입을 수 있음을 알고 미리 알리는 것이다. 그리고 가족보다 더 많은 시간을 함께 보내는 유아, 동료 교사들의 정서적 상태도 함께 공감할 수 있는 배려심도 갖추도록 노력하여야 한다.

(3) 자율성과 재량

자신이 담당한 학급과 관련된 업무는 누가 대신해 주지 않으며, 기대할 수 없는 부분이다. '교사' 역시 사회에서 스스로 움직여야 자신이 맡은 일들을 즐겁게 할 수 있을 뿐 아니라 함께 일하는 동료들에게 피해를 주지 않는다. 자신이 담당한 일을 미리 계획하여 진행하고, 누가 시키기 전에 먼저 자원하며, 힘든 일이 있을 때 함께 하려는 적극성을 보이면 누구나 함께 일하고 싶은 존재가 될 것이다. 자신이 해야 할 일들을 미루지 말고 마감일을 생각하며 일하고, 할 수 있는 시간이 얼마나 보장되는지, 업무를 처리하기에 소요되는 시간이 얼마나 되는지, 누구와 함께 하게 되는지 등을 점검하면서 일을 해나간다면 도움이 될 것이다.

초·중등교사들은 국가수준의 교육과정을 토대로 그 분야의 전문가가 제작·설계한 경험의 총체인 '교과서'의 내용을 그대로 전달하는 반면에 유아교사들은 학급에서 제시하고자 하는 교육적 경험을 누리과정을 근거로 선정하고, 학급의 상황과 유아들의 수준에 적합하게 설계하여 제시할 수 있다. 즉 유아교사들에게는 교육적 재량권이 있다. 교과서의 내용을 거의 그대로 전달하는 초·중등교사에 비하면 그 재량권이 매우 많다. 단순히 교수·학습방법적 측면만 선택할 수 있는 것이 아니라 어떤 내용을, 어떤 교육적 경험을 제공할 것인지에 대한 선택 결정권이 교육 계획을 세우는 유아학급 담당교사에게 있다. 그러므로 유아교사는 풍부한 재량에 걸맞게 교육적 결정에 대한 확실한 근거를 제시할 수 있어야 하며, 유아들에게 의미 있고 효과가 있는 교육적 경험이 되도록 노력하고, 전문적 자율 및 재량권 범위 내에서 행한 결정에 대해 책임을 질 수 있어야 한다.

(4) 최선을 다하는 태도

유아교사는 유아를 보호하고 가르치는 것뿐만 아니라 학급을 청결하고 아늑하게 유지하는 일, 유아의 일상적 자조활동을 돕는 일 등 시시콜콜한 역할을 담당해야 하는 경우도 있다. 이러한 역할들이 한 명 한 명 유아의 인격 형성에 영향을 미칠 수 있음을 인식하고 작은 일 하나에도 최선을 다하는 태도로 임할 때 각 유아들은 자신의 존재가 귀한 존재로 인정받음을 경험하며 긍정적 자아상을 이루어나감을 명심하자.

(5) 사명감

유아교사는 유아들과 함께 있는 것 자체가 즐겁고 행복한 일이며, 유아교사가 계획하고 결정한 활동을 때로는 유아와 함께 결정한 활동을 유아들이 즐겁게 하면서 행복해 하는 것을 인식할 때 성취감을 느끼며, 이러한 것을 반복하면서 즐거워해야 한다. 단순히 의무감, 정규적인 월급의 수령을 위해서 교사를 한다면 쉽게 지칠 것이다. 매일 정시간에 출근하는 자세, 때로는 유아들이 즐거워함을 기대하며 퇴근시간이 지나도 일을 마무리하려는 마음자세, 문제를 끝까지 해결하려는 자세, 내 도움이 필요한 유아나 부모, 동료를 적극적으로 돕고자 하는 노력, 대가를 바라지 않고 마땅히 해야 할 일을 해내고자 하는 열정 등이 모여 교사의 사명감이 된다. 이러한 노력을 하나씩 실천하는 유아교사가 되길 바란다.

유아교사의 전문적 역할과 자질을 높이기 위해서 각 교사는 끊임없이 노력해야 하며, 유아교육기관에서는 교사의 독특성과 업무스타일을 인정하면서 서로 조정하는 노력이 있어야 한다.

3. 유아교사의 전문성 성장

유아교사로서의 전문적 역할과 자질은 학문적 지식의 습득만으로 향상되는 것이 아니라 부모를 대신하는 유아의 보호자로부터 교육과정 설계와 실천, 그리고 반성적 고찰을 통한 환류계획의 수립까지 부단한 교육적 노력과 실천을 통해서 향상될 수 있다. 그리고 교육적 경험이 쌓여가면서 개인적 및 사회적 모든 영역에서의 관심과 행동이 변화되도록 노력해야 하며 교사로서 재직하는 전 기간 동안 바람직한 방향으로 변화되도록 노력할 때 성장할 수 있다.

최근 들어서 유아교사의 이직률도 높아지기 시작했다. 유아교사가 유아교육기관을 선택해서 교사로서 일을 하다가 어떠한 이유로 퇴사하고 다시 다른 유아교육기관을 선택하면 다시 초임교사처럼 낯설고 그 기관에 맞게 적응해야 하는 과정을 밟게 된다. 버크, 크리스텐슨과 페슬러(Burke, Christensen & Fessler, 1984)는 이러한 과정에서 겪는 교사의 성장과 발달은 개인적 환경, 조직적인 환경의 영향을 받으며 발달과정을 되풀이하게 된다고 설명하였다. 이들이 설명한 8단계를 구체적으로 살펴보면, 다음과 같다.

① 교직이전단계는 대학에서 교사에 대한 수업을 수강하면서 직업적 역할을 준비하는 단계이다.

② 교직입문단계는 교사로 고용된 초기에 일상적인 활동에 익숙해져 가는 기간으로 학생, 장학사, 동료교사로부터 인정을 받으려고 노력하거나 근무지를 바꾸면서 교사로서 살아가고자 애쓰는 과정이다.

③ 근무능력구축단계에서는 교수 기술과 능력을 향상시키기 위해서 새로운 교수자료, 전략, 방법들을 탐구한다.

④ 열중성장단계의 교사들은 높은 수준의 능력을 갖추면서 전문가로서 지속적인 노력을 기울인다.

⑤ 교직좌절단계의 교사들은 자신의 일에 실패와 의심을 느낌과 동시에 직무 만족감이 떨어지면서 교직 이직률이 높아지기도 한다.

⑥ 안정침체단계에 있는 교사들은 안정적이나 침체되어 있어 교사 자신의 발전과 성장을 추구하기보다는 주어진 업무만을 계획대로 하면서 현실에 안주하거나 현상 유지에 머무르려고 한다.

⑦ 직업적인 쇠퇴단계의 교사들은 교직을 떠나려고 준비를 하는데 교사에 따라서 은퇴를 즐겁고 긍정적으로 생각하기도 하고 교직을 강제로 그만두는 것으로 느껴 괴로워할 수도 있다.

⑧ 교직퇴직단계에서는 교직을 사임, 퇴직 또는 육아를 위하여 한동안 탈출하는 시기이다.

교사로서의 성장 발달은 반드시 다음 단계를 거치거나 모든 단계를 거치는 것을 의미하지는 않는다. 또한 모든 경력 교사가 유능하거나 성장을 경험하지도 않고, 가르치는 일에 만족하며 안정적으로 생활하는 것도 아니다. 교사의 성장과 발달은 경력뿐만 아니라 개인적 요인, 조직적 용인의 영향을 함께 받으므로(Fessler, Christensen, 1992) 유아교사로서 만족하며 긍정적으로 성장 발달하기 위해서는 유아교사 개인의 노력도 필요하고 유아교육기관과 행정당국, 그리고 전문적 공동체 등의 다각적 노력도 기울여야 한다.

유아교사가 교육기관에서 근무하면서 해내야 하는 다양한 업무 중 가장 큰 비중을 차지하는 것은 역시 수업이다. 수업의 전문성 향상을 위한 노력은 수업연구, 연구발표회, 현장연구, 각종 협의회, 연수활동, 장학활동, 수업컨설팅 등에 참여하는 방법이 있다. 유아교육기관에서 자체적으로 시행하는 연수, 동료교사 혹은 외부교사와의 연구 모임, 다른 교사의 수업 관찰, 전문가로부터 수업컨설팅을 받고 개선하고자 해야 하며 자신의 수업의 질을 향상시키기 위해 노력해야 한다. 때로는 경력이 많은 동료교사에게 조언을 구하고, 전문가로부터 자문을 받을 수도 있다. 유아교사 개인의 상황에 따라 더 나은 수준의 학위과정에 등록을 하여 학업을 하는 것, 교육청이나 육아종합지원센터 주관의 연수 프로그램에 참여하는 것, 전문적 저널을 읽는 것 등이 유아교사의 전문성 향상에 도움이 되는 방법이다. 유아교사의 수업전문성 향상은 각 교사의 수준과 상황에 따라 다르게 적용될 수 있으므로 자신의 수준과 업무환경을 고려하여 선택하고 효과적인 실행을 위해 꾸준히 노력하길 바란다.

위에서 설명한 노력은 분명 유아교사의 개인적 측면에서의 노력 즉 적극적 참여가 전제되어야 하지만 이러한 유아교사의 개인적 노력은 교사의 근무환경, 원장과 교육행정가의 지원이 없다면 일회적이거나 단기간의 실천으로 끝나기가 쉽다. 따라서 유아교사의 전문적 성장이 유아교육의 질 제고를 위한 전제임을 생각하면서 유아교육기관, 교육당국, 그리고 유아교육 관련 전문 공동체가 협력적으로 교사의 성장과 발달을 지원하는 데 힘써야 할 것이다.

4. 유아교사의 윤리

유아교육기관은 유아와 그 부모 및 가정, 사회, 국가에 대한 도덕적 책임을 지니고 있는 공익을 위해 설립이 허가된 기관이다. 이러한 교육기관에서 근무하는 유아교사는 인격의 기틀이 형성되는 시기에 있고 교사에 의해 많은 영향을 받는 유아를 안전하게 보호하고 하나의 인격체로 존중해야 한다. 또한 막대한 국가 재정을 지원받고 있는 공공의 성격을 지닌 기관이므로 그에 따른 책무성을 준수해야 할 의무가 있다(김은설, 박수연, 2011). 그러므로 유아교사는 유아교육 현장에서 윤리적 의식과 도덕성, 책임감 있는 행동을 우선적으로 갖추어야 한다. 윤리란 사회에서 사람과 사람과의 관계를 규정하는 규범, 원리, 규칙의 총체로(조형숙, 2007), 강제성을 수반하거나 법률적인 성격을 띠지는 않지만 지켜야 할 것으로 기대되는 가치규범이므로(임승렬, 2002) 유아를 가르치는 일을 직업으로 삼는 유아교사는 전문직업인으로서의 윤리의식을 갖고 교수행위에 임하여야 한다. 유아교사에게 윤리적 측면이 강조되는 이유는 유아교사가 바로 가르치는 사람이기 때문이다. 가르치는 행위는 지적 측면만이 아니라 사회적 도덕적 측면을 포함하고 있고, 스스로 의사결정을 하기에 한계가 있는 유아들을 대상으로 하고 있기 때문에 유아의 인권을 보호하고 전인적 발달을 위한 교육에 최선을 다해서 교육의 질적 향상을 도모하는 데 바로 교사가 핵심요인으로 작용하므로 다른 직업을 가진 사람들보다 더 높은 수준의 도덕성과 윤리의식을 요구하게 된다. 우리나라의 경우 '유치원 교사 헌장강령(육아정책연구소, 2010a)'과 '어린이집 원장 및 보육교사 윤리강령(육아정책연구소, 2010b)'이 제정·공포되었다.

본 절에서는 유아교사가 자율적으로 행동해야 하는 윤리의 영역을 '유치원 교사 헌장강령'을 중심으로 살펴보고 최근에 강조되고 있는 생명윤리 관점과 직장생활에서의 윤리적 측면을 살펴보고자 한다.

1) 유치원 교사 헌장강령(2010)

피니(Feeney, 1986)는 유아교사의 윤리영역을 교사와 부모의 상호작용, 동료교사와의 상호작용, 교사와 원장과의 관계, 교사와 기관 혹은 외부기관과의 문제, 기관과 기관의 문제 5영역으로(임승렬, 2002) 제시하였고, 미국의 NAEYC(2011)는 윤리강령을 유아에 대한 윤리적인 책임, 가정에 대한 윤리적인 책임, 동료들에게 대한 윤리적인 책임, 지역사회 및 사회에 대한 윤리적인 책임 등 4개의 영역으로 구분하여 제시하고 있다. 우리나라의 유치원 교사 헌장강령에는 유치원 교사와 유아, 가정, 사회, 책무 등 4가지 영역으로, 어린이집 원장 및 보육교사 윤리강령에서는 영유아, 가정, 동료, 사회에 대한 윤리 등 4개 영역으로 제시하고 있다. 먼저 유치원 교사 헌장강령의 세부 내용을 살펴보면 다음과 같다.

표 5-4 유치원 교사 헌장강령

유치원 교사 헌장강령
유아교육은 유아의 삶에 초석이 되며, 우리 사회와 국가의 미래를 결정한다. 우리는 국민의 생애초기 교육을 책임지며 사회로부터 존경받는 교사로서 자신을 연마하고 소명의식을 가지고 유아 교육자로서 가야 할 길을 밝힌다.
1. 우리는 유아를 사랑하고 개성을 존중하며 전인발달을 지원하고 평화로운 교실문화를 조성한다. 2. 우리는 미래지향적이며 질 높은 교육을 계획하고 실천하여 교육자로서의 책임을 다한다. 3. 우리는 가정에 대한 이해와 연대를 강화하여 교육복지 사회구축에 공헌한다. 4. 우리는 사회의 변화와 요구에 적극 부응하여 유아교육의 혁신과 발전을 위해 노력한다. 5. 우리는 교육자로서의 품위를 유지하고 부단한 자기개발을 통해 유아교육전문가로서의 위상을 갖춘다.
01. 유치원 교사와 유아
핵심개념- 사랑, 평등, 개성 존중, 전인교육, 안전과 보호
1. 우리는 유아를 사랑하며 유아의 인격을 존중한다. 2. 우리는 유아의 개인적 가정적 배경에 관계없이 모든 유아를 평등하게 대한다. 3. 우리는 유아의 개성을 존중하며 개인의 흥미와 잠재력에 적합한 교육을 제공한다. 4. 우리는 유아의 전인발달을 지원하는 교육과 환경을 제공한다. 5. 우리는 유아의 안녕을 위협하는 가정적 사회·문화적 경제적 상황을 적극적으로 파악하고 유아를 보호하기 위해 노력한다.
02. 유치원 교사와 가정
핵심개념- 가족에 대한 이해, 권리 보호, 협력, 지원
1. 우리는 유아를 교육하고 지원하기 위해 가정과 연계하고 협력관계를 구축한다. 2. 우리는 교육적 목적으로 수집한 가족 정보에 대해 기밀을 유지하고 가족의 사생활을 보장한다.

3. 우리는 유치원에서 일어난 안전사고나 위험 상황에 대해 가족에게 충분히 설명한다.
4. 우리는 가족에게 유치원을 개방하며 필요한 정보를 제공한다.
5. 우리는 유치원 운영에 관련된 중요한 의사결정 과정에 부모를 참여시킨다.
6. 우리는 가족에게 필요한 지역사회 자원에 대한 정보를 구축하고 이를 가족에게 적극 제공한다.

03. 유치원 교사와 사회

핵심개념- 사회에 대한 이해, 교원의 지위 향상, 유아교육 위상 강화, 교직문화, 지역사회와의 협력

1. 우리는 사회의 흐름을 파악하고 이를 교육에 반영하고자 노력한다.
2. 우리는 유아에 관련된 법률과 정책을 이해하고, 이를 개선하기 위한 활동에 적극 참여한다.
3. 우리는 교직 관련 단체와 전문가 협회를 통해 교권 확립을 위한 활동에 참여한다.
4. 우리는 유치원 교육을 사회에 널리 알려 유아교육의 위상을 높인다.
5. 우리는 교직원 간의 상호존중과 협력을 통해 건전한 교직문화를 형성한다.
6. 우리는 유치원과 연계하여 지역사회의 생활과 문화 향상에 기여한다.

04. 유치원 교사의 책무

핵심개념- 직업의식과 긍지, 인성(열정, 개방성, 창의성, 자율성), 교사로서의 품위, 연구와 자기개발

1. 우리는 교육전문가로서의 직업의식을 갖는다.
2. 우리는 건전한 국가관과 확고한 교육관을 가지고 교직에 종사한다.
3. 우리는 유아에게 최적의 교육을 제공하기 위해 열과 성을 다한다.
4. 우리는 건전한 언행과 생활태도로 유아에게 모범이 되도록 한다.
5. 우리는 열린 사고와 개방적 태도를 가지고 전문성 향상에 매진한다.
6. 우리는 다양한 분야의 전문가와 교류하고 새로운 지식과 정책을 비판적으로 수용한다.

보육교사 윤리강령의 세부 내용을 살펴보면 다음과 같다.

표 5-5 보육교사 윤리강령

보육인 윤리 선언

나는 영유아의 건강한 성장과 발달을 지원하는 보육교사(어린이집 원장)로서, 직무상의 윤리적 책임을 다하여 다음 사항들을 지킬 것을 다짐합니다.

1. 나는 내가 영유아에게 지대한 영향을 미치는 존재임을 잊지 않으며, 항상 스스로의 말과 행동에 신중을 기한다.
1. 나는 영유아의 인격과 권리를 존중하며, 어떠한 경우에도 영유아에게 해가 되는 일을 하지 않는다.
1. 나는 영유아 가정의 다양성을 이해하고 존중하며, 상호 신뢰하는 동반자적 관계를 유지한다.

1. 나는 동료를 존중하고 지지하며, 서로 협력하여 최상의 보육서비스를 제공하기 위해 노력한다.
1. 나는 보육의 사회적 책임과 역할을 인식하고, 영유아의 권익과 복지를 위한 활동에 앞장선다.
1. 나는 「어린이집 원장·교사 윤리강령」을 직무수행의 도덕적 규준으로 삼아 진심을 다하여 충실히 이행한다.

어린이집 원장 및 보육교사 윤리강령

보육은 영유아를 건강하게 양육하고, 안전하게 보호하며, 발달특성에 적합한 교육을 제공하는 복지서비스이며, 보육인은 사랑과 존중과 전문지식을 바탕으로 영유아의 전인적 성장에 영향을 미치는 전문직업인이다. 그러므로 보육인은 윤리적 의식과 태도를 가지고 사회적 본분에 임해야 한다. 이에 어린이집 원장과 보육교사는 스스로 책무성을 발현하여 윤리강령을 제정함을 밝힌다. 본 강령을 직무수행의 규준으로 삼아, 보육현장에서 발생하는 윤리적 갈등을 해결하고, 생존권, 보호권, 발달권, 참여권 등 영유아의 권리를 보장함으로써, 직무상의 윤리적 책임을 다하여 전문직업인으로서의 위상을 공고히 하고자 한다. 더불어 영유아와 그 가정, 동료와 사회의 존엄성을 존중하는 보육의 실천으로 다각적인 신뢰를 구축하고, 영유아의 잠재력을 최대한 발휘시킴으로써 영유아가 긍정적인 자아개념을 형성하고 유능한 사회인으로 성장할 수 있도록 도와, 궁극적으로는 영유아와 그 가정, 동료와 사회의 통합적·이상적 복지 실현에 기여하고자 한다.

제 I 장 영유아에 대한 윤리	1. 영유아에게 고른 영양과 충분한 휴식을 제공하여, 몸과 마음이 건강한 사람으로 자라도록 돕는다. 2. 성별, 지역, 종교, 인종, 장애 등 어떤 이유에서도 영유아를 차별하지 않고, 공평한 기회를 제공한다. 3. 영유아는 다치기 쉬운 존재임을 인식하여 항상 안전하게 보호한다. 4. 영유아에 대한 정서적·언어적·신체적 학대를 행하지 않는다. 5. 어린이집 내외에서의 영유아 학대나 방임을 민감하게 관찰하며, 필요한 경우 관련 기관('아동보호전문기관' 등)에 보고하고 조치를 취한다. 6. 영유아의 인격을 존중하고, 개인의 잠재력과 개성을 인정한다. 7. 개별적 상호작용 속에서 영유아의 요구를 수용하기 위해 노력한다. 8. 영유아의 사회·정서·인지·신체 발달을 통합적으로 지원하는 보육프로그램을 실시한다. 9. 특별한 도움을 필요로 하는 경우, 전문가와 협력하여 영유아의 입장에서 최선의 대안을 찾는다. 10. 보육활동을 계획, 실행, 평가하는 모든 과정에 영유아의 흥미와 의사를 반영한다. 11. 영유아의 개인적 기록과 정보에 대해 비밀을 보장한다.
제 II 장 가정에 대한 윤리	1. 상호 신뢰를 바탕으로 영유아의 가정과 동반자적인 관계를 유지한다. 2. 각 가정의 양육가치와 의사결정을 존중한다. 3. 경제적 수준, 가족형태, 지역, 문화, 관습, 종교, 언어 등 어떤 것에 의해서도 영유아의

	가정을 차별 대우하지 않는다. 4. 보육활동 및 발달 상황에 관한 정보를 정확하게 제공하여 영유아에 대한 가정의 이해를 돕는다. 다문화, 심신장애 등으로 의사소통에 도움이 필요한 경우 문제를 해결할 최선의 방법을 도모한다. 5. 어린이집 운영 전반에 관한 정보를 공개하여 영유아 가정의 알 권리에 응한다. 6. 보육프로그램과 주요 의사결정에 영유아의 가정이 참여하도록 안내한다. 7. 필요한 사회적 지원, 전문서비스 등 관련 정보를 제공하여 영유아 가정의 복리 증진을 돕는다. 8. 영유아 가정의 사생활을 보호하고 익명성을 보장한다.
제Ⅲ장 동료에 대한 윤리	**[어린이집 원장]** 1. 최상의 보육서비스 제공에 필요한 인적·물적 환경의 조성 및 유지를 위해 노력한다. 2. 보육교사를 신뢰하고 존중하며 전문성과 자율성을 인정한다. 3. 성별, 학연, 지연, 인종, 종교 등에 따라 보육교사를 차별하지 않는다. 4. 업무 관련 의사결정이 필요한 경우, 보육교사의 의견 개진 기회를 보장한다. 5. 보육교사에게 지속적 재교육 등 전문적 역량 제고의 기회를 부여한다. 6. 보육교사에게 적정 수준의 보상(보험, 급여 등)을 안정적으로 제공하며, 복지증진에 힘쓴다. 7. 보육교사 개인의 기록과 정보에 대한 비밀을 보장한다. **[보육교사]** 1. 존중과 신뢰를 바탕으로 협력하며, 서로의 전문성과 자율성을 인정한다. 2. 상호 간 역량계발과 복지증진에 부합하는 근무환경이 되도록 힘쓴다. 3. 어린이집 원장 및 동료와 영유아 보육에 대한 신념을 공유한다. 4. 보육교사로서의 전문성 향상을 위해 스스로 노력한다. 5. 어린이집 내에서 영유아 및 보육교사의 인권과 복지를 위협하는 비윤리적 사태가 발생한 경우, 법률규정이나 윤리기준('한국보육시설연합회 윤리강령위원회' 참조)에 따라 조치를 취한다.
제Ⅳ장 사회에 대한 윤리	1. 공보육에 대한 책임을 인식하고, 항상 질 좋은 보육서비스를 제공한다. 2. 영유아의 안전을 위협하는 환경이나 정책이 발견될 시, 관계기관과 협의하여 개선한다. 3. 공적 책임이 있는 어린이집으로서 재정의 투명성을 유지하고, 부정한 방법으로 사적 이익을 취하지 않는다. 4. 영유아의 권익보호를 위해 관련 정책 결정 및 법률 제정에 적극 참여하며, 사회적으로 이를 널리 알리는 데 앞장선다. 5. 지역사회 실정에 맞는 어린이집의 책임과 역할을 인지하고, 실천하고자 노력한다.

출처: 어린이집 원장 및 보육교사 윤리강령

모든 전문직업군은 해당되는 분야의 윤리강령을 두고 있다. 유아교사의 경우도 2010년 유아교육단체가 공동으로 유치원 교사헌장강령을 발표하였다(육아정책연구소, 2010a). 유아교사는 유아교육기관 안에서 혹은 밖에서 교사로서 하는 행위에 대해서는 윤리적 측면에 대해 도덕적 감수성을 갖고 반성적 사고를 해야 한다. 교사로서 내가 직면한 상황이 윤리적인 상황인지, 내가 하고 있는 행동이 올바른지 자신의 양심에 비추어 때로는 유아교사의 강령에 비추어 판단하면서 점검해야 한다.

2) 연구 측면에서의 윤리

유아교육현장에서는 끊임없는 연구활동을 통해 담당하고 있는 유아를 위한 교육적 질 제고를 도모하고 있고, 또한 교육적 질 제고를 위한 연구에 협력할 기회가 발생하기도 한다. 유아교사가 담당하고 있는 유아는 생명윤리(bioethics) 측면에서 볼 때 자율적으로 의사를 결정할 능력이 없고, 담당교사와 직무관계가 성립하기 때문에 취약한 연구대상자에 속한다. 이러한 사항은 유아교사로서 유아의 자유와 존엄, 권리를 최대한 존중하고 연구와 관련된 의사결정을 할 때 비판적으로 생각할 필요가 있음을 의미한다. 연구에 참여할 의사를 유아는 물론 부모에게 알리고, 서면으로 참여 동의서를 받아야 하며, 중간에 연구참여를 철회하고 싶을 때는 언제든 자유롭게 철회 가능하며 철회로 인한 부당한 일들이 야기되지 않음을 유아와 부모에게 안내해야 한다. 또한 연구 혹은 어떠한 사항에 협조할 때 유아 혹은 부모의 의사에 반하여 개인정보가 노출되지 않도록 주의를 요한다. 유아의 이름, 주소, 전화번호 등의 연락처는 물론이고 사진, 녹음된 음성, 녹화된 영상 등을 유아와 부모의 동의 없이 노출되지 않도록 각별히 주의해야 한다. 2012년 「생명윤리 및 안전에 관한 법률」이 제정된 이래 생명윤리는 보건·의료 분야뿐 아니라 유아교육 분야에서도 적용해야 하는 분야가 있으므로 유념하여 지켜야 할 것이다.

3) 직장 내에서의 윤리

유아교사는 유아교육기관에서 전문인으로서 교육활동을 담당하며 생활하는 가운데 다양한 딜레마에 처할 수 있다. 대한민국에서 유치원 교사는 교육공무원에 준하는 복무와 함께 윤리적 실천을, 보육교사는 공무원에 준하는 복무와 윤리적 실천을 하도록 많은 사람들이 기대한다. 즉, 공정성, 청렴성, 그리고 도덕적 책임 등을 더욱 요구받게 된다. 유아들과 학부모를 대할 때 편향적으로 대하지 않고, 어떠한 일을 처리할 때 공정하고 타당하게 처리하여야 한다. 그리고 이러한 과정에서 개인적 욕구나 욕심을 채우지 않으려 하는 노력, 즉 청렴한 태도로 처리해야 한다. 유아교사에게는 전문직으로서의 봉사정신도 요구된다. 봉사는 개인의 시간, 기술, 지식 및 능력을 가치 있고 의미 있는 활동에 이용하는 것으로 봉사하는 사람에게 자긍심이나 정신건강 증진에 도움을 주며, 도움이 필요한 사람 또는 공공복지를 위한 활동에 참여함으로써 지역사회의 발전을 꾀할 수 있다(권선진 외, 2015).

다음은 유아교육기관에서 경험할 수 있는 윤리적 딜레마를 포함한 사례이다. 사례에서 유아교사가 어떻게 해결하는 것이 윤리적이며 전문적인지 함께 토의해 보자.

- 학부모가 음료수를 선물할 때 받을 것인가? 거절할 것인가?
- 유아교육기관의 시설 및 운영의 문제점을 발견했을 때 관계기관에 보고하거나 신고할 것인가?
- 아동학대 의심사례를 보고해도 특별한 조치를 하지 않는 기관에 또 신고를 할 것인가? 그리고 그 기관을 어떻게 할 것인가?
- 기관 운영이 법에 위배될 때 수용할 것인가? 거절할 것인가?
- 유아를 돌보는 상황에서 30분 이상 휴대전화로 문자를 보내는 동료를 보았을 때 어떻게 행동할 것인가?
- 한 가정의 개인적 일을 동료교사에게 말하는 교사에게 어떻게 대하겠는가?
- 비윤리적인 행위를 하는 동료교사나 원장에게 무슨 말을 하겠는가?
- 선거철에 동료교사들에게 특정 선거후보자에 대한 홍보물을 전달하는 교사를 어떻게 대하겠는가?
- 유아교육기관에서 필요한 물건을 구입할 때 현금으로 결제하면 10% DC해준다는 상인의 제안을 어떻게 할 것인가?

앞에서 서술한 대로 유치원 정교사와 보육교사의 법적 자격을 갖추고, 유치원 교사와 어린이집 교사의 헌장 및 윤리강령을 지키면서, 교수행위 및 직장 안에서의 행동을 결정할 때 보다 전문적으로 생각하고 실천하며 유아교육기관의 구성원인 유아, 부모, 동료교사 개인의 의견을 경청한다면 반대의견을 나타내는 구성원을 포용하게 될 것이다. 또한 구성원들의 정당한 이익과 목표를 추구할 수 있도록 허락하고, 공평하게 대우하는 행동과 윤리에 입각한 정직한 행동을 함으로써 투명하고 명료하며 열린 의사소통을 하여 조직구성원들 간의 윤리행동을 장려하게(Brown, Trevino, & Harrison, 2005) 될 것이다. 즉, 유아교사로서의 윤리적 실천은 건전하고 효과적인 교사로서의 생활뿐 아니라 유아교육기관의 효율적인 운영 및 발전이 될 것이다.

퀴즈

01. 다음 중 유치원 교사의 자격기준에 대한 설명이 아닌 것을 고르시오.

① 원장, 원감, 교사의 자격으로 구분된다.
② 유치원 교사는 2급과 1급 자격이 있다.
③ 원감 자격은 1급 정교사 자격을 가지고 3년 이상 경력과 소정의 재교육을 받아야 한다.
④ 유치원 1급 자격은 2급 자격은 가진 자가 5년 이상의 교육경력을 가지고 있어야 한다.

02. 어린이집 원장 및 보육교사의 자격검정과 자격증 발급에 관한 업무를 수행하는 곳을 고르시오.

① 보건복지부　　② 교육과학기술부
③ 한국보육진흥원보육인력개발국　　④ 평가인증국

03. 페슬러는 교사의 발달단계를 교직이전단계, 교직입문단계, (　　　　　), 열중성장단계, 교직좌절단계, 안정침체단계, 직업적인 쇠퇴단계, 교직퇴직단계로 구분하고 있다.

04. 우리나라의 유치원 교사 헌장강령은 (　　　　　), 가정, 사회, 책무 등 4가지 영역으로 제시하고 있다.

05. 맞는 것끼리 선으로 연결하시오.

	보육시설의 종류	유아의 수	원장 자격기준
①	일반어린이집 •	• 영유아 20명 이하 •	• 장애인복지 및 재활관련 전공자
②	장애아전문어린이집 •	• 만 3세 미만의 영아 20명 이상 •	• 보육교사1급 이상 자격취득 후 1년 이상의 보육업무 경력자
③	가정어린이집 •	• 영유아 300명 이하 •	• 간호사 면허를 취득한 후 5년 이상의 아동간호업무 경력이 있는 사람
④	영아전담어린이집 •	• 장애영유아 12명 이상 •	• 유치원정1급 취득 후 아동복지업무 경력 3년 이상

토론
문제

01. 유치원 교사와 보육교사의 자격 요건을 통합하는 측면에 대해 생각해 봅시다.

02. 바람직한 유아교사의 역할과 자질에 대해 생각하고 의견을 말해 봅시다.

03. 유치원 교사의 윤리강령이 필요한 이유는 무엇인가?

정답 1. ④ 2. ③ 3. 근무능력구축단계 4. 유치원 교사와 유아

5. ① 일반어린이집, 영유아 300명 이하, 유치원정1급 취득 후 아동복지업무 경력 3년 이상

② 장애아전문어린이집, 장애영유아 12명 이상, 장애인복지 및 재활관련 전공자

③ 가정어린이집, 영유아 20명, 보육교사1급 이상 자격취득 후 1년 이상의 보육업무 경력자

④ 영아전담어린이집, 만 3세 미만 영아 20명 이상, 간호사 면허를 취득한 후 5년 이상의 아동간호업무 경력이 있는 사람

Chapter

06

유아교육과 환경

1. 유아교육기관 환경의 중요성
2. 유아교육기관 실내 환경구성(공간과 자료)
3. 유아교육기관 실외 환경구성(공간과 자료)

1. 유아교육기관 환경의 중요성[1)]

유아교육기관의 환경이라 함은 교실 구성 외에 건물의 위치, 건물 구조, 배치, 공간의 크기, 밀도, 소음 정도, 공기의 질, 벽의 색깔, 건축 재료에 이르기까지 많은 요소를 포함한 물리적 환경을 말한다. 유아교육기관의 환경구성은 유아를 위한 교육적인 목적에서 고려하여 왔으나 유아교육기관의 대상 연령이 점차 어려지고 유아들이 긴 시간 동안 머물게 되면서 가정과 같은 편안함과 안정감을 주는 생활공간 차원으로의 중요성이 점차 더 강조되고 있다. 잘 구성된 유아교육의 환경은 여러 가지 측면에서 긍정적인 영향을 미치고 있는데 구체적으로 살펴보면 다음과 같다.

1) 유아교육기관 환경이 유아에게 미치는 영향

유아의 발달에 적합하고 위험한 요소 없이 유아들이 보다 자율적으로 놀이하고 움직이고 탐색할 수 있는 공간이 제공된다면 정서적으로 안정감과 편안함을 갖고 생활하게 되므로 긍정적 정서발달에 영향을 미칠 것이다. 연구에 의하면 다양한 활동 영역이 구분된 곳에서 유아 스스로 선택 기회가 주어졌을 때 유아의 사회적 상호작용 수준이 높아졌고 유아 주도적 행동과 활동 참여가 증가하였다(이영자, 이기숙, 이정욱, 1999). 유아들이 자율적으로 공간과 놀잇감을 사용하고 활동에 대해 주도적인 결정을 내릴 수 있을 때 유아들의 독립심이 발달한다. 그리고 놀이가 끝난 후에 어디에, 어떻게 정리해야 하는지가 분명할 때 유아들의 책임감이 발달한다. 또한 교실 공간의 활용이 분명하게 정의되고 발달에 적합하게 구성되었을 때 유아들은 더 생산적으로 활동에 참여하게 된다(Phyfe-Perkins, 1980). 이처럼 유아의 요구, 심리적 발달에 맞게 설계된 환경은 유아들의 자존감을 높여주고, 더 유능하게 만든다. 어린이집의 질적 수준이 높고 물리적 환경이 좋을수록 유아가 자기조절을 잘하고 기관 적응과 또래관계를 잘 형성한다(김정인, 2001; 정은혜, 2000).

1) 이 절 이하의 내용은 『유아교육개론』(양옥승 외, 2015) '제6장 유아교육과 환경의 내용(pp.140~141)'을 재구성한 것이다.

2) 유아교육기관 환경이 부모에게 미치는 영향

유아교육기관의 물리적 환경은 학부모의 유아교육기관 선택을 결정하는 중요한 결정요인 중 하나이다(고현, 정명자, 2012). 유아교육기관의 환경에 만족할 때 부모들은 안정감과 신뢰감을 갖게 된다. 특히 영아를 처음으로 기관에 맡기는 맞벌이 가정인 경우 영아가 편안하고 안전하게 지낼 수 있는 환경은 더욱 중요하게 작용한다. 유아가 생활하는 교실환경 외에 매일 유아와 헤어지고 만나는 공간, 부모가 기다리고 상담할 수 있는 공간을 마련하고 가정통신문, 교육계획안, 식단, 투약의뢰서, 그 밖에 양육을 위한 정보 등을 비치하여 부모와 기관이 원활하게 소통할 수 있을 때 부모는 안정적이고 일관성 있는 양육을 함께하게 된다.

3) 유아교육기관 환경이 교사에게 미치는 영향

유아교육기관의 물리적 환경이 유아의 발달에 적합하게 구성되어 위험한 행동이 덜 일어나고 적절한 행동을 촉진한다면 교사들은 스트레스를 덜 받으면서 보다 즐겁게 교사 역할을 수행할 수 있게 된다. 안전하고 능동적인 유아의 활동을 유발하는 수준 높은 환경 수준은 교사의 부정적이고 지시적인 상호작용은 줄이고 긍정적인 상호작용을 증가시킨다. 또한 교사가 쉴 수 있는 개인적인 공간, 함께 토의하고 회의할 수 있는 교사용 공간, 체계적으로 교재 교구를 정리할 수 있는 공간이 있어서 이용하기 편리하다면 교육의 목표를 보다 적절하게 수행할 수 있을 것이다. 또한 교사들이 편안하게 교육을 계획하고 준비할 수 있는 공간이 마련되고 교사의 요구가 반영된다면 교사들도 즐거운 마음으로 일을 하게 될 것이고 교사의 긍정적이고 즐거운 태도는 유아에 대한 상호작용과 태도에 영향을 미치게 된다.

2. 유아교육기관 실내 환경구성(공간과 자료)[2]

1) 실내 환경구성의 원리

유아교육기관의 환경을 어떻게 구성하느냐에 따라 유아의 움직임, 생각, 학습이 달라지므로 시설·설비의 설치, 비품 및 교재·교구의 배치를 유아의 신체적·사회적·인지적인 활동을 극대화하고 교사들의 업무 수월성을 높여 잠재적 공간을 최대한 활용할 수 있도록 하여야 한다. 유아를 위한 환경은 다음 4가지가 충족되어야 한다(Olds, 2001).

첫째, 움직임을 격려하는 환경이어야 한다. 유아들이 자유롭게 움직이고 오르고 뛰어내리고 기어다닐 수 있는 안전한 환경을 마련해 주어야 한다.

둘째, 편안함을 주는 환경이어야 한다. 심리적으로 편안함을 주면서 적당한 자극과 다양성을 가진 환경을 마련해 주어야 한다.

셋째, 능력을 키워주는 환경이어야 한다. 유아의 신체 크기에 적합하여 어른의 도움 없이도 자유롭게 움직이고 목표한 바를 할 수 있어야 한다. 흥미영역을 구성해 주어 하고 싶은 놀이를 계획하고 집중하여 수행할 수 있도록 한다.

넷째, 통제력을 키울 수 있는 환경이어야 한다. 낮은 교구장이나 칸막이를 이용하여 공간을 분리해 줌으로써 활동의 방해를 받지 않도록 하고 휴식공간을 마련해 주어 스스로를 조절할 수 있도록 해준다. 유아의 신체를 고려한 시설 설비를 마련해 주는 것은 성인의 도움 없이 유아가 스스로 자기 자신을 조절하고 보호할 수 있다는 느낌을 갖도록 한다.

유아교육기관의 환경은 유아와 교육에 대한 철학이 그대로 반영된다. 유아들이 어떻게 발달하고 배운다고 생각하는지에 따라 환경구성은 달라진다. 그러나 어떠한 프로그램을 운영한다 하더라도 공통적으로 유의해야 할 요소들이 있다. 유아교육기관 환경구성을 할 때 고려해야 할 사항은 다음과 같다.

2) 이 절 이하의 내용은 『유아교육개론』(양옥승 외, 2015) '제6장 유아교육과 환경의 내용(pp.142~161)'을 재구성한 것이다.

• **안전과 건강**: 유아교육기관은 유아들이 처음으로 가정과 부모를 떠나 접하는 사회적 환경이기 때문에 안전과 건강에 대한 고려가 가장 기본적으로 확보되어야 한다. 유아는 움직임이 많고 혼자 시도하려는 의욕과 고집이 강한 반면 균형능력이나 조절능력이 불완전하기 때문에 안전한 환경은 더욱 중요하다. 유아의 자유로운 움직임과 능동적인 학습경험은 안전한 환경일 때 가능하기 때문에 능동적 교육을 위한 기본이 된다는 점에서 중요하다. 교사와 유아가 수시로 손을 씻을 수 있는 세면대가 있어야 하며, 침구는 개별적으로 마련해 준다. 특히 영아는 면역력이 약하고 무엇이든 입으로 탐색하려 하기 때문에 청결과 위생에 더욱 유의하여야 한다. 예를 들어 기어다니고 눕고 엎드려서 생활하는 시간이 많으므로 바닥까지도 항상 청결하고 위생적으로 관리해야 해야 한다.

• **유아의 신체 크기와 능력**: 유아의 발달적 특성을 고려한 실내 환경은 유아들이 스스로 시도해 보고, 탐색하는 과정에서 좌절을 겪지 않도록 함으로써 자존감을 높여주고 능동적인 태도를 갖게 한다. 이를 위해서는 유아의 신체 크기에 적합한 크기의 시설, 설비, 가구 등을 설치하여 자율적으로 생활하고 놀이할 수 있도록 한다. 개방된 낮은 교구장, 신체 크기에 적합한 세면대와 변기, 영아 및 유아용 의자, 테이블, 영아용 미끄럼틀, 유아용 미끄럼틀, 작은 안전가위 등은 편리하고 안전하게 그리고 자율적으로 활동하게 한다.

• **편안함과 안정감**: 유아는 물리적 환경에서 느껴지는 편안함, 안정감, 혹은 불안정감 등을 민감하게 느끼고 반응한다. 부모와 애착을 형성하는 시기에 부모와 분리되어 긴 시간을 지내야 하므로 편안하고 안정적인 분위기는 정서발달에 매우 중요한 요인이 된다. 긴장을 풀고 즐길 수 있는 평화로움을 제공할 수 있도록 조용한 영역에는 쿠션을 제공하고, 창에는 커튼을 달고 따뜻한 색조의 벽지, 가족이나 친숙한 동물 사진 등을 부착하여 편안하고 안정감을 줄 수 있는 환경을 구성한다.

• **인지적 발달과 호기심**: 흥미영역을 구성하여 교실 안에서 자신이 하고 싶은 것을 결정하고 놀이함으로써 유아의 감각을 자극하여 인지적인 발달을 꾀할 수 있는 환경으로 구성한다. 자유롭게 움직일 수 있는 공간, 혼자서 관찰하거나 퍼즐, 책

보기 등을 할 수 있도록 조금 닫힌 공간을 마련하고 유아의 발달에 적합하면서 탐색과 놀이를 충분히 즐길 수 있는 환경과 자료를 제공한다.

- 융통성, 이동: 연령이 어릴수록 개인차가 크기 때문에 융통성 있게 이용할 수 있어야 한다. 교사들은 유아가 적극적으로 참여하고 질서 있게 옮겨 다닐 수 있어야 한다. 다른 유아와 부딪히거나 놀이를 방해하지 않고 이동할 수 있을 정도로 넓어야 하며 통로를 확보하고, 계단의 높이와 폭이 적절하여 유아가 혼자 또는 약간의 도움을 받아 이동할 수 있도록 한다. 교사가 교실 전체를 관찰할 수 있도록 환경을 구성하며, 각 영역의 공간 넓이가 적절하여 활동하기에 불편함이 없어야 한다. 놀이 영역을 분명하게 조직하고 영역에서 다른 영역으로 이동할 수 있는 통로를 만들어 주게 되면 산만함을 줄이고 보다 목표지향적인 활동을 하게 된다.
- 다양함에 대한 요구: 유아의 다양한 요구와 흥미에 따라 놀이할 수 있는 공간과 영역, 자료를 구성해 준다. 교실 환경은 연령에 적합하게 구성한다 하더라도 적절한 시기에 바꾸어 준다. 주제가 바뀌거나 영아의 경우는 더 이상 그 놀잇감을 찾지 않는다면 새로운 교재교구로 바꾸어 준다. 또한 유아의 교육은 실내에서만 이루어져서는 안 된다. 실내공간과 마찬가지로 다양하고 안전하면서 탐색이 이루어질 수 있는 실외 놀이 공간이 있어야 한다.
- 활동의 균형: 유아교육기관의 크기나 형태와 상관없이 유아의 활동은 영유아의 욕구를 반영하여 균형 있는 발달을 지원할 수 있어야 한다. 실내활동뿐만 아니라 하루에 1시간 이상 실외활동을 할 수 있어야 하고 정적인 활동과 동적인 활동이 모두 일어날 수 있도록 공간을 구성한다. 연령이 어리거나 긴 시간 동안 유아교육기관에 머무는 유아의 경우는 교육적 성격이 강한 활동과 일상적 활동, 보살핌 활동 간의 균형도 고려하여 환경을 구성한다.
- 교사의 편리성: 유아교육기관은 교사의 보살핌 노동이 많이 이루어지므로 교사의 욕구를 충족시키고 활동하기에 편리하게 구성하여야 한다. 예를 들어 0세반은 기저귀를 갈고 수유를 하는 교사 행동이 많은 부분을 차지하기 때문에 특히 시설 설비를 교사의 신체 크기에 적절하게 마련하고 전자레인지, 냉장고, 소독기 등 편리한 비품을 마련한다. 교육을 계획하고 준비하는 개별 작업 공간과 모

든 교직원이 모여 회의하고 협의할 수 있는 공동 공간뿐만 아니라 교사가 아프거나 피로할 때 쉴 수 있는 공간과 개인 소지품을 보관할 수 있는 개인 영역 등을 마련한다.

- 학부모와의 소통: 유아교육기관은 등하원을 부모와 함께 하고 가정과의 긴밀한 연계가 요구되는 곳이다. 부모에게 전달할 안내글이나 통신문을 놓을 수 있는 공간을 마련하고 유아를 기다리거나 부모들끼리 담소를 나눌 수 있는 공간, 상담할 수 있는 공간 등을 마련한다.

영아반 교실 전체 모습

유아반 교실 전체 모습

2) 유아의 놀이 및 학습을 위한 실내 환경구성

(1) 공간의 크기와 형태

공간의 크기는 한 공간에서 생활할 수 있는 유아 수와 활동의 특성을 반영하여 결정한다. 스포덱(Spodek, 1985)은 유아 1명당 $9.29m^2$가 적당하다고 하였고 미국 NAEYC에서는 유아 1인당 최소 $3.25m^2$(육아정책연구소, 2013), 우리나라 어린이집의 경우는 보육실 공간 크기를 거실, 포복실, 유희실을 포함하여 유아 1인당 $2.64m^2$(영유아보육법 시행규칙 제9조)로 정하고 있다. 이처럼 적절한 공간의 크기에 대한 기준은 조금씩 다르기 때문에 유아에게 적합한 공간의 크기를 정확하게 제시하기는 어렵지만 좁은 공간은 유아들의 공격적인 행동을 증가시키며 적어도 유아 1인당 $2.3m^2$의 공간에서 오랫동안 있는 것은 피해야 한다(Plyfe-Perkins, 1980). 반대로 지나치게 방대한 교실 공간은 교사가 조용한 말로 유아에게 지시할 수 없고 제대로 관찰 및 감독을 할 수 없어 문제가 될 수 있다. 또한 유아들도 부정적인 행동이 많이 일어나고 피로, 좌절, 심지어 공격적인 행동을 일으킬 수도 있으므로 유아 수에 적정한 공간이 제공되어야 한다(James, James & Francis, 2005).

교실의 형태도 유아와 교사의 활동에 영향을 미치게 되는데 특히 효율적인 공간 배치를 하는 데 어려움을 주고 교사가 유아를 관찰하고 감독하는 데 영향을 미치게 된다(Mayesky, 1995). 유아교육기관의 교실은 정사각형보다는 직사각형이 환경 구성을 할 때 용이하며 교실에 기둥이 있거나 L자형의 형태는 모든 유아의 놀이를 관찰하는 데 어려움이 따른다. 창문의 형태나 크기에 따라서도 영향을 받게 된다. 예를 들어 언어 영역이나 미술 영역은 빛이 잘 들어와서 글씨를 보거나 색깔을 분명히 인지할 수 있는 곳에 마련하여야 하므로 창문을 통해 자연채광이 잘 들어오는 곳에 마련하는 것이 바람직하다. 창문이 너무 작아서 빛이 잘 들어오지 않는 교실은 조명을 이용하여 적절한 밝기를 유지할 수 있도록 구성하여야 한다.

(2) 교실 공간의 구성

교실에는 유아의 생활과 놀이를 위한 환경을 중심으로 구성하며 교사가 교육·보육을 계획하고 지원하기 위한 공간도 함께 고려한다. 교실환경은 유아의 놀이와 효과적인 교수를 최대화할 수 있도록 구성하여야 한다. 교실 환경을 어떻게 구성하는가에 따라 유아의 행동과 동기 유발 그리고 교사의 상호작용에 영향을 미치게 된다. 예를 들어 교실에 교구장을 모두 벽쪽으로 붙여놓아 넓은 공간이 있다면 아이들은 달리게 되고 과격한 신체 놀이를 하거나 소란스럽게 놀게 된다. 미술놀이를 하는 영역에 카펫을 깔아 놓는다면 여러 가지 점토, 색종이 등의 부스러기가 떨어지거나 물감을 쏟았을 때 교사는 민감하게 반응하게 되고 유아의 놀이를 제재받게 된다. 블록 영역을 통로와 구분하여 낮은 교구장으로 칸막이를 해준다면 지나다니는 아이들이 만들어 놓은 블록 구성물을 부수는 일이 줄어들 것이다.

유아를 위한 교실 공간 구성을 흥미영역을 중심으로 살펴보면 다음과 같다.

① 흥미 영역의 배치

흥미 영역의 배치는 유아의 의미 있는 놀이에 어떻게 잘 개입하게 할 수 있을지를 결정한다(Gestwicki, 2007). 제한된 공간에서 다양한 활동과 자료를 제시하고 활동성이 높은 활동과 낮은 활동이 균형을 이루도록 구성하되 서로에게 방해를 최소화하면서 자율적으로 놀이할 수 있게 영역을 배치하여야 한다. 우선 유아의 활동에 방해를 받지 않고 원활하게 이루어지 위해 활동이 시끄러운 영역과 조용한 영역을 분리하여 구성한다. 신체놀이 영역, 쌓기 영역, 인형놀이 영역, 역할놀이 영역, 미술놀이 영역에서는 주로 친구들과 함께 하는 활동이 많고 활동성이 높고 소음이 더 많이 발생하므로 조용하게 혼자 하는 활동이 주로 이루어지는 언어 영역, 그림책 영역, 탐색 영역 등과 떨어져서 구성한다. 즉 활동성과 소음의 정도가 유사한 영역끼리 인접하게 배치하여 방해를 최소화하는 것이 바람직하다.

② 흥미 영역의 구분

흥미 영역은 교구장을 이용하여 구분하고 카펫 등을 이용하여 소음을 줄여 주어 편안하게 활동이 이루어지도록 한다. 예를 들어 1세 영아는 블록으로 높이 쌓고 부수는 놀이를 매우 좋아하므로 쌓기 영역에 카펫을 깔아 주게 되면 놀이를 하는 영아는 물론 교사에게도 편안함을 주게 된다. 또한 영역 간 이동을 위한 통로를 마련하고 통로는 분리대를 이용하여 놀이에 방해가 되지 않도록 한다. 영역 구분은 낮은 교구장을 활용하여 교사가 유아의 모든 시간과 움직임을 관찰하고 감독할 수 있도록 한다.

표 6-1 흥미 영역 구성의 예

구 분	영역 구성의 특징	자료	영아반	유아반
언어 영역	밝고 조용한 곳에 배치한다. 편안함을 느낄 수 있도록 카펫을 깔고 쉽게 그림책을 꺼내서 읽을 수 있는 낮은 책장과 책상,	• 말하기: 인형극 틀, 손인형, 마이크, 역할놀이용 머리띠, 융판동화 자료 • 듣기: 녹음기, CD플레		

구 분	영역 구성의 특징	자료	영아반	유아반
	낮은 가리개를 배치한다. 읽기뿐만 아니라 말하기, 듣기, 쓰기 활동 등이 통합적으로 이루어질 수 있도록 구성한다.	이어와 다양한 동화 CD, 헤드폰, 음성 동화책, • 읽기: 그림책, 그림카드 • 쓰기: 색연필 등 쓰기 도구, 지우개, 종이, 칠판	  	 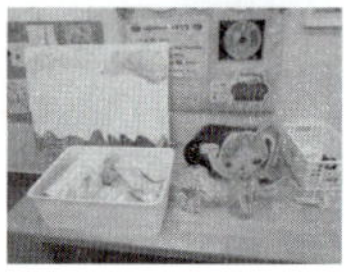
수학 영역	숫자, 연산, 공간과 기하, 측정, 패턴 등 다양한 수학적 활동이 이루어지는 공간이며 조용히 집중하는 활동이 주로 이루어지므로 조용한 영역에 배치한다. 교구장과 가림판, 책상으로 공간을 구성한다. 조작 영역, 과학 영역과 가까이 배치하거나 통합하여 배치하기도 한다.	수막대, 숫자, 퍼즐, 숫자 카드, 저울, 도형, 분류활동자료, 계산기, 일대일 대응 자료	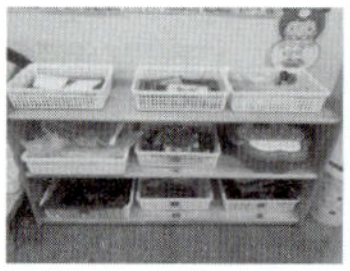	 
음률 영역	음악을 듣고 노래 부르고 소리와 악기를 탐색하고 음악에 맞추어 동작활동을 경험하는 영역이므로 조용한 영역과 떨어진 곳에 배치한다. 편안한 자세로 음악을 감상하거나 동작으로 표현하기도 하므로 넓은 공간을 확보해 준다.	CD플레이어, CD, 방울, 종, 탬버린 심벌즈 등 리듬악기, 실로폰, 멜로디언, 소리를 탐색할 수 있는 교구, 리본테이프, 스카프	 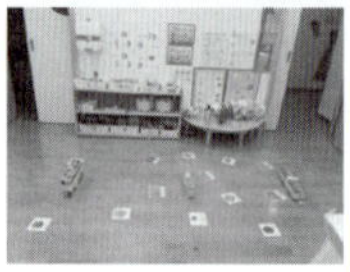	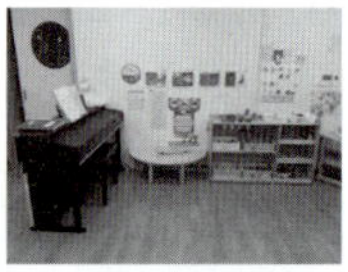 

구 분	영역 구성의 특징	자료	영아반	유아반
미술 (조형) 영역	다양한 재료를 분류하여 사용하여 작품을 그리거나 만들고 전시하고 감상 활동을 하는 공간이다. 물감을 사용하는 등 물이 필요한 활동이 있으므로 세면대를 설치하거나 화장실 가까이에 배치한다. 또한 작업을 할 수 있는 넓은 책상과 작품을 보관하거나 전시할 수 있는 공간을 구성한다.	점토, 크레파스, 물감, 스펀지, 리본, 잡지, 광고지, 나뭇잎, 풀, 본드, 가위, 여러 가지 재활용 자료	  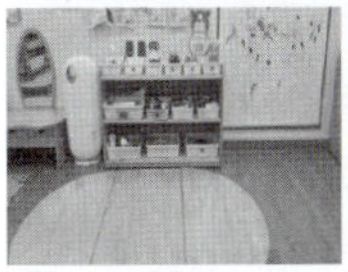  영아반의 미술 영역과 탐색 영역을 이웃하게 배치한 예	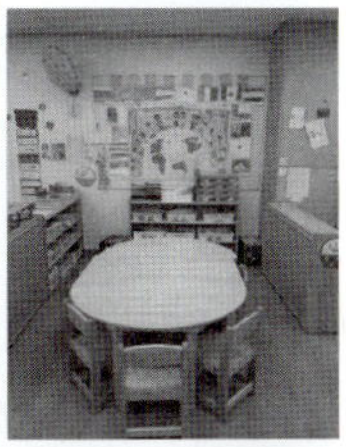  
조작 영역	손과 손가락으로 놀잇감을 조작하며 놀이하는 영역이므로 조용한 영역 가까이 배치한다. 수학 영역과 통합하여 배치하거나 인접해서 배치한다. 놀잇감을 정리할 수 있는 교구장과 책상을 배치한다.	퍼즐, 오감 상자, 보드게임, 볼트와 너트, 바느질 교구, 끼우기	 	 
쌓기 영역	또래와 협동하여 구성놀이를 즐기는 공간이므로 조용한 영역과 떨어진 곳에 배치하며 충분한 공간을 제공한다. 다양한 형태의 블록을 제공하고 블록을 보관할 수 있는 교구장에 블록 모양을 표시	• 블록: 유니트 블록, 할로우 블록, 종이벽돌 블록, 우레탄 블록, 우유팩 블록, 스펀지 블록, 헝겊 블록 • 소품: 자동차, 인형, 여러 가지 모형 등 소품	 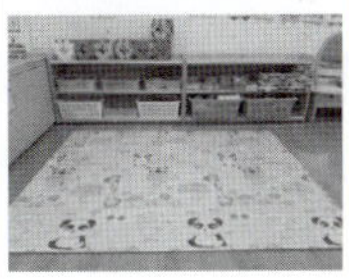	 

구 분	영역 구성의 특징	자료	영아반	유아반
	해 주고 놀이가 확장될 수 있도록 여러 가지 소품을 함께 구성해 주고 역할 영역과 인접하여 배치한다. 블록 구성물이 무너졌을 때 소음과 사고를 줄일 수 있도록 카펫을 깔아준다.		 영아반 쌓기 영역과 역할 영역이 이웃한 배치의 예	
과학 영역	탐구능력을 기르기 위해 직접 조작해 보거나 동식물을 기르고 관찰해 보는 영역으로 조용히 집중할 수 있고 햇빛이 잘 드는 곳에 배치한다. 모형보다는 실제 자연물을 제시하고 관찰, 탐색할 수 있도록 한다.	자석, 거울, 저울, 지렛대, 온도계, 동물과 식물 관련 그림책, 식물표본, 곤충 표본, 물고기, 조개껍데기, 돌멩이, 솔방울, 도토리 등 여러 가지 자연물		 
역할 영역	엄마, 아빠놀이, 선생님놀이, 병원놀이 등 주변에서 경험한 여러 가지 역할을 모방하고 극으로 표현해 보는 영역이다. 여럿이서 상호작용이 이루어지므로 조용한 영역과는 떨어져서 배치하고 여러 가지 직업과 관련된 소품과 도구를 제공한다.	싱크대, 모형 냉장고 등 주방용품, 화장대, 화장품, 핸드폰 등 가정용품, 와이셔츠, 가방, 신발, 모자, 의사 등 직업 의상과 도구	 	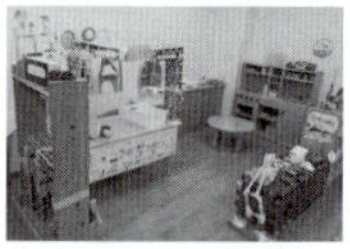  

특별히 영아반의 실내 환경을 구성할 때 고려해야 할 사항은 영아들이 늘 대근육 활동을 할 수 있는 공간과 자료를 배치하고 준비해 주는 것이다. 0세부터 2, 3세 영아들은 신체발달 기간 중에 있고, 이러한 이유로 늘 움직이고 싶어 한다. 이러한 욕

구를 충족시켜 줄 수 있는 공간과 기구 혹은 자료를 교실 내에, 유아교육기관 건물 안에 배치하여 영아들의 욕구를 충족시켜 주어야 한다.

영아의 대근육 운동을 연습·촉진하는 영역

이러한 전형적인 영역 외에 철학과 지역적 특성 및 흥미에 따라 창의적인 영역을 추가하여 보다 다양하게 구성할 수 있다. 밀러(Miller, 1988)는 오르기 영역, 가장놀이 영역, 휴식 영역, 장난감 영역, 감각 영역(흥미로운 질감), 그림책 영역, 탐색 영역으로 구분할 것을 권하고 있고, 카탈도(Cataldo, 1983)는 그림, 크레용, 풀 붙이기 등을 위한 창의적 활동 영역, 음악 영역, 다양한 블록과 입체물이 있는 구성 영역, 자연물이 있는 호기심 영역, 거울과 좋아하는 사진이 있는 정체감 영역, 생활 크기에 맞는 교구와 소형 교구들(사람, 자동차 등)이 있는 사회적 역할 영역, 문제해결 영역, 체육 영역 등을 제안하였다.

교실 공간의 크기가 협소하다면 상호보완적이거나 유사한 특성의 흥미 영역을 통합하여 배치할 수 있다. 쌓기 영역과 역할 영역을 통합하면 구성물을 만들어 역할놀이로 확장하거나 역할놀이 소품을 블록 쌓기에 사용할 수 있다. 또한 수·조작 영역과 과학 영역은 조용하게 집중하여 이루어지는 활동이 주로 일어나므로 통합하여 설치하기에 적합하다.

발도르프 철학이 반영된 교실환경의 예

실내 대근육활동 영역(예: 탈것)

실내 대근육활동 영역(강당)

(3) 유아의 놀이를 지원하기 위한 흥미 영역 운영

앞에서 기술한 실내 흥미 영역은 유아의 흥미를 유발하고, 다양한 교구와 자료를 유아의 발달수준과 주제에 적절하게 제공하여 유아의 관심과 흥미를 더 촉진할 수 있도록 변화를 주기적으로 주고, 관리하는 것이 필요하다. 2019 개정 누리과정에서 강조하듯이 유아가 중심이 되어 놀이가 자연스럽게 일어나고 유지되고 확장되게 하는 교사의 지원은 적절한 환경을 구성하고, 유아와의 적극적인 상호작용을 통해서 가능하다. 흥미 영역에서 갖추어야 할 기본적인 영역과 자료들을 구비한 상태에서 유아의 흥미와 놀이가 어떻게 흘러가는지 세심하게 관찰하면서 놀이가 지속 확장될 수 있도록 하기 위해서는 교사의 환경적 지원이 필요하다.

- 실내 흥미 영역에 비치된 교구와 자료가 주제에 적합하게 제공될 수 있도록 주기적인 관리가 필요하다. 앞에서 기술한 각 흥미 영역에 적합한 교구 외에 일상에서 쉽게 접할 수 있는 평범한 사물, 자연물, 재활용품 등과 함께 주제에 적절한 교구와 자료를 적절하게 제공하는 것은 유아의 관심과 흥미를 유발하는 데 가장 기본적인 요소이다. 이러한 자료와 교구는 주제의 흐름에 맞게 제공되도록 주기적으로 점검하며, 유아가 자유롭게 탐색 활용할 수 있도록 한다.
- 실내 흥미 영역 구성은 자료의 효과적인 비치를 위한 구분이며, 활용은 유아의 자유로운 놀이 흐름에 따라 유동적으로 활용하도록 지원한다. 흥미 영역은 같은 유형의 놀이가 일어나도록 같은 교과 관련 교재를 같은 공간에 모아 효율적으로 놀이가 일어나도록 비치한 환경구성 방법이다. 유아가 놀이를 할 때에는 같은 교구라 할지라도 유아의 흥미와 놀이의 목적에 따라 다르게 활용될 수 있고, 다른 영역(공간)에 가서 활용할 수도 있다. 유아가 다른 목적으로 활용하거나 다른 공간에서 활용하더라도 그것이 유아의 놀이경험으로 연결되어 충분히 교육적이라면 문제가 되지 않으며 교사는 이러한 놀이경험이 잘 유지될 수 있는 방안을 강구할 필요가 있다.
- 유아의 놀이는 한 가지 교과나 한 흥미 영역의 놀이에 국한되지 않고, 5개 영역의 내용이 통합되어 나타나는 경우가 많다. 따라서 특정 흥미 영역의 놀이가 다른 영역으로 확장될 때 유아의 놀이가 자연스럽게 이루어질 수 있도록 교구장의 위치를 바꿔주거나, 더 적절한 장소로 이동하도록 허용하거나, 때로는 안전을 확보하면서 교실 이외의 장소를 활용하도록 지원하는 방법도 모색하도록 한다. 또한 한 영역의 놀잇감과 다른 영역의 놀잇감을 섞어서 창의적인 방법으로 놀이

할 수도 있다. 이러한 적극적 허용과 지원을 받게 되면 유아는 자신의 행동적 경험에 대한 자신감과 성취감을 느끼고 긍정적 경험이 쌓여 주도적으로 활동할 수 있게 된다.

- 반면, 유아가 흥미나 관심을 보이지 않을 경우 실내 놀이환경을 재구성, 재배치하도록 한다. 이때 유아가 주도적으로 놀이 영역을 구성할 수 있도록 유아의 의견을 적극적으로 수용하고, 반영하도록 한다.

3) 유아의 생리적 욕구 및 생활을 위한 실내 환경구성

유아를 위한 교실 환경은 보살핌을 위한 일상생활 공간을 반드시 구성해야 하며, 특히 연령이 어린 영아일수록 일상생활을 위한 공간이 많은 부분을 차지해야 한다. 0세반은 기저귀 가는 영역과 수유를 준비하고 수유할 수 있는 공간, 영아가 수시로 낮잠을 자므로 낮잠 자는 공간을 마련한다. 1세는 배변훈련을 시작하므로 기저귀 가는 영역 외에 변기나 화장실을 교실 안에 구성하고, 우유를 끊고 점차 밥을 먹게 되므로 점심과 간식을 먹을 수 있는 책상과 비품을 마련한다. 유아반도 화장실, 간식 및 식사, 낮잠, 휴식 등을 위한 공간을 고려하여 구성한다. 또한 교실 안 조용한 곳에 휴식 영역을 마련하여 유아가 놀이하지 않고 쉬고 싶을 때 언제든지 편안하게 쉴 수 있도록 하며, 교실이 좁은 경우 언어 영역에 통합하여 배치하기도 한다. 휴식 영역은 소파나 방석, 쿠션, 카펫 등을 활용하여 유아가 아늑함을 느낄 수 있도록 한다. 특별히 유아교육기관에서 긴 시간 동안 생활하는 유아들이 자신만의 시간을 보낼 수 있도록 작은 개인 공간을 마련해 줄 필요가 있다. 혼자 있을 수 있는 공간은 놀이 공간과 분리하여 마련하거나 좁은 교실일 경우에는 조용한 영역 가까이에 휴식 공간을 마련하고 아늑하고 편안한 분위기를 느낄 수 있도록 소파, 쿠션, 큰 인형 등을 배치한다.

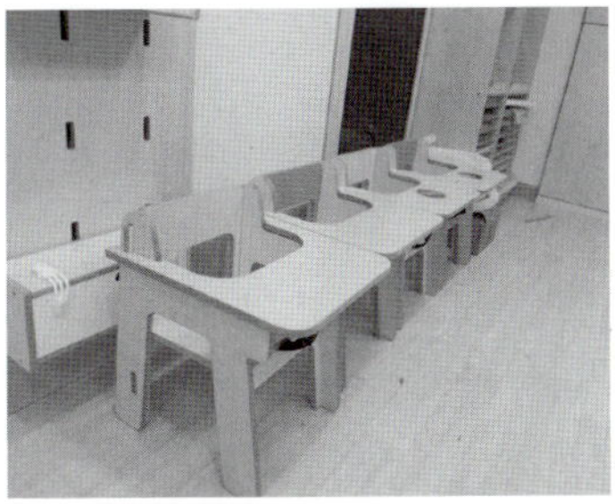

영아의 간식, 식사를 위한 가구의 예

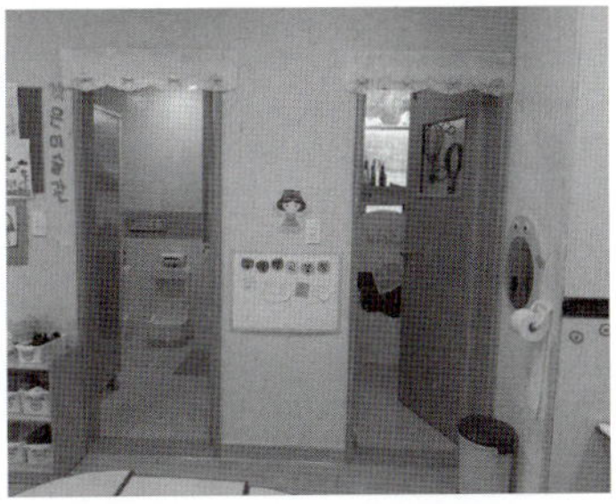

남아와 여아가 분리된 화장실(만 5세)

휴식 및 개인적 공간

더 알아보기

교실 환경 구성을 위한 원리

- 프로그램의 철학이 반영되어야 한다.
- 항상 깨끗하고 안전해야 한다.
- 유아의 연령과 발달단계를 고려한다.
- 유아가 자율성을 높일 수 있도록 고려한다.
- 혼자 있을 수 있는 공간과 개인 공간을 마련해 준다.
- 부드러움과 편안함을 느낄 수 있도록 헝겊, 나무 등을 이용한다.
- 유아 신체 크기에 맞는 비품과 설비를 제공하여 스스로 할 수 있도록 한다.
- 유아의 개인적인 결과물을 전시하거나 보관할 수 있는 공간을 마련한다.
- 흥미 영역은 유아의 수나 교실 크기를 고려하여 마련한다.
- 영역의 특성을 분명하게 할 수 있도록 공간의 경계를 알 수 있도록 한다.
- 영역 간 이동을 할 수 있는 통로를 분명하게 마련한다.
- 조용한 영역끼리, 그리고 활동적이고 시끄러운 영역끼리 인접하게 배치한다.
- 놀이의 확장이 일어날 수 있도록 놀이의 특성을 고려하여 영역을 붙여둔다.
- 물의 이용이 빈번하게 일어나거나 더러워지기 쉬운 활동이 빈번히 일어나는 영역은 물과 가까이 배치한다.
- 쌓기 영역과 같이 소음이 있는 영역에는 카펫을 사용하여 소음 수준을 줄일 수 있다.
- 미적인 부분을 고려하여 유아와 교사들에게 즐거움을 줄 수 있도록 한다.
- 교사가 흥미 영역에서 활동하는 유아를 관찰할 수 있도록 배치한다.

4) 교사와 부모를 위한 실내 환경구성

교사들이 유아교육기관에서 긴 시간을 보내며 유아의 생활과 활동을 위해 준비할 수 있는 충분한 공간이 필요하다. 교사에게는 수업 및 활동을 준비할 수 있는 공간, 행정처리를 할 수 있는 공간과 설비, 교사들끼리 협의할 수 있는 회의실 같은 공간, 생리적 욕구를 해결할 수 있는 식당 및 화장실, 온전히 휴식을 취할 수 있는 공간, 개인의 소지품을 보관하고 옷을 갈아입을 수 있는 공간, 그리고 주제와 연령에 따라 활동자료를 보관하고 찾아서 활용할 수 있는 공간 등이 갖추어져야 한다. 이러한 공간의 구성 및 배치가 적절히 이루어졌을 때 유아교사들은 보다 효율적으로 즐겁게 유아교육기관에서 수업준비와 행정처리, 생활을 할 수 있다.

유아교육기관에서는 유아와 교사뿐 아니라 학부모를 위한 공간 구성도 고려하여야 한다. 학부모들이 오전에 유아를 데리고 오고, 오후에 유아를 데리고 하원할 때 쉽게 유아를 맞이하고, 개인의 소지품을 잘 전달할 수 있는 설비가 갖추어져야 한다. 유아를 교실에 보내고, 교실에서 나오는 유아를 맞이하기까지 기다리는 짧은 시간이지만 이때 기다릴 수 있는 공간을 구성하고, 유아교육기관에서 제공하는 다양한 정보를 눈에 띄는 곳에 배치하여 학부모가 유아교육기관의 교육 흐름을 잘 파악할 수 있도록 구성하기 바란다. 학부모와 방문객들의 생리적 욕구 해결을 위한 성인용 화장실도 별도로 마련해 두도록 하며, 이때 장애인을 위한 편의시설도 함께 설치하도록 한다.

공간 구분	구성된 예시
교사실	

공간 구분	구성된 예시
교재 교구실	 
학부모 참관실	 
학부모 대기실	 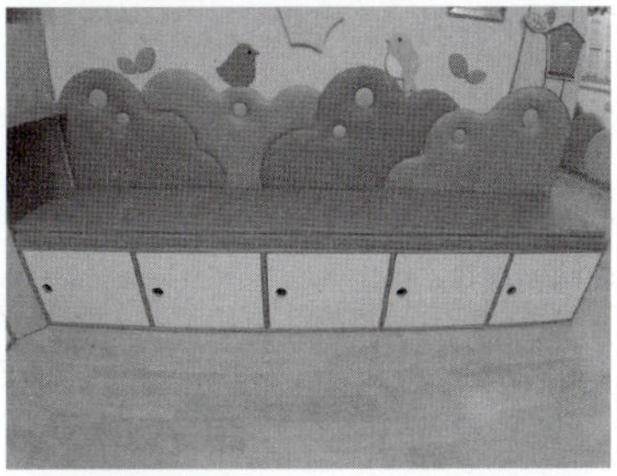
교육 정보 제공 공간	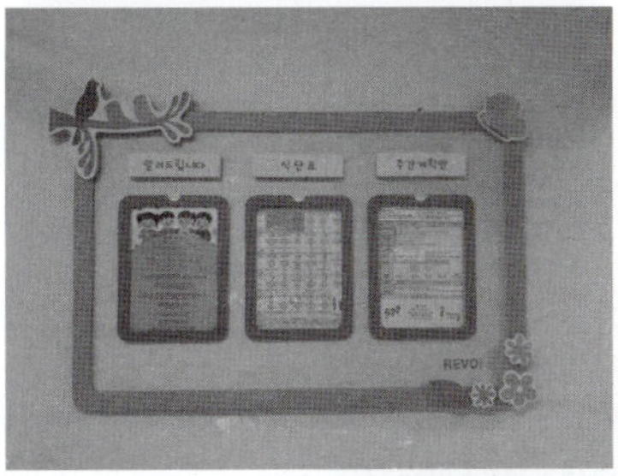 
성인 화장실	

3. 유아교육기관 실외 환경구성(공간과 자료)[3]

1) 실외 환경구성의 원리

(1) 유아의 발달과 안전을 고려한다.

기본적으로 실내 환경구성과 마찬가지로 유아의 발달을 고려하여 안전을 확보하는 것이 가장 중요하다. 유아는 아직 신체를 능숙하게 조절하지 못할 뿐만 아니라 위험요소를 인식하지 못하기 때문에 실외 놀이터는 유아가 교사의 시야를 벗어나더라도 놀이하기에 안전해야 한다. 이를 위해 실외 놀이터는 지나치게 넓고 개방된 것보다는 적당한 크기로 마련하고, 안전 울타리가 있어야 한다. 미끄럼틀의 난간, 울타리 등의 간격은 유아의 머리가 끼이지 않도록 9cm 이하로 하고 안전하게 고정되어 있어야 한다. 오르기 기구는 유아의 키를 넘지 않는 것이 안전하다. 미끄럼틀, 오르기 기구 등의 아래 표면은 완충작용을 할 수 있는 재질로 설치하여 사고 위험을 줄이도록 한다. 실외 놀이 공간에 날카로운 것이 떨어져 있거나 놀이기구가 부서지거나 깨진 것이 없는지, 볼트나 너트가 헐겁게 풀어진 곳은 없는지 수시로 점검한다.

(2) 모험과 도전의 기회를 제공한다.

실외 놀이는 모험과 도전의 기회를 주며 보다 어려운 신체 운동 기술을 발달시키는 기회를 제공한다. 교실에서 재료의 부피나 소음 때문에 설치하지 못했던 것을 배치하여 실외 놀이 공간을 흥미진진한 장소로 만들 수 있다. 놀이기구는 유아의 연령과 발달단계에 적합하고 안전하면서도 적절한 모험과 도전을 시도해 볼 수 있도록 한다. 모험과 도전의 범위는 연령에 따라 다른데, 영아들에게는 경사가 완만한 오르기 기구로도 충분하지만 유아는 좀 더 급한 경사의 미끄럼틀과 오르기 기구 등을 설치하여 복잡한 놀이에 도전할 수 있도록 한다.

3) 이 절 이하의 내용은 『유아교육개론』(양옥승 외, 2015) '제6장 유아교육과 환경의 내용(pp.162~170)'을 재구성한 것이다.

(3) 새롭고 다양한 학습 경험 기회를 제공한다.

신체 활동과 모험놀이 영역에 사다리, 평균대, 타이어를 활용하고 역할놀이 영역에 커다란 상자를 이용하여 집을 구성하거나 이동 풀장 안에 커다란 블록을 주어 놀이를 할 수 있도록 한다면 실내에서와는 다른 방법으로 놀이하게 되고 흥미진진함을 느낄 것이다. 프로스트(Frost, 1992)는 실외환경에 다양한 종류의 운동이 포함되어야 한다고 하면서 감각을 자극하기, 새로움과 다양함 제공하기, 도전 제공하기, 안전, 편안함 등이 갖추어져야 한다고 하였다. 특히 모래, 물, 목공놀이 영역은 실내에서도 구성할 수 있지만 실외 공간에 더 적합한 영역이다. 여러 가지 나무와 꽃은 실외 공간의 미적·감각적 즐거움을 제공하며, 식물을 돌보면서 의미 있는 과학적 경험을 제공하게 된다. 바닥 표면 재질에 따라서도 유아들에게 다양한 학습경험을 제공할 수 있다. 모래놀이를 할 수 있는 공간, 세발자전거를 탈 수 있는 단단한 바닥, 뛰어놀기에 좋은 우레탄 바닥, 나무 바닥 외에 맨손이나 맨발로 놀이할 수 있는 흙, 잔디, 자갈 등의 재료를 활용한다.

(4) 다양한 흥미 영역으로 구성한다.

실외 놀이 영역은 고정 놀이기구 외에 실외 공간의 특성을 반영하여 다양한 경험을 제공할 수 있도록 다용도의 영역으로 구성한다. 유아용 미끄럼틀 등 대근육활동 영역을 비롯하여 모험놀이 영역, 물놀이 영역, 모래놀이 영역, 혹은 동식물 영역만을 배치하기 쉬우나 이 밖에 극화놀이 영역, 목공놀이 영역, 미술 영역 등을 배치하여 보다 다양한 경험을 할 수 있도록 한다. 이들 영역은 실내에서 실행했던 활동을 그대로 확장할 수도 있고 실내에서는 소란스러워 하기 어려웠던 활동을 보다 적극적으로 실행할 수 있어 유아들이 활동에 몰입할 수 있게 된다.

(5) 휴식 또는 혼자 놀이 영역을 마련한다.

유아교육기관의 놀이기구는 경쟁보다는 사회적 상호작용을 촉진시켜야 한다. 함께 미끄럼을 타고 함께 공놀이를 하면서 실내에서 할 수 없었던 소란스럽고 활동적인 놀이를 통해 마음껏 에너지를 발산할 수 있다. 시끄럽게 놀이하지만 1/3 정도는 조용한 영역으로 구성하며 혼자 있고 싶은 유아, 몸이 불편하여 놀이하고 싶지 않는 유아를 위한 코너를 마련해 놓아야 한다. 벤치나 커다란 상자, 텐트, 돗자리 등으로 휴식 영역을 마련해 주어 몸이 불편하거나 놀이를 하고 싶지 않은 유아들이 쉴 수 있도록 한다.

(6) 창의적인 놀이 공간으로 구성한다.

유아교육기관의 실외 놀이 환경은 어느 곳이나 비슷한 형태를 취하고 있다. 정형화된 미끄럼틀과 모험놀이기구가 있는 것이 대부분이지만 좀 더 창의적이고 다양한 활동을 할 수 있는 놀이기구에 대한 연구가 필요하다. 상품화된 놀이기구 외에 타이어, 석유통, 파이프, 침목, 그물, 흙 등을 활용하여 창의적인 실외 놀이터를 만들 수 있다. 유아들이 창의적이고 새로운 실외 환경에서 놀이할 때 전통적인 운동장에서보다 다양한 상호작용과 더 많은 언어를 사용하였으며 독창성을 보인다(Hayward, Rothenburg & Beasley, 1974).

(7) 유아의 다양한 특성을 반영한다.

장애 통합을 하는 유아교육기관이라면 장애의 종류에 따른 요구에 맞추어 반응적으로 구성해 주어야 한다. 예를 들어 교실과 실외 공간으로 이동할 때 신체적 장애가 있는 유아들이 어려움 없이 이동할 수 있도록 경사로를 설치해 줄 필요가 있다. 시각장애아를 위해서는 촉감을 통해 인지할 수 있도록 하고 주변 환경이 복잡하지 않도록 구성한다.

2) 유아의 놀이 및 학습을 위한 실외 환경구성

최근 들어 TV, 컴퓨터, 게임기 등 다양한 전자 매체 및 가상공간에서 생활하는 시간이 유아들에게도 많아지면서 실외에서 놀이하는 경험이 줄어들고 있다. 주거의 형태도 실외보다는 실내에서 생활하는 아파트형태가 많고, 공동주택의 경우 층간소음 문제로 유아들은 대근육활동을 하기에 어려움을 겪고 있다. 실외 놀이는 실내 놀이와 마찬가지로 유아의 삶에 많은 영향을 미치기 때문에 적극적으로 지원해주어 보다 생동감 넘치고 건강하게 유아들이 자라나도록 도와주어야 한다. 본 절에서는 유아교육기관에서 유아에게 교육적이며 즐겁게 활동할 수 있는 실외 환경구성에 대해 알아보고자 한다.

(1) 실외 놀이터의 위치와 면적

유아교육기관의 실외 놀이터는 유아의 안전을 확보하고 이동과 놀이시에 효율적으로 움직일 수 있는 위치에 정하도록 한다. 특별히 유아교육기관의 실외놀이터는 「영유아보육법」, 「유아교육법」, 「각급 학교별 설립 운영 규정」, 「어린이 놀이시설 안전관리법」, 「품질경영 및 안전관리법」, 「환경보건법」 등 국가에서 정한 법적 기준을 준수하도록 한다. 또한 실외놀이터 주변에 축대, 소음, 매연, 교통사고 등의 위험요소가 없는 장소를 택하고, 유아들의 활동시 동선을 고려하며, 교사들이 효율적으로 유아들을 지도할 수 있는 위치에 배치하도록 한다. 또한 실외 놀이터가 햇볕이 골고루 들어 다양한 동식물 기르기 활동이 용이하도록 배치하도록 한다.

실외놀이터의 면적은 유치원의 경우, 「각급 학교별 설립 운영규정」 제5조 2항(별표 2)에 의하면 정원 40명 이하 유치원은 160m^2, 41명 이상인 경우는 120+Nm^2(N: 정원수)를 설치하도록 되어 있다. 어린이집의 경우, 「영유아보육법」에 따라 정원 50인 이상 규모일 때 영유아 1인당 3.5m^2 이상의 실외 놀이장 설치를 원칙으로 하며 정원 규모별로 면적 기준을 다르게 적용하고 있다. 또한 기관의 특수성에 따라 옥내 놀이터, 옥상 놀이터를 설치하거나 인근놀이터 사용을 허용하고 있다(보건복지부, 2021).

(2) 실외 놀이터 구성

① 지면

실외 놀이터의 지면은 한 가지보다는 부드러운 지면과 딱딱한 지면, 잔디와 흙바닥, 자전거 등 바퀴가 잘 굴러갈 수 있는 지면, 모래놀이를 할 수 있는 부분 등 다양하게 구성하도록 한다. 또한 실외 놀이터 지면의 일부를 원래 땅바닥으로 두어서 흙장난을 하거나 화단을 가꾸는 등으로 활용하도록 한다. 그네나 시소 등 유아가 넘어지거나 놀이기구에서 떨어져 다칠 위험이 있는 곳의 바닥은 고운 모래나 고무 바닥재를 깔아서 안전을 도모하도록 한다. 반면에 실외 놀이터에도 통로를 분별할 수 있도록 하여 유아가 한 장소에서 다른 장소로 원활하게 이동하도록 하고, 안전을 도모하도록 한다.

인조 잔디 느낌의 고무바닥재

② 대근육활동 영역

대근육활동 영역에는 그네, 미끄럼틀, 시소, 오르기 등의 고정놀이기구들을 배치한다. 고정놀이기구의 바닥에는 모래나 쿠션이 있는 재료를 깔아서 유아가 넘어지거나 떨어졌을 경우 큰 상처를 입지 않도록 안전을 고려한다. 실외 놀이터에서 유아들이 함께 놀이하게 되면 충돌사고가 자주 발생한다. 따라서 영아와 유아에게 별도의 영역을 마련해 주는 것이 바람직하다. 영아들은 기어오르기, 내리기, 달리기, 흔들말 타기, 밀고 끌기 등을 즐겨하므로 이러한 놀이활동을 위한 놀잇감 및 기구를 준비하고, 유아를 위해서는 오르기 기구, 타이어, 공, 블록, 매트, 농구골대, 자전거, 훌라후프 등을 구성할 수 있다. 또한, 나무상자, 널빤지, 플라스틱 용기, 로프, 속이 빈 블록 등의 고정되지 않은 도구를 비치하여 뛰고, 달리고 하는 움직임 이외에 다양한 형태의 움직임을 경험하게 할 수 있다.

영아용 복합놀이터

유아용 복합놀이터

흔들말

다양한 탈것

③ 다목적 영역

다목적 놀이를 할 수 있는 넓은 영역이 필요하다. 이곳에서 그림 그리기, 음악 들으며 신체로 표현하기, 게임, 운동놀이 등을 할 수 있다. 다목적 영역에는 밀고 당기는 장난감, 훌라후프, 테이블, 이젤, 여러 가지 미술 재료, 음원과 MP3 등의 놀잇감을 제시한다.

④ 물·모래놀이 영역

물놀이와 모래놀이는 특정한 결과물을 요구하지 않기 때문에 유아들에게 실패나 좌절의 감정을 주지 않고 유아들의 내적인 불만이나 긴장감 등을 해소할 수 있다. 물놀이 영역과 모래놀이 영역을 인접하여 배치하고, 여러 가지 소품을 제공해 주어 놀이가 확장되도록 한다. 물놀이 영역에는 여러 가지 그릇, 호스 등을 놓아 주고 모래놀이 영역에 여러 가지 모양의 그릇과 자동차를 준비하면 역할놀이, 신체 및 탐구 활동 등 다양한 놀이가 일어날 수 있다. 또한 오랫동안 놀이할 수 있도록 그늘을 만들어 준다.

모래놀이 영역

⑤ 극놀이 영역

유아들이 좀 더 활동적인 극놀이를 할 수 있도록 공간을 넓게 마련하여 또래들과 함께 놀이할 수 있도록 한다. 텐트나 모래놀이터에 마련하여 줄 수 있으며 인형, 소꿉놀잇감, 음식이나 과일 모형 등을 배치해 준다.

⑥ 동식물 기르기 영역

유아들이 꽃과 나무, 풀을 탐색하고 토끼, 닭, 오리 같은 동물들을 관찰할 수 있도록 준비한다. 이때 독성이나 가시가 있는 식물이 없도록 주의한다. 사육장은 청결하게 관리하고 유아들이 너무 다가가지 않도록 안전울타리를 설치한다.

옥상에 마련한 식물 기르기 영역

동물 기르기 영역

⑦ 그늘

실외 놀이터의 활동은 대근육활동이 많으며, 에너지를 많이 소모하는 활동이 주를 이루기 때문에 유아들이 쉽게 지치게 된다. 유아들이 힘들 때 잠시 쉴 수 있는 공간, 뜨거운 햇볕을 피할 수 있는 시설 등을 갖추도록 한다.

⑧ 창고

실외 흥미 영역에는 놀이 영역 외에 놀이기구 및 놀이용품을 보관할 수 있는 창고나 보관함이 있어야 한다. 창고에는 유아들이 실외 놀이기구를 쉽게 꺼내 놀이하고 정리정돈할 수 있도록 유아의 신체 크기에 적합한 높이에 선반이나 정리함을 설치하고 놀잇감 사진이나 글자 스티커를 부착하여 둔다.

⑨ 놀이터 안전수칙 안내

실외놀이터의 경우 놀이터와 놀이기구를 이용할 수 있는 대상자, 연령, 이용기간 및 시간 등을 고지하여 관리를 하도록 한다. 실외놀이터의 경우 유아교육기관의 원아 외에 외부인들이 쉽게 접근할 수 있으므로 이러한 안내사항을 고지하는 것이 필요하다. 또한 안전수칙을 고지함으로써 이용자들이 보다 책임감 있게 시설물을 활용하도록 한다.

놀이터 이용 안내 및 안전 수칙

3) 유아의 생리적 욕구 및 생활을 위한 실외 환경구성

실외 놀이터에서 활발하게 놀이하고 싶지 않은 유아, 몸이 아픈 유아, 피곤하여 쉬고 싶은 유아의 욕구를 고려하여 조용한 곳에 쉴 수 있는 공간을 마련해 준다. 휴식뿐만 아니라 교사 또는 또래 간 이야기를 나누거나 조용히 책을 읽을 수 있는 영역으로도 활용할 수 있다. 휴식 영역은 실외 공간이라 하더라도 편안한 느낌을 주고 개인적인 공간이어야 하므로 텐트나 정자를 활용하면 좋으나 그러한 시설이 없는 경우는 나무 그늘에 돗자리를 깔아 마련할 수 있다. 커다란 모포나 베개, 물휴지, 물 등을 준비한다.

평상

옥상 놀이터에 마련된 휴식 및 그늘 공간

원두막

더 알아보기

실외 환경구성시 고려해야 할 사항

- 1인당 3.5㎡ 이상의 규모로 모래밭(천연 및 인공 잔디, 고무 매트, 폐타이어 블록도 가능함)에 대근육활동 시설 등 놀이 시설물 세 종 이상이 설치된 옥외 놀이터를 설치하도록 하고 있다(정원 50인 이상).
- 업무용 시설 밀집지역 등 지역적 특수성에 따라 옥외 놀이터를 설치하는 것이 불가능한 경우에는 옥내 놀이터(지하 또는 옥상에는 설치 불가)를 설치하거나 인근 놀이터를 활용할 수 있다.
- 놀이터에는 대근육 놀이기구(고정식) 1종 이상을 포함하여 최소 3종 이상의 놀이기구를 갖추어야 한다.
- 고정식 대근육활동 놀이기구 : 영유아의 대근육 발달을 위한 놀이기구로서 그네, 미끄럼틀, 정글짐, 회전놀이기구, 공중놀이기구, 흔들놀이기구, 오르는 기구, 건너는 기구, 또는 이를 2가지 이상 결합한 조합놀이대, 고정식 수영장 등을 말함
- 이동식 대근육활동 놀이기구 : 놀이집, 널빤지와 안전 사다리, 삼각대, 뜀틀, 평균대, 점핑바운서, 구르기용 매트, 헌 타이어, 대형 블록류, 이동식 농구대, 이동식 수영장 등

출처: 보건복지부(2020b). 2020년도 보육사업안내.

퀴즈

01. 다음은 환경구성에 대한 설명이다. 잘못된 설명을 고르시오.

① 실외 놀이공간은 신체활동, 자연학습 및 탐구활동, 물·모래놀이활동, 역할놀이, 정적인 활동 등 다양한 놀이공간으로 구분한다.
② 흥미 영역 구성 시 실내 공간이 좁을 경우 교실 밖 복도 공간을 활용할 수 있다.
③ 유아가 주도적으로 놀이를 이끌어 갈 때에는 환경구성에도 주도권을 부여한다.
④ 실내 공간은 통합교육을 위해 다양한 흥미 영역으로 항상 교사가 정하여 구성한다.

02. 실외환경 구성 원리를 설명한 것 중 잘못된 것을 고르시오.

① 안전을 고려하여 바닥은 같은 재질과 높이로 한다.
② 유아의 발달을 고려하여 놀이 시설을 설치한다.
③ 운동놀이 영역 외에 휴식 영역, 작업 영역, 창고 등 다양한 영역으로 배치한다.
④ 적당한 도전감을 느낄 수 있도록 고려한다.

03. 유치원의 경우 정원 40명 이하인 경우 실외놀이터 면적은 (　　　)m^2이다.

04. 어린이집의 경우 정원 50명 이상일 경우 유아 1인당 (　　　)m^2 이상의 놀이장을 설치해야 한다.

05. 다음 중 바르게 설명한 문장에 ○, 바르지 않은 문장에 × 하시오.

- 흥미 영역에 제시된 교구와 재료는 교사가 주제에 따라 주기적으로 바꾸어준다. (　　)
- 미술 영역에서 동화책을 읽고 있는 유아에게 가서 읽도록 지도한다. (　　)

토론 문제

01. 유아교육기관의 환경구성시 고려해야 할 사항을 설명해 봅시다.

02. 2세 영아 교실과 3세 유아의 교실 환경은 무엇을 다르게 구성해야 할지 토의해 봅시다.

03. 활동성 정도와 물의 사용 여부에 따른 흥미영역 구성에 대해 설명해 봅시다.

04. 도시지역 유아교육기관과 농촌지역 유아교육기관의 실외 놀이터를 다르게 구성하여야 할까? 달라야 한다면 무엇이 달라야 할지 생각해 봅시다.

정답 1. ④ 2. ① 3. 160 4. 3.5 5. X, X

Chapter

07

유아교육과정

교육과정에 대한 정의는 시대와 학자의 관점에 따라 다양하게 해석되면서 변천되어 왔으며, 아직까지도 명확한 개념을 제시하지 못하고 있다. 그러나 대부분의 교육과정 학자들은 교육과정의 의미를 '교육과정(curriculum)'의 어원인 '쿠레레(currere)'를 경주로 또는 달려야 할 과정이라는 명사형에서 더 나아가 끊임없이 달리고 있다는 동사형으로 해석하는 데 동의하고 있다. 따라서 교육과정은 학습의 과정뿐만 아니라 학습자의 변화과정을 의미하는 것으로, 교육을 통해 어떤 인간으로 육성해야 하는지, 이를 위해 무엇을 어떻게 가르쳐야 하는지와 관련된 내용들을 다루고 있다.

이 장에서는 이러한 맥락에서 유아교육과정을 살펴보고자 한다. 먼저 유아교육과정이 무엇인지를 살펴보고, 우리나라의 국가수준 유아교육과정인 누리과정과 표준보육과정에 대해 알아보기로 한다.

1. 유아교육과정의 개념

일반적으로 교육과정은 누가, 누구에게, 무엇을, 어떻게 가르치고 평가하는가의 문제로 인식되어 왔으며 많은 학자들이 나름대로 그 개념을 제안하고 있다. 예를 들면, 교육과정은 학습자 또는 학습 집단을 위하여 의도된 학습의 세트(Goodlad, 1966), 학생들에게서 교육적 성과를 얻기 위하여 무엇을 어떻게 가르칠 것인가에 대해 의도하여 이루어진 일련의 계획적인 사건(Eisner, 1979), 학습자에게 학습경험을 선정하고 조직하여 교육 경험의 질을 구체적으로 관리하는 교육의 기본 설계도(교육부, 1998) 등으로 제시하고 있다(양옥승 외, 2015).

이러한 다양한 교육과정의 개념 중 가장 많이 인용되면서 적용되는 것은 타일러(Tyler, 1949/1996)가 『교육과정과 수업의 기본원리(*Basic principles of curriculum and instruction*)』에서 제안한 교육과정이다. 타일러는 교육과정을 교육목적이나 목표를 달성하기 위한 수단으로 보고 다음과 같은 질문 4가지를 통해 교육과정을 개발할 수 있다고 보았다. 타일러가 제시한 4가지 질문은 다음과 같다.

• 학교에서 어떤 교육목적을 달성할 것인가?
• 교육목표 달성을 위해 학습경험은 어떻게 선정할 것인가?
• 효과적인 교수를 위해 학습경험은 어떻게 조직할 것인가?
• 학습경험의 효과(결과)는 어떻게 평가할 것인가?

위의 4가지 질문은 교육목적, 교육내용, 교육방법, 교육평가 등으로 구성된 교육과정 개발 모형으로 전개되었다. 즉 교육과정은 '교육목적을 설정하고 이를 달성하기 위한 교육내용과 학습경험을 선정, 조직하여 이를 실행하고 어떻게 평가할 것인가'로 개념화되었으며, 이러한 교육과정 개념은 국가수준에서 개발되는 우리나라 유치원 교육과정과 어린이집 표준보육과정에도 적용되고 있다.

유아교육과정에 대한 개념 역시 교육과정에 대한 개념만큼 다양하다. 역사적으로 볼 때, 유아교육과정은 프뢰벨의 관념주의를 토대로 구성되었으나, 20세기에 들어서면서 미국의 홀과 게젤의 성숙주의 심리학, 손다이크의 행동주의 심리학, 듀이의 진보주의에 의해 구성되었다. 1960년대 이후에는 피아제의 인지발달 이론이 지배적이었으며, 1980년대 비고츠키의 발생학적 인식론이 수용되면서 지속적으로 재구성되고 있다. 1990년대에는 유아교육과정에 대한 심리학의 절대적인 영향력을 비판하면서 다양한 인문학과 사회과학 학문을 수용하여 유아교육과정을 이해하려는 재개념화 운동도 나타났다.

스포덱과 사라쵸(Spodek & Saracho, 1994)는 유아교육과정을 '학교 환경에서 유아들의 학습을 위해 공식적·비공식적 기회를 제공하도록 고안된 조직화된 경험'이라고 하였고, 미국유아교육협회(National Association for the Education of Young Children: NAEYC)는 유아교육과정을 유아들이 배워야 할 내용(content), 확인된 교육과정상의 목적을 달성하기 위해 거쳐야 할 과정(processes), 유아들이 이러한 목적을 달성하도록 돕기 위해 교사가 해야 하는 것, 교수와 학습이 일어나는 상황 등을 자세히 기술한 조직화된 틀(framework)라고 정의하였다(Bredekamp & Rosegrant, 1992). 슈워츠와 로비슨(Schwartz, Robison, 1982)은 유아교육과정을 우연히 일어나는 것으로서 교육과정, 유아가 학교에서 갖게 되는 모든 경험으로서의 교육과정, 교수계획으로서의 교육과정, 교수요목으로서의 교육과정, 프로그램으로서의 교육과정 등으로 구분하였다(양옥승, 최경애, 이혜원, 2011).

한편, 유아교육분야에서는 유아교육과정과 유아교육 프로그램이라는 용어가 종종 동일한 것으로 혼재되어 사용되기도 한다. 유아교육 프로그램이란 용어는 1960년대 이후 등장하였다. 1960년대에 빈곤문제를 해결하기 위해 미국의 교육개혁인 헤드스타트(Head Start)가 시행되면서 다양한 이론에 근거한 유아교육 프로그램들이 개발, 적용되었다. 이러한 프로그램들은 '학교 안에서 일어날 수 있는 모든 계획적인 경험뿐만 아니라 가정과 지역사회에까지 연장될 수 있는 교육적 경험'(Almy, 1975)으로, 이때부터 유아교육과정은 프로그램이라는 용어로 자주 대치되어 사용되었고(양옥승 외, 2001), 그 결과 유아교육과정과 유아교육 프로그램을 유사한 것으로 여기는 풍토가 생겨났다.

이처럼 유아교육과정 개념이 더 다양해지고, 용어의 혼재로 그 범위가 넓어지다 보니, 유아교육과정의 실체를 명료화하는 시도가 이루어졌다. 유아교육과정에서 어떤 지식을 강조했는지(인식론) 그리고 어떤 가치나 태도를 중시했는지(윤리적인 전제) 등을 중심으로 유아교육과정을 이론화하고자 하였다. 예를 들면, 콜버그와 메이어(Kohlberg & Mayer, 1972)는 심리학, 인식론, 윤리적 가치체계 등을 중심으로 유아교육 이데올로기를 개인의 자아실현을 강조하는 낭만주의 이데올로기, 사회의 가치나 규범, 지식의 전달을 중시하는 문화전달 이데올로기, 인지 발달을 강조하는 발달 이데올로기로 이론화하였다(양옥승, 2008). 양옥승(2008)은 인식론과 윤리적 가정을 중심으로 유아교육과정 이론 체계를 관념주의, 행동주의, 발달주의, 포스트모더니즘을 중심으로 한 현대이론 등으로 개념화하여, 유아교육과정에 대한 이해를 돕고자 하였다[4].

요약해 보면, 유아교육과정의 개념은 초·중등 교육과정을 포함한 일반 교육과정학의 영향뿐 아니라 유아교육이 전개되는 과정에서 다양한 이론들이 결합되면서 변화되어 왔다. 따라서 유아교육과정은 유아를 위한 교육 내용을 나열한 교수요목이나 의도적인 교육계획뿐 아니라 교사의 특정한 의도와 계획성이 없더라도 학습자인

4) 이와 관련된 내용은 본 교재 제3장을 참조하기를 바란다. 유아교육과정 이론 체계 중 '행동주의'는 제3장에서 '여러 심리학과 유아교육' 내용을 참조하면 된다.

유아의 모든 경험을 포함하는 것으로 그 개념을 확장할 수 있다. 종합해 볼 때, 유아교육과정은 유아의 전인적인 발달 및 삶의 질 향상을 목적으로 의도적으로 선택된 사회문화적 환경이라고 개념화할 수 있을 것이다(양옥승, 2008).

2. 우리나라 유아교육과정

우리나라 국가수준 유아교육과정에는 유치원 교육과정과 어린이집 표준보육과정이 있다. 유치원 교육과정은 1969년 최초로 제정된 후 여러 차례의 개정을 거쳤으며, 2013년 「3~5세 연령별 누리과정」에 이어 현재 「2019 개정 누리과정」에 이르렀다. 어린이집 표준보육과정은 보육의 질적 향상과 어린이집 영유아의 성장과 발달을 지원하기 위해 2007년 제1차 「표준보육과정」(2세 미만, 2세, 3~5세)이 시행되었고, 2011년 누리과정 도입에 따라, 2012년과 2013년 개정·고시되었으며, 2020년 「제4차 어린이집 표준보육과정」이 개정되어 시행되고 있다.

1) 유치원 교육과정

(1) 국가수준 유치원 교육과정 제정 이전

우리나라의 유아교육과정은 미국의 유아교육 연구 동향을 크게 영향을 받았다. 처음 유치원이 소개되었던 1910년대의 유아교육과정은 프뢰벨 이론에 기초하여 유희, 창가, 수기 및 대화를 교육내용으로 삼았다. 1930년대에 접어들면서 힐(Hill)의 『유치원과 1학년을 위한 행위교육과정』이 소개되면서 프뢰벨 교육과정에서 벗어나 유아의 기본생활습관 형성을 중시하다가, 이후 미국의 교육과정 동향에 따라 듀이의 경험중심 교육과정을 채택하게 되었으며, 이 조류는 1945년 해방 이후 1948년 미군정 시대에 이어 1969년까지 이어졌다(양옥승, 2008).

대한민국 정부 수립 이듬해인 1949년 12월 31일 정부는 민주국가로서의 교육발전을 위해 '홍익인간'을 교육이념으로 한 최초의 「교육법」을 제정, 공포하였다. 「교육법」에 따르면 유치원은 '유아를 보육하고 적당한 환경을 주어 심신의 발육을 조장하는 것'(제146조)을 목적으로 '사회생활, 동화, 음악, 유희 등'(제149조)을 교육하는 곳이다. 그러나 이러한 내용들이 일본의 영향을 크게 벗어나지 못했다는 지적도 있다.

(2) 국가수준 유치원 교육과정 제정 이후

유치원이 처음 소개된 1910년대부터 1968년까지 국가수준에서 결정된 유아교육과정은 없었으나 1969년 2월 19일 문교부령 제207호로 유치원 교육과정이 최초로 제정·공포되었다. 그 이후 1979년(제2차 유치원 교육과정), 1981년(제3차 유치원 교육과정), 1987년(제4차 유치원 교육과정), 1992년(제5차 유치원 교육과정), 1998년(제6차 유치원 교육과정), 2007년(2007 개정 유치원 교육과정)까지 유아교육의 본질과 방향, 그 시대와 사회의 가치 및 조류 등을 반영하여 개정이 이루어졌다. 연이어 2011년 5세 누리과정, 2012년 3~5세 연령별 누리과정이 제정·고시되어 2013년부터 적용되었다가 이후 2019년 개정 누리과정이 고시되어 2000년부터 시행되고 있다. 제1차 유치원 교육과정부터 2019 개정 누리과정까지의 내용을 정리해보면 <표 7-1>과 같다.

표 7-1 유치원 교육과정의 변천

구분	개(제)정의 중점	교육목적/구성방침	교육 내용	특징
제1차 (1969)	• 최초의 국가수준 유치원 교육과정	건강한 신체와 건전한 정신으로 생활할 수 있는 유능한 한국인 양성	5개 생활영역 (건강, 사회, 자연, 언어, 예능)	• 최초의 국가수준 유치원 교육과정
제2차 (1979)	• 국가관 인식 강조 • 전인 발달 강조	• 자아실현 • 국가발전 • 민주적 가치의 강조	• 4개 발달영역 사회·정서발달 영역 인지발달 영역 언어발달 영역 신체발달 및 건강 영역	• 인지발달 강조 • 유치원 교사용 지도서 개발, 보급
제3차 (1981)	• 유신정책 반영 교육과정 전면 개정, • 초·중등학교 교육과정의 개정에 맞추어 상호 연계성	아동에게 알맞은 교육 환경 속에서 즐겁고 다양한 활동을 통하여 전인적으로 성장할 수 있도록 도와주는 데 목적	• 5개 발달영역 신체발달 영역 정서발달 영역 언어발달 영역 인지발달 영역 사회성발달 영역	• 평가에 대한 지침 제시 • '유치원 새 교육과정 개요' 발간

구분	개(제)정의 중점	교육목적/구성방침	교육 내용	특징
제4차 (1987)	• 교육과정의 적정화, 내실화, 지역화	유아를 보육하고 적당한 환경을 주어 심신의 발육을 조장하는 것을 목적으로 함	• 5개 발달영역 신체발달 영역 정서발달 영역 언어발달 영역 인지발달 영역 사회성발달 영역	• 건강한 사람, 자주적인 사람, 창조적인 사람, 도덕적인 사람 등 교육에서 추구하는 인간상 제시 • 영역별 목표만 제시
제5차 (1992)	• 지역의 특수성 고려 • 수준별 교육내용	유아를 보육하고 적당한 환경을 주어 심신의 발육을 조장하는 것을 목적으로 함	• 5개 생활영역 건강생활 사회생활 표현생활 언어생활 탐구생활	• 수준별 교육과정 제시(Ⅰ수준, Ⅱ수준, 공통수준으로 구분) • 만 3세 취원 및 종일반 운영
제6차 (1998)	• 21세기 신교육체제 수립 취지로 개정	전인적 성장을 위한 기초교육으로서, 유아의 일상생활에 필요한 기본능력과 태도를 기르는 데 중점을 둠		• 추구하는 인간상 제시
2007 개정 (2007)	• 유아교육법 제정 • 초등교육과의 연계성	유아에게 알맞은 교육환경을 제공하여 유아를 교육하고 심신의 조화로운 발달을 돕는 것을 목적으로 함		• 지역수준 교육과정 • 읽기와 쓰기 기초 교육의 강화 • 초·중등학교 교육과정과의 교육과정 문서체계의 통일성 강화
3~5세 연령별 누리과정 (2013)	• 출발점 평등 실현 • 3~5세 유치원 및 어린이집 공통과정	유아의 심신의 건강과 조화로운 발달을 도와 민주시민의 기초를 형성하는 것	• 5개 생활영역 신체운동·건강 의사소통 사회관계 예술경험 자연탐구	• 영역별 목표 제시 및 연령별 세부 내용 제시 • 「초등학교 교육과정」 및 0~2세 「표준보육과정」과의 연계성 고려
2019 개정 누리과정	• 국가수준 교육과정 구성 체계 확립: 3~5세를 위한 국가수준의 공통 교육과정	유아가 놀이를 통해 심신의 건강과 조화로운 발달을 이루고 바른 인성과 민주 시민의 기초를 형성하는 데 있음		• 유아·놀이 중심 교육과정의 재이해 • 5개 영역 59개 내용은 유아가 경험해야 하는 내용

구분	개(제)정의 중점	교육목적/구성방침	교육 내용	특징
	• 유아중심, 놀이중심 교육과정 • 5개 영역 내용의 간략화 • 교사의 자율성 강조			• 교육계획 방법, 흥미 영역 운영, 5개 영역의 다양한 통합, 평가 등 자율성 강조

출처: 1949년 「교육법」 146조 및 147조 참조

1949년 「교육법」이 제정된 후 1960년대에 급격히 증가한 유치원들의 교육환경을 정비하기 위해 1962년 「유치원 시설 기준령」이 공포되었다. 이어서 교육 내적 정비를 위해 1969년 문교부령 「유치원 교육과정령」이 최초로 제정, 공포되었다. 해방 후 25여 년 만에 제정된 교육과정은 구체적인 유치원 교육의 목표, 영역, 수업일수, 운영 방법 등 유치원 교육에 중요한 지침이 되었다(양옥승 외, 2001).

제1차 유치원 교육과정은 건강한 신체와 건전한 정신으로 생활하는 유능한 한국인 양성을 유치원 교육의 목적으로 설정하고, 교육과정의 구성을 당시 초등학교 교과 구분과 유사하게 건강, 사회, 자연, 언어, 예능의 5개의 생활영역으로 나누었으나, 교과로 해석될 여지가 있었다. 그러나 우리나라 최초의 유치원 교육과정으로서 유치원 교육의 특징을 명확히 제시했다는 점에서 의의가 있다(교육과학기술부, 2008).

제1차 유치원 교육과정 제정 10년 후, 문교부 고시 제424호로 제2차 유치원 교육과정이 개정, 공포되었다. 제2차 교육과정은 국민교육헌장 이념의 구현을 위해 국민적 자질의 함양, 인간교육의 강화, 지식·기술교육 쇄신을 기본방침으로 하고 있다. 제2차 유치원 교육과정은 미국의 학문중심 교육과정과 1970년대 인지발달을 강조하는 추세에 따라 유치원 교육의 내용에서 인지발달을 강조하였다. 이에 따라 제2차 유치원 교육과정은 발달과업을 중심으로 사회·정서발달 영역, 인지발달 영역, 언어발달영역, 신체발달 및 건강 영역 등 4개의 발달영역으로 구성되었다. 그러나 이는 교육과정에서 전인교육을 더 강조하고 내용 진술의 편의를 위한 것으로, 발달영역으로 지도한다는 의미는 아니었다(양옥승, 최경애, 이혜원, 2011).

제3차 유치원 교육과정은 제5공화국이 들어선 1981년, 유신 정책이 반영되었던

기존의 교육과정을 전면적으로 새롭게 개정하려는 교육개혁 조치에 따라 제2차 교육과정 개정 2년 만에 다시 개정되었다. 그나마 처음으로 초·중등학교 교육과정의 개정과 함께 상호연계적인 측면에서 개정되었고, 교육 전문 연구기관인 한국교육개발원이 위탁받아 주도적으로 교육과정 개정에 참여했다는 데 의의가 있다. 제3차 유치원 교육과정에서는 사회·정서발달을 둘로 나누고 신체발달 및 건강 영역을 신체발달에 통합하여, 교육과정 영역이 신체발달, 정서발달, 언어발달, 인지발달, 사회성발달 등 5개 발달영역으로 편제되었다. 2차 유치원 교육과정과 크게 차이는 없었으나 평가에 대한 지침이 첨가되었고, 교육과정 해설을 위한 「유치원 새 교육과정 개요」가 발간되었다.

제4차 유치원 교육과정은 제3차 유치원 교육과정을 수정, 보완하는 입장에서 개정되었다. 제3차 유치원 교육과정보다 전인 발달을 위한 교육을 더욱 강조하기 위해 각 발달영역별 내용은 제시하지 않고 교육목표 수준만을 제시하며, 교사들이 교육내용을 자율적으로 선정할 수 있도록 하였다. 이는 각 발달영역을 교과로 잘못 인식할 수 있는 가능성을 배제하기 위한 것이었다(양옥승, 최경애, 이혜원, 2011).

제5차 유치원 교육과정은 처음으로 유아교육전문가 집단인 한국유아교육학회가 위촉을 받아 개정하였다. 1991년 「교육법」 개정에 따라 1992년부터 만 3세의 유치원 입학이 가능해지면서 이를 고려하여 제5차 유치원 교육과정은 내용을 Ⅰ수준과 Ⅱ수준으로 구분하여 제시하였다. 또한 1995년부터 지방자치제에 의한 교육자치가 실시되면서 최초의 지방분권형 교육과정으로서 유치원 교육과정도 지역화가 실시되면서, 각 시·도 교육청과 유치원은 국가수준 교육과정을 기초로 편성·운영 지침을 마련하여 각 지역의 실정에 맞는 교육을 강화하였다. 이 밖에도 취업모가 증가하는 사회적 요구를 수용하여 유치원 종일반 운영도 강조하였다. 또 다른 한편으로, 제5차 유치원 교육과정은 기본 생활 교육의 강조, 유아의 흥미·요구·개별성의 존중, 놀이중심 교육, 유아의 전인적 성장 발달 등을 교육과정 구성의 중점 사항으로 삼고, 교육과정 영역을 건강생활, 사회생활, 표현생활, 언어생활, 탐구생활 등 5개의 생활영역으로 구성하여 기존의 교육과정과 차별화를 꾀하였다.

제6차 유치원 교육과정은 한국유아교육학회가 제5차 유치원 교육과정을 수정, 보완하여 개정을 주도하였다. 제6차 유치원 교육과정은 '21세기 세계화·정보화 시대를 주도할 자율적이고 창의적인 한국인 육성'을 기본방향으로 유아들의 감성 계발 교육과 창의성 및 정보능력 함양 교육, 전통문화교육도 강조되었다. 또한 기본생활 습관과 협동적인 생활태도를 길러 줄 수 있는 내용과 인성교육의 방향 제시에 중점을 두었다.

2007년 개정된 2007 유치원 교육과정은 2004년 「유아교육법」이 제정되면서 유치원의 정체성에 대한 요구, 21세기에 들어서면서 인간 간의 관계와 환경 생태에 대해 높아진 관심을 반영하고, 초등학교와의 연계성 강화 등을 이유로 개정되었다. 2007 개정 유치원 교육과정은 인간과 자연존중의 생태적 세계관을 반영하여 '21세기 지식정보화시대를 주도할 사람과 자연을 존중하고 사랑하는 한국인 육성'을 구성방침으로 삼고, 생명존중, 자연존중, 관계중심의 더불어 살아가는 삶의 내용들을 5개 생활영역에 포함하였다. 또한 읽기와 쓰기 전 단계로서의 읽기와 쓰기 기초교육이 강화되었고 지도상의 유의점이 새로 마련되었으며 초·중등학교 교육과정과 연계한 교육과정 문서체계의 통일 등이 개정 유치원 교육과정에 포함되었다(교육인적자원부, 2007).

2011년부터 유치원 교육과정의 일부가 개정되기 시작하였다. 2011년에는 만 5세 누리과정이 제정되었는데, 만 5세 누리과정은 유치원 교육과정과 어린이집 표준보육과정의 영역 구분, 연령별·수준별 구성의 차이점을 일원화하였다. 연이어, 2013년에는 3~5세 유아를 위한 유치원 교육과정과 표준보육과정을 통합하여 3~5세 유아를 위한 '공통과정'으로서 3~5세 누리과정이 제정, 시행되었다. 이로써, 3~5세 유아들은 다니는 기관에 상관없이 출발점 평등의 원칙에 따라 전국 어느 곳에서든 공통의 교육내용을 경험할 수 있고 유치원과 어린이집 교육의 질 격차가 완화되었다. 그러나, 연령별 교육내용이 지나치게 많고, 그 내용들이 연령별로 과잉 계열화되고 있다는 문제점이 노출되었다. 또한 놀이 및 활동 등 세세하게 교사에게 지침을 제공하는 현장 적용의 획일성으로 교사의 자율성이 저해되고 있다는 우려도 제기되었다(김은영 외, 2019).

2019년 개정, 고시된 2019 개정 누리과정은 최근 국내외에서 강조되고 있는 '학습자중심 교육과정'을 반영하여 학습자로서 유아의 개별 특성이 드러나는 놀이중심 교육과정을 핵심으로 제안하고 있다. 유아가 중심이 되고 놀이가 살아나는 3~5세 유아들을 위한 유치원 및 어린이집의 공통교육과정으로서 2019 개정 누리과정의 교육내용은 유아가 성취해야 할 목표가 아닌 유아가 경험해야 할 내용으로 대폭 축소하여 제시하고, 유아의 놀이와 배움의 연계성을 강조하고 있다. 또한 유치원과 어린이집의 자율성을 확대하기 위해 교사가 교육계획, 흥미영역의 운영, 5개 영역 통합 방식, 평가 등을 자율적으로 실행할 수 있도록 제안하면서, 만들어가는 교육과정을 추구하고 있다(교육부, 보건복지부, 2019).

(3) 2019 개정 누리과정

2019 개정 누리과정(교육부 고시 제2019-189호)은 2019년 7월에 고시되었다. 개정 누리과정은 2017년 12월 교육부가 발표한 「유아교육 혁신 방안」의 추진 과제 중 하나인 '교실혁명을 통한 유아중심의 교육문화 조성'의 결과이다. 개정 누리과정은 3~5세 유아를 위한 '공통교육과정'으로서 '유아중심 및 놀이중심' 교육과정을 지향하고 있다. 2019 개정 누리과정의 주요 내용을 살펴보면 다음과 같다.

① 2019 개정 누리과정의 주요 개정 내용[5)]

첫째, 국가수준의 교육과정으로서 구성 체계를 확립하였다. 개정 누리과정은 총론에 유치원과 어린이집에 다니는 3~5세 유아를 위한 '공통교육과정'으로서 '성격'(신설)과 '추구하는 인간상'을 제시함으로써 국가수준 교육과정의 체계를 확립하였다. 또한 초등학교 교육과정의 구성체계(추구하는 인간상, 목적과 목표, 구성의 중점 등) 및 역량을 중심으로 개정한 2015 개정 초·중등학교 교육과정의 취지와 내용을 반영하여 초등학교 교육과정과 연계하고자 하였다. 특히, 초·중등학교 교육과정에서 제시한 추구하는 인간상과 연계하되, 유아기의 특성을 교육과정에 반영하고자 '건강한 사람'을 가장 우선적으로 배치·추가하고, 초·중등학교 교육과정의 '교양 있는 사람'을 감성이 풍부한 사람'으로서 유아의 경험에 적절한 표현으로 조정하였다.

5) 교육부, 보건복지부(2019). 「2019 개정 누리과정 해설서」에서 발췌하였다.

둘째, 유아·놀이 중심 교육과정을 재정립하였다. 개정 누리과정은 교사가 미리 계획한 활동을 중심으로 진행하는 '교사중심' 교육과정에서 유아 주도적인 놀이가 중심이 되는 '유아·놀이 중심' 교육과정으로의 변화를 추구하였다. 이를 위해 바깥 놀이를 포함하여 유아가 자유롭게 놀이할 수 있는 시간을 충분히 편성·운영할 것을 제안하고 있다. 또한 유아의 놀이가 교육의 기본 정신이므로, 유아 놀이와 배움의 의미를 새롭게 이해하여 5개 영역의 내용을 교사가 가르쳐야 할 내용이 아니라 유아가 경험하여 스스로 배우는 내용임을 제시하고 있다.

셋째, 5개 영역의 내용을 간략화하였다. 개정 누리과정은 교육과정 대강화 경향에 따라 3~5세 연령별 누리과정에서 제시하였던 5개 영역 369개의 세부내용을 5개 영역 59개 내용으로 간략화하였다. 이러한 교육내용을 간략화한 이유는 교육과정 대강화 경향에 따른 것인데, 교육과정 대강화의 목적은 교육 내용을 적정화함으로써 학습자의 학습 부담을 줄여 학습 경험의 질을 개선하기 위해서이다. 개정 누리과정은 59개 내용을 연령 구분 없이 유아가 경험해야 할 내용으로 구성하여 유아가 놀이하면서 실제 배우는 내용을 중심으로 교육과정을 운영해 갈 수 있게 하였다. 따라서 교사는 59개 내용을 모두 가르쳐야 한다는 생각에서 벗어나 간략화된 내용을 유아의 놀이를 통한 배움과 연결하여 이해함으로써 놀이중심 교육과정을 실천할 수 있게 된다.

넷째, 교사의 자율성을 강조하였다. 개정 누리과정은 유아중심의 놀이와 배움을 실현하는 데 교사의 교육적 판단이 중요한 역할을 하기 때문에 교사의 자율성을 강조하고 있다. 특히 놀이는 예측하기 어렵고, 상황에 따라 다양하게 일어나므로, 교사가 유아의 놀이를 지원하기 위해서는 교육계획의 형식과 방법, 흥미영역 운영 방식, 5개 영역 통합 방식, 평가 등에서 자율성을 기반으로 상황에 적합한 판단을 해야 한다.

• 계획안 형식과 방법의 자율화

개정 누리과정은 종전의 교육계획안 유형이었던 연간, 월간, 주간, 일일 계획안을 당위적이고 형식적으로 작성하기보다는 각 기관의 실정에 따라 자율적으로 작성할 수 있게 하였다. 유아가 주도하는 놀이는 교사가 사전에 모두 계획할 수 없으므로,

교사의 사전 계획은 최소화하고 유아가 실제 놀이하는 내용을 이해하여 이를 지원하는 계획을 포함시키는 교육계획안으로 개선하도록 제안하였다.

• 흥미 영역의 운영 방식 자율화

개정 누리과정은 유아가 주도하는 놀이가 활성화될 수 있도록 흥미 영역의 개수, 유형, 운영 방식 등을 자율적으로 개선하여 유아의 자유로운 놀이가 가능하도록 제안하였다.

• 5개 영역 통합 방식의 자율화

개정 누리과정은 유아가 놀이하면서 5개 영역의 내용을 통합하여 경험하기 때문에, 종전의 생활주제 중심으로 5개 영역을 통합하는 방식 이외에도 유아의 놀이에서 나타나는 주제, 그림책, 사물 등 유아의 관심과 흥미를 중심으로 누리과정을 통합하여 실천하도록 제안하였다.

• 평가의 자율화

개정 누리과정은 교사가 놀이하며 배우는 유아의 실제 경험을 평가와 연계하여 이해하도록 평가의 자율성을 보장하였다. 이를 위해 평가의 목적, 대상, 방법, 결과 활용 등의 내용을 간략히 제시하고, 누리과정을 운영하면서 유아가 실제 놀이하는 내용과 교사의 지원 내용을 기록한 계획안을 유아 평가 및 누리과정 운영 평가와 연계하여 활용할 수 있도록 하였다.

② 2019 개정 누리과정의 구성체계

개정 누리과정은 성격, 총론과 영역별 목표 및 내용으로 구성되어 있다. 성격은 개정 누리과정이 국가수준 공통교육과정임을 명시한 것이다. 총론은 누리과정의 구성 방향과 누리과정의 운영으로 구성되어 있으며, 누리과정의 구성 방향에서는 추구하는 인간상, 목적과 목표, 구성의 중점을 제시하고 있다. 누리과정 운영에 관한 내용은 편성·운영, 교수·학습, 그리고 평가로 나누어 기술되었다. 영역별 목표 및 내용에서는 신체운동·건강, 의사소통, 사회관계, 예술경험, 자연탐구 등 5개 영역의 목표와 59개의 내용을 기술하고 있다. 총론은 유치원과 어린이집에서 누리과정을 어떻게 운영해야 하는지를 안내하고, 영역별 목표 및 내용은 유아가 놀이를 통해 배우며 궁극적으로 추구하는 인간상을 향해 성장할 수 있도록 돕는 내용이다. 이를 그림으로 제시하면 다음과 같다.

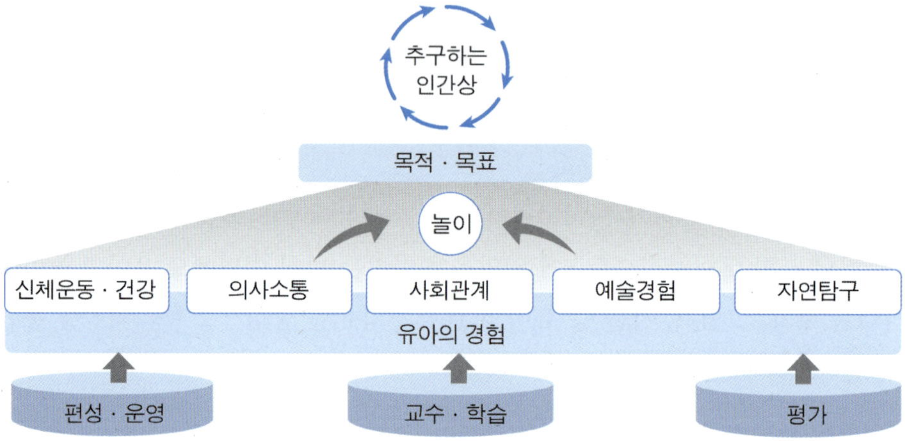

그림 7-1 2019 개정 누리과정 구성체계

출처: 교육부, 보건복지부(2019). 2019 개정 누리과정 해설서.

가. 누리과정의 성격

국가수준의 교육과정은 총론에 앞서 교육과정의 '성격'을 먼저 제시하고 있다. 성격은 교육수준 교육과정의 구성체계를 확립하는 출발점으로, 누리과정을 '3~5세 유아를 위한 국가수준의 공통교육과정'으로 정의하였다.

> 누리과정은 3~5세 유아를 위한 국가수준의 공통 교육과정이다.
> 가. 국가수준의 공통성과 지역, 기관 및 개인 수준의 다양성을 동시에 추구한다.
> 나. 유아의 전인적 발달과 행복을 추구한다.
> 다. 유아중심과 놀이중심을 추구한다.
> 라. 유아의 자율성과 창의성 신장을 추구한다.
> 마. 유아, 교사, 원장(감), 학부모 및 지역사회가 함께 실현해가는 것을 추구한다.

나. 총론

가) 누리과정의 구성 방향

1. 추구하는 인간상

누리과정이 추구하는 인간상은 다음과 같다.

가. 건강한 사람

나. 자주적인 사람

다. 창의적인 사람

라. 감성이 풍부한 사람

마. 더불어 사는 사람

2. 목적과 목표

누리과정의 목적은 유아가 놀이를 통해 심신의 건강과 조화로운 발달을 이루고 바른 인성과 민주 시민의 기초를 형성하는 데에 있다. 이를 실현하기 위한 목표[6]는 다음과 같다.

가. 자신의 소중함을 알고, 건강하고 안전한 생활 습관을 기른다(건강한 사람).

나. 자신의 일을 스스로 해결하는 기초능력을 기른다(자주적인 사람).

다. 호기심과 탐구심을 가지고 상상력과 창의력을 기른다(창의적인 사람).

라. 일상에서 아름다움을 느끼고 문화적 감수성을 기른다(감성이 풍부한 사람).

마. 사람과 자연을 존중하고 배려하며 소통하는 태도를 기른다(더불어 사는 사람).

3. 구성의 중점

누리과정 구성의 중점은 다음과 같다.

가. 3~5세 모든 유아에게 적용할 수 있도록 구성한다.

나. 추구하는 인간상 구현을 위한 지식, 기능, 태도 및 가치를 반영하여 구성한다.

다. 신체운동·건강, 의사소통, 사회관계, 예술경험, 자연탐구의 5개 영역을

6) 개정 누리과정의 5개 목표는 추구하는 인간상의 구체적인 내용을 설명하고 있다. 예를 들어, '자신의 소중함을 알고, 건강하고 안전한 생활 습관을 기른다'는 목표는 추구하는 인간상 '건강한 사람'으로 성장해 나가도록 돕는 것이다.

중심으로 구성한다.

라. 3~5세 유아가 경험해야 할 내용으로 구성한다.

마. 0~2세 보육과정 및 초등학교 교육과정과의 연계성을 고려하여 구성한다.

나) 누리과정의 운영

1. 편성·운영

다음의 사항에 따라 누리과정을 편성·운영한다.

가. 1일 4~5시간을 기준으로 편성한다.

나. 일과 운영에 따라 확장하여 편성할 수 있다.

다. 누리과정을 바탕으로 각 기관의 실정에 적합한 계획을 수립하여 운영한다.

라. 하루 일과에서 바깥 놀이를 포함하여 유아의 놀이가 충분히 이루어지도록 편성하여 운영한다.

마. 성, 신체적 특성, 장애, 종교, 가족 및 문화적 배경 등으로 인한 차별이 없도록 편성하여 운영한다.

바. 유아의 발달과 장애 정도에 따라 조정하여 운영한다.

사. 가정과 지역사회와의 협력과 참여에 기반하여 운영한다.

아. 교사 연수를 통해 누리과정의 운영이 개선되도록 한다.

2. 교수·학습

교사는 다음 사항에 따라 유아를 지원한다.

가. 유아가 흥미와 관심에 따라 놀이에 자유롭게 참여하고 즐기도록 한다.

나. 유아가 놀이를 통해 배우도록 한다.

다. 유아가 다양한 놀이와 활동을 경험할 수 있도록 실내외 환경을 구성한다.

라. 유아와 유아, 유아와 교사, 유아와 환경 간에 능동적인 상호작용이 이루어지도록 한다.

마. 5개 영역의 내용이 통합적으로 유아의 경험과 연계되도록 한다.

바. 개별 유아의 요구에 따라 휴식과 일상생활이 원활히 이루어지도록 한다.

사. 유아의 연령, 발달, 장애, 배경 등을 고려하여 개별 특성에 적합한 방식으로 배우도록 한다.

3. 평가

평가는 다음 사항에 중점을 두고 실시한다.

가. 누리과정 운영의 질을 진단하고 개선하기 위해 평가를 계획하고 실시한다.

나. 유아의 특성 및 변화 정도와 누리과정의 운영을 평가한다.

다. 평가의 목적에 따라 적합한 방법을 사용하여 평가한다.

라. 평가의 결과는 유아에 대한 이해와 누리과정 운영 개선을 위한 자료로 활용할 수 있다.

다. 영역별 목표 및 내용

개정 누리과정은 신체운동·건강, 의사소통, 사회관계, 예술경험, 자연탐구 등 5개 영역 체계는 3~5세 연령별 누리과정과 동일하지만, 교육과정 대강화 취지에 따라 5개 영역, 15개의 내용범주, 59개 내용으로 간략화하였다. 개정 누리과정 5개 영역의 내용은 3~5세 모든 '유아가 경험해야 할 내용'이며, 놀이하면서 자연스럽게 경험하며 배우는 59개의 내용으로 구성되어 있다. 따라서 59개의 내용은 교사가 가르쳐야 할 내용이 아니라 유아가 놀이하면서 경험하는 실제의 내용으로 유아들은 놀이를 하면서 5개 영역의 내용을 통합적으로 경험한다는 점을 강조하고 있다. 이와 관련된 내용은 〈표 7-2〉와 같다. 교육부와 보건복지부에서는 개정 누리과정을 실행하는 교사를 지원하기 위하여 『2019 개정 누리과정 해설서』, 『2019 개정 누리과정 놀이이해자료』, 『2019 개정 누리과정 놀이실행자료』를 함께 개발, 보급하였다.

표 7-2 2019 개정 누리과정 영역별 내용

영역	내용 범주	내용
신체운동·건강	신체활동 즐기기	신체를 인식하고 움직인다.
		신체 움직임을 조절한다.
		기초적인 이동운동, 제자리 운동, 도구를 이용한 운동을 한다.
		실내외 신체활동에 자발적으로 참여한다.

영역	내용 범주	내용
신체운동·건강	건강하게 생활하기	자신의 몸과 주변을 깨끗이 한다.
		몸에 좋은 음식에 관심을 가지고 바른 태도로 즐겁게 먹는다.
		하루 일과에서 적당한 휴식을 취한다.
		질병을 예방하는 방법을 알고 실천한다.
	안전하게 생활하기	일상에서 안전하게 놀이하고 생활한다.
		TV, 컴퓨터, 스마트폰 등을 바르게 사용한다.
		교통안전 규칙을 지킨다.
		안전사고, 화재, 재난, 학대, 유괴 등에 대처하는 방법을 경험한다.
의사소통	듣기와 말하기	말이나 이야기를 관심 있게 듣는다.
		자신의 경험, 느낌, 생각을 말한다.
		상황에 적절한 단어를 사용하여 말한다.
		상대방이 하는 이야기를 듣고 관련해서 말한다.
		바른 태도로 듣고 말한다.
		고운 말을 사용한다.
	읽기와 쓰기에 관심 가지기	말과 글의 관계에 관심을 가진다.
		주변의 상징, 글자 등의 읽기에 관심을 가진다.
		자신의 생각을 글자와 비슷한 형태로 표현한다.
	책과 이야기 즐기기	책에 관심을 가지고 상상하기를 즐긴다.
		동화, 동시에서 말의 재미를 느낀다.
		말놀이와 이야기 짓기를 즐긴다.
사회관계	나를 알고 존중하기	나를 알고 소중히 여긴다.
		나의 감정을 알고 상황에 맞게 표현한다.
		내가 할 수 있는 것을 스스로 한다.
	더불어 생활하기	가족의 의미를 알고 화목하게 지낸다.
		친구와 서로 도우며 사이좋게 지낸다.
		친구와의 갈등을 긍정적인 방법으로 해결한다.
		서로 다른 감정, 생각, 행동을 존중한다.
		친구와 어른께 예의바르게 행동한다.
		약속과 규칙의 필요성을 알고 지킨다.

영역	내용 범주	내용
	사회에 관심 가지기	내가 살고 있는 곳에 대해 궁금한 것을 알아본다.
		우리나라에 대해 자부심을 가진다.
		다양한 문화에 관심을 가진다.
예술경험	아름다움 찾아보기	자연과 생활에서 아름다움을 느끼고 즐긴다.
		예술적 요소에 관심을 갖고 찾아본다.
	창의적으로 표현하기	노래를 즐겨 부른다.
		신체, 사물, 악기로 간단한 소리와 리듬을 만들어 본다.
		신체나 도구를 활용하여 움직임과 춤으로 자유롭게 표현한다.
		다양한 미술 재료와 도구로 자신의 생각과 느낌을 표현한다.
		극놀이로 경험이나 이야기를 표현한다.
	예술 감상하기	다양한 예술을 감상하며 상상하기를 즐긴다.
		서로 다른 예술 표현을 존중한다.
		우리나라 전통 예술에 관심을 갖고 친숙해진다.
자연탐구	탐구과정 즐기기	주변 세계와 자연에 대해 지속적으로 호기심을 가진다.
		궁금한 것을 탐구하는 과정에 즐겁게 참여한다.
		탐구과정에서 서로 다른 생각에 관심을 가진다.
	생활 속에서 탐구하기	물체의 특성과 변화를 여러 가지 방법으로 탐색한다.
		물체를 세어 수량을 알아본다.
		물체의 위치와 방향, 모양을 알고 구별한다.
		일상에서 길이, 무게 등의 속성을 비교한다.
		주변에서 반복되는 규칙을 찾는다.
		일상에서 모은 자료를 기준에 따라 분류한다.
		도구와 기계에 대해 관심을 가진다.
	자연과 더불어 살기	주변의 동식물에 관심을 가진다.
		생명과 자연환경을 소중히 여긴다.
		날씨와 계절의 변화를 생활과 관련 짓는다.

2) 표준보육과정

(1) 표준보육과정 제정 이전

1921년 태화기독교사회관에서 빈민아동을 위한 구제사업의 일환으로 탁아프로그램이 시작된 이후, 1960년대 아동복지 차원에서 어린이집이 설치·운영되고 1980년대 유아교육에 대한 관심이 급증하면서 「유아교육진흥법」을 통해 새마을유아원으로 보육 체계가 정리될 때까지 별도의 국가수준의 보육과정은 개발되거나 실행되지 않았다. 1991년에 이르러 「영유아보육법」이 제정되고, '탁아'라는 용어가 '보육'이라는 용어로 공식화되었지만 보육시설에서는 '보육과정'보다는 '보육 프로그램'이라는 용어를 사용하였다. 이후 어린이집이 다양화되고 양적으로 증가하자, 보육의 질에 대한 요구가 증가하면서 보육시설을 위한 체계적인 '보육과정'의 필요성이 제기되었다.

(2) 표준보육과정 제정 이후

보육의 질적 향상과 어린이집 영유아의 성장과 발달을 지원하기 위해 영유아의 연령 및 발달 수준에 적합한 보육과정이 필요하다는 요구가 급증하였다. 이에 2004년에 개정된 「영유아보육법」 제29조에 의거하여 표준보육과정 개발 및 보급을 위한 근거를 마련하였다. 그 이후 2005년 여성가족부가 「표준보육과정」을 연구, 개발하고 2006년 「영유아보육법」 시행규칙 제30조 관련 표준보육과정령을 개정하였다. 이에 2007년 「표준보육과정의 구체적 보육내용」을 고시하기에 이르렀다(보건복지부, 2020b).

2007년에 고시된 제1차 표준보육과정(여성가족부 고시 제2007-1호)은 보육시설에서 운영해야 할 보편적 보육내용과 영역별 교사지침을 제시한 것으로 '영유아의 전인적 성장과 발달을 돕고 민주시민으로서의 자질을 길러 영유아가 심신이 건강하고 조화로운 사회구성원으로 자랄 수 있도록 하는 데' 목적을 두고 있다. 보육내용은 기본생활, 신체운동, 사회관계, 의사소통, 자연탐구, 예술경험 등 6개의 영역이며, 이 영역과 관련된 6개의 목표도 제시되어 있다. 또한 각 영역별 내용은 연령별(만 2세 미만, 만 2세, 만 3~5세)로 구분되어 있으며, 각 연령별 범주는 연령, 발달, 개인차를 의미하는 수준으로 다시 구분된다. 이와 함께 표준보육과정의 원활한 적용을 위해 교사를 위한 각 연령별(0~5세) 보육프로그램과 장애아 보육프로그램 총 7권도 함께 출간되었다.

2011년 만 5세 공통과정인 '만 5세 누리과정'이 도입되었고, 2012년 0~4세 영유아를 위한 표준보육과정이 개정되면서 제2차 표준보육과정(2세 미만, 2세, 3~4세)이 공포되었다. 제2차 표준보육과정에는 아동관이 포함된 총론을 추가해 보육과정의 방향성을 제시하였고, 지속가능한 생태 환경의 중요성을 반영하여 추구하는 인간상에 '자연과 우리 문화를 사랑하는 사람'으로 수정하였다. 가장 크게 변화한 것은 표준보육과정의 연령 집단으로, 만 3~4세의 보육과정은 만 5세 누리과정과 연계되도록 구성하였고, 연령별 수준은 좀 더 계열적으로 제시하였다. 이 밖에 그동안 혼재되었던 보육관련 용어들을 통일하여 법률적 명확성을 가지도록 하였다. 예를 들어 어린이집과 보육시설은 어린이집으로, 시설장 및 보육교사 용어는 어린이집 원장과 보육교사, 교실은 보육실로 통일하였다.

이듬해 2013년부터 유치원과 어린이집이 '3~5세 연령별 누리과정'을 공통으로 운영하게 되자, 보건복지부는 어린이집이 0~5세 모든 영유아들의 보육을 담당하고 있는 점을 반영하여 2013년 '제3차 어린이집 표준보육과정'을 개정, 고시하였다. 제3차 어린이집 표준보육과정은 '0~1세 보육과정', '2세 보육과정', '3~5세 보육과정(누리과정)'으로 구성되며, 3~5세 누리과정에서 강조하고 있는 바른 인성과 창의성이 반영될 수 있도록 '자신과 다른 사람을 존중하고 배려하는 인성'을 표준보육과정이 추구하는 인간상에 추가하고, 보육과정 전반에 자율성과 창의성을 강조하였다. 또한 3~5세 연령별 누리과정과 동일하게 기존 보육과정 운영에 대한 평가항목뿐 아니라 영유아에 대한 평가항목을 추가하였다.

2020년 보건복지부는 제3차 어린이집 표준보육과정을 개정하여 제4차 표준보육과정을 고시하였다. 제4차 표준보육과정은 '제3차 중장기보육 기본계획(2018~2022)'(보건복지부, 2017)에 따른 국정과제인 '보육·양육에 대한 사회적 책임 강화'를 실현하기 위한 4개 분야, 즉 보육의 공공성 강화, 보육체계 개편, 보육서비스의 품질 향상, 부모 양육지원 확대를 그 배경으로 하고 있다. 또한 2019 개정 누리과정과의 연계성을 고려하여 0~2세 표준보육과정에서도 영아의 놀 권리 및 균형적 발달을 위한 개정이 필요하였다(보건복지부, 2020b).

이에 제4차 어린이집 표준보육과정은 '영유아가 놀이를 통해 심신의 건강과 조화로운 발달을 이루고, 바른 인성과 민주 시민의 기초를 형성하는 데' 목적을 두고, 영유아중심, 놀이중심을 추구하고 있다. 제4차 어린이집 표준보육과정은 기존과 동일하게 0~1세 보육과정, 2세 보육과정, 3~5세 누리과정 등으로 구성하고, 0~1세의 4수준, 2세의 2수준으로 구분되었던 수준별 세부내용을 삭제하여 영역-내용범주-내용으로 영역별 내용을 재구성하고 연령별 내용을 간략화하였다.

표준보육과정이 고시된 순서에 따라 제1차 표준보육과정, 제2차 표준보육과정, 제3차 표준보육과정을 살펴보면 다음 〈표 7-3〉과 같다.

표 7-3 표준보육과정 변천

구분	제1차 표준보육과정	제2차 표준보육과정	제3차 어린이집 표준보육과정	제4차 어린이집 표준보육과정
시기	2007(여성가족부 고시 제2007-1호)	2012(보건복지부 고시 제2012-28호)	2013(보건복지부 고시 제2013-8호)	2020(보건복지부 고시 제2020-75호)
제(재)정 근거 및 방향	• 보육의 질적 기회 균등을 보장 • 영유아의 연령 및 발달 수준에 적합한 보육내용에 대한 보육과정 개발의 요구	• 사회와 보육 여건의 변화: 5세 누리과정 • 지속가능한 생태 환경 중요성 강조	• 표준보육과정의 기본 전제로 영유아에 대해 명시 • 0~5세 영유아의 연속적 경험과 연령 간 발달적 연계 고려	• 보육·양육에 대한 사회적 책임 강화 • 영아의 놀 권리와 균형적 발달 고려
표준 보육과정 목적	영유아의 전인적인 성장과 발달을 돕고 민주시민으로서의 자질을 길러 영유아가 심신이 건강하고 조화로운 사회 구성원으로 자랄 수 있도록 하는 데 있음	영유아의 전인적인 성장과 발달을 돕고 민주시민으로서의 자질을 길러 영유아가 심신이 건강하며 조화로운 사회 구성원으로 자랄 수 있도록 하는 데 있음	영유아의 심신의 건강과 전인적 발달을 도와 행복을 도모하며 민주시민의 기초를 형성하는 것을 목적으로 함	영유아가 놀이를 통해 심신의 건강과 조화로운 발달을 이루고, 바른 인성과 민주 시민의 기초를 형성하는 데 있음

구분	제1차 표준보육과정	제2차 표준보육과정	제3차 어린이집 표준보육과정	제4차 어린이집 표준보육과정
추구하는 인간상	• 자율적인 사람 • 창의적인 사람 • 다양성을 인정하는 사람 • 민주적인 사람 • 우리 문화를 사랑하는 사람	• 자율적인 사람 • 창의적인 사람 • 다양성을 인정하는 사람 • 민주적인 사람 • 자연과 우리 문화를 사랑하는 사람	• 심신이 건강하고 행복한 사람 • 자율적이고 창의적인 사람 • 자신과 타인을 존중하고 배려하는 사람 • 자연과 우리 문화를 사랑하는 사람 • 다양성을 인정하는 민주적인 사람	• 건강한 사람 • 자주적인 사람 • 창의적인 사람 • 감성이 풍부한 사람 • 더불어 사는 사람
보육과정 영역	• 기본생활 • 신체운동 • 사회관계 • 의사소통 • 자연탐구 • 예술경험	• 기본생활 • 신체운동 • 사회관계 • 의사소통 • 자연탐구 • 예술경험	• 0~1세 및 2세 보육과정 기본생활, 신체운동, 의사소통, 사회관계, 예술경험, 자연탐구 • 3~5세 누리과정 신체운동·건강, 의사소통, 사회관계, 예술경험, 자연탐구	
내용 구분 및 수준	2세 미만(1, 2, 3수준) 2세(1, 2수준) 3~5세(1, 2, 3수준)	2세 미만(1, 2, 3, 4 수준) 2세(1, 2수준) 3~4세(1. 2수준)	• 0~1세 및 2세 보육과정: 발달 수준에 따라 보육 • 3~5세 누리과정: 연령에 따라 보육	연령별 내용 축소 수준별 내용 삭제

(3) 제4차 어린이집 표준보육과정

제4차 어린이집 표준보육과정은 '영유아·놀이중심'을 추구하는 보육과정으로, 어린이집 3~5세 보육과정인 2019 개정 누리과정의 유아중심, 놀이중심, 교사의 자율성 강화를 기본방향으로 하여 개정되었다. 아울러, 누리과정의 성격을 '공통의 교육과정'으로 명시하고, 5개 영역의 내용을 간략화하여 유아중심, 놀이중심을 추구하는 개정 특성을 최대한 반영하고 있다. 제4차 어린이집 표준보육과정의 개정 특성을 정리하면 다음과 같다(보건복지부, 2020b).

첫째, 총론은 3~5세 보육과정(누리과정) 개정 방향과 취지를 수용하되 보육의 정체성 유지, 영아보육의 특성을 반영하였다.

둘째, 0~2세 영역별 내용은 제3차 어린이집 표준보육과정을 토대로 영아보육의 특성을 반영하였다.

셋째, 기존의 연령 체계를 유지하여 0~1세 보육과정, 2세 보육과정, 3~5세 보육과정(누리과정)으로 제시하였다.

넷째, 구성 체계를 조정하여 영역, 내용범주, 내용 체계를 유지하고, 0~1세의 4수준, 2세의 2수준으로 구분하였던 세부내용을 통합하였다.

다섯째, 0~2세 보육과정은 기존의 6개 영역을 유지하고 내용을 간략화하였다.

여섯째, 전체적으로 영유아중심, 놀이중심을 추구하였다.

일곱째, 영유아 기본 권리의 개별 보장을 중시하여 영유아는 개별적인 특성을 지닌 고유한 존재로 존중받아야 함을 강조하였다.

이러한 개정의 취지를 살려 제4차 표준보육과정은 표준보육과정의 성격, 총론, 0~1세 영역별 목표 및 내용, 2세 영역별 목표 및 내용 등으로 구성되어 있다. 총론은 표준보육과정의 구성방향과 표준보육과정의 운영으로 나눌 수 있고, 구성방향에는 추구하는 인간상, 목적과 목표, 구성의 중점 등이 세부적으로 포함되어 있다. 표준보육과정의 운영은 편성·운영, 교수·학습, 평가 등 어린이집의 보육과정을 운영할 때 필요한 내용들로 구성되어 있다. 영역별 목표 및 내용은 0~1세 및 2세로 구분되어 있으며, 각 영역별로 목표와 내용(내용범주와 내용)으로 제시되어 있다. 이를 정리해 보면 〈표 7-4〉와 같다.

표준보육과정에서 제시한 인간상은 건강한 사람, 자주적인 사람, 창의적인 사람, 감성이 풍부한 사람, 더불어 사는 사람으로, 누리과정 및 초·중등학교 교육과정의 인간사과 연계하여 제시하고 있다. 교사는 영유아가 놀이하며 배우는 현재의 모습에서 인간상을 통합적으로 경험하도록 지원해야 한다.

표 7-4 제4차 어린이집 표준보육과정 구성체계

<table>
<tr><th colspan="3">제4차 어린이집 표준보육과정 '고시문' 목차</th></tr>
<tr><td colspan="3">표준보육과정의 성격(신설)</td></tr>
<tr><td>제1장 총론
Ⅰ. 표준보육과정의 구성 방향
1. 추구하는 인간상
2. 목적과 목표
3. 구성의 중점
Ⅱ. 표준보육과정의 운영
1. 편성·운영
2. 교수·학습
3. 평가</td><td>제2장 0~1세 영역별 목표 및 내용
Ⅰ. 기본생활
1. 목표
2. 내용
Ⅱ. 신체운동
1. 목표
2. 내용
Ⅲ. 의사소통
1. 목표
2. 내용
Ⅳ. 사회관계
1. 목표
2. 내용
Ⅴ. 예술경험
1. 목표
2. 내용
Ⅵ. 자연탐구
1. 목표
2. 내용</td><td>제3장 2세 영역별 목표 및 내용
Ⅰ. 기본생활
1. 목표
2. 내용
Ⅱ. 신체운동
1. 목표
2. 내용
Ⅲ. 의사소통
1. 목표
2. 내용
Ⅳ. 사회관계
1. 목표
2. 내용
Ⅴ. 예술경험
1. 목표
2. 내용
Ⅵ. 자연탐구
1. 목표
2. 내용</td></tr>
</table>

개별 영유아의 다양한 특성을 고려한 내용 구성, 영유아의 자유놀이 권장 및 관찰과 기록 등 영유아와의 상호작용 강조, 현장 자율성 존중을 위하여 영유아의 건강과 행복, 놀이를 통한 배움의 가치를 최대한 존중하여 보육과정을 운영하는 것이 필요하다. 교사는 영유아의 목소리에 귀 기울이며, 영유아의 의견을 존중하고 반영하는 보육과정을 구성하고 운영할 필요가 있다. 특히 영유아는 놀이하면서 세상을 탐색하고 자신을 표현하며 다른 사람과 교류하면서 자연스럽게 배우기 때문에, 보육과정은 교사가 계획하여 주도하기보다는 영유아가 주도적으로 놀이하며 배우는 보육과정으로 변화를 추구하고 있다(보건복지부, 2020b). 따라서 어린이집에서는 영유아의 주도적인 놀이가 충분히 이루어질 수 있도록 보육과정을 구성하고 운영해야 한다.

퀴즈

01. 다음 중 바르게 설명한 문장에 O, 바르지 않은 문장에 X 하시오.

- 해방 후, 우리나라 국가수준의 유치원 교육과정은 1969년 최초로 제정되었다. (   )
- 3~5세 연령별 누리과정은 출발점 평등의 원칙을 실현하기 위해 3~5세 유아가 다니는 유치원과 어린이집의 공통과정으로서 제정되었다. (   )
- 국가 수준 어린이집 표준보육과정은 누리과정 대상인 3~5세 유아를 제외한 0~2세 영아를 위한 보육과정이다. (   )

02. 국가수준 유치원 교육과정 및 표준보육과정에 대한 설명으로 잘못된 것을 고르시오.

① 유치원 교육과정의 내용은 제1차 유치원 교육과정부터 2019 개정 누리과정까지 일관성 있게 5개 생활영역으로 구성되어 있다.
② 2004년 유아교육법이 제정 이후, 유치원의 정체성에 대한 요구와 초등학교와의 연계성 강화 등을 이유로 개정된 교육과정은 2007 개정 유치원 교육과정이다.
③ 2004년 개정된 영유아보육법에 근거하여 2007년에 고시된 제1차 표준보육과정은 보육시설에서 운영해야 할 보편적 보육내용과 영역별 교사지침을 제시하였다.
④ 2019 개정 누리과정은 3~5세 유아를 위한 '공통교육과정'으로서 '유아중심 및 놀이중심' 교육과정을 지향하고 있다.

03. 2019 개정 누리과정의 개정 방향이 아닌 것을 고르시오.

① 개정 누리과정은 유치원과 어린이집에 다니는 3~5세 유아를 위한 '공통교육과정'으로서 총론에 '성격'과 '추구하는 인간상'을 제시함으로써 국가수준 교육과정의 체계를 확립하였다.
② 개정 누리과정은 교사가 미리 계획한 활동을 중심으로 진행하는 '교사중심' 교육과정에서 유아 주도적인 놀이가 중심이 되는 '유아·놀이 중심' 교육과정으로의 변화를 추구하고 있다.
③ 개정 누리과정은 5개 영역, 59개 내용을 연령 구분 없이 유아가 경험해야 할 내용으로 구성하여 교사가 59개 내용을 모두 가르칠 수 있도록 내용을 간략화하였다.
④ 개정 누리과정은 유아 중심의 놀이와 배움을 실현하기 위해서, 교육계획의 형식과 방법, 흥미영역 운영 방식, 5개 영역 통합 방식, 평가 등 자율성을 기반으로 한 교육과정 실행을 강조하고 있다.

04. 우리나라 유치원 교육과정과 어린이집 표준보육과정 개발시 적용되는 교육과정 모형으로, 교육과정을 '교육목적을 설정하고 이를 달성하기 위한 교육내용과 활동을 선정, 조직하여 이를 실행하고 어떻게 평가할 것인가'로 개념화한 교육과정 모형은 무엇인가?

05. 유아교육과정이 교과중심으로 구성, 운영되는 초·중등교육과정과 가장 다른 특성은 유아가 자신만의 방식으로 세상을 가장 잘 경험하고 배울 수 있는 (   ) 중심으로 구성, 운영된다는 것이다.

토론 문제

01. 자신의 경험과 유사한 교육과정 개념과 그 이유를 생각해 봅시다. 그리고 유아교육과정의 특성을 고려하여 유아교육과정에 대한 자신의 의견을 토의해 봅시다.

02. 유치원 교육과정이 추구하는 있는 유아중심, 놀이중심의 의미를 이야기해 봅시다.

03. 최근 개정된 2019 개정 누리과정과 제4차 표준보육과정의 변화를 생각해 보고, 앞으로의 개정 방향도 생각해 봅시다.

정답 1. O, O, X 2. ① 3. ③ 4. 타일러(Tyler)의 교육과정 모형 5. 놀이

Chapter

08

유아교육과 놀이

1. 유아와 놀이
2. 놀이이론
3. 2019 개정 누리과정에서의 놀이와 유아: 자유놀이
4. 유아놀이를 위한 교사의 역할

놀이는 유아의 삶의 한 부분이자 본능으로 유아의 배움의 과정이자 방식이며 배움 그 자체가 된다. 현재 2019 개정 누리과정이 시행되면서 영유아의 놀이에 대한 가치, 특성, 방식에 대해 심도 있게 논의되고 있다. 놀이 속 유아는 유능하고 적극적인 주체가 되며 능동적으로 지식을 구성하는 지식구성자가 된다. 이에 본 장에서는 현재까지 많이 논의되고 있는 유아교육에서의 놀이의 개념, 특징과 가치에 대해 알아보고, 2019 개정 누리과정에서 강조하는 자유놀이의 개념과 유아교육현장에서 보다 효과적으로 놀이 지원을 하기 위한 교사의 역할에 대해 알아보고자 한다.

1. 유아와 놀이

1) 놀이의 특징

놀이의 복잡하고 모호한 개념(Sutton-Smith, 1997; Johnson, Christie, & Wardle, 2005; Johnson & Dong, 2019)으로 인하여 많은 연구들은 유아의 놀이를 이해할 수 있는 대표적인 현상들을 연구하며 그 특징들에 대해 제시하고 있다. 그들은 유아들의 행동적인 모습이나 내적 심적 상태에 주목하거나 유아들의 놀이를 둘러싼 다양한 주변 상황적 맥락을 통해 놀이의 다양하면서 독특한 특징을 이해하고자 노력한다. 자유, 몰입, 능동적 참여, 비실제성, 내적 동기화, 과정 지향성 등이 놀이의 특성으로 많이 제시되는데 이러한 특징은 놀이 속 유아들의 자발적이고 자유로운 행동적·정서적·동기적 요소들을 나타내고 있다. 본 장에서는 존슨, 크리스티 그리고 워들(Johnson, Christie, & Wardle, 2005)이 제시한 놀이의 특징을 5가지를 중심으로 기술하고자 한다.

(1) 긍정적 감정

유아들은 놀이를 통해 긍정적 감정을 느낀다. 긍정적 감정은 주로 즐거움, 만족, 기쁨, 행복 등으로 놀이를 둘러싼 정서적 교감의 과정이자 결과이다. 이러한 놀이의 긍정적 감정은 유아들이 다시 놀이에 몰입할 수 있도록 이끌며 그 과정을 즐길 수 있도록 한다.

놀이에 대한 긍정적 감정은 다양하고 복잡하며 때론 예측 불가능한 경로와 형태로 발생할 수 있다. 예를 들어 놀이터의 복합놀이대의 구름사다리를 건널 때, 가파른 미끄럼틀을 탈 때, 어두운 동굴 형태의 터널을 지날 때 유아들은 공포, 두려움, 긴장감, 어려움 등의 부정적인 감정을 느낄 수 있다. 하지만 유아들은 그 부정적인 감정을 가지면서도 자신들이 성취하고자 하는 그 활동에 몰입하고 자신이 원하는 것을 성취할 때 유아들은 성취감을 가지게 되면서 이 모든 과정을 즐기게 된다. 따라서 유아놀이를 둘러싼 유아들의 다양한 감정을 인정하고 관찰하여 그 속의 맥락을 깊이 있게 이해해야 한다.

(2) 비실제성

놀이는 현실과 구별하며 발생하는 가작화 요소를 지니고 있다. 유아는 현재 내가 아닌 다른 사람, 동물, 식물, 사물 등이 되어 현실과 다른 또 다른 상황을 상상하고 표현하면서 느끼는 새로움과 낯선 상황들을 즐기게 된다. 유아들이 구성하는 가상 상황들은 현재의 자신의 현실적 한계상황을 벗어날 수 있도록 해주며 기존의 상황, 행동, 물체, 장소의 역할과 기능 등을 무시하고 자신의 또 다른 명칭과 의미를 재구성하며 새로운 가능성들을 탐색하게 한다. 이러한 상황은 다양한 유아들의 사회극 놀이, 블록놀이, 신체표현, 게임 등에서 발생한다. 하지만 이러한 가상성 또한 유아들의 일상생활에서의 복합적인 경험을 바탕으로 의미를 구성하기 때문에 유아들의 다양한 일상경험 또한 이해할 수 있다. 따라서 유아들의 놀이는 실제성과 비실제성이 복잡하게 얽히며 발현된다고 볼 수 있다.

(3) 내적 동기화

놀이는 스스로 놀이를 하고 싶은 내적 동기화가 이루어져야 한다. 놀이에 대한 흥미와 호기심이 없다면 그 활동 자체는 유아들에게 강압적이고 의무적인 일로서 받아들여지게 된다. 놀이에 대한 유아들의 동기는 다양한 형태로 발생된다. 동기는 내적인 상태뿐만 아니라 외적인 보상, 목표 등으로 유발할 수 있으며 놀이 그 자체가 유아들의 보상으로 그 역할을 할 때가 있다. 유아들의 내적 흥미와 호기심, 욕구 등으로 발생된 놀이는 다양한 형태로 심화, 확장, 변형되기도 하고 다른 놀이에 대한 흥미로 인해 금방 사라지기도 한다. 따라서 놀이를 통해 유아들의 흥미와 호기심이 어떻게 진행되고, 확장되며, 어떻게 변형되고 사라지는지 살펴볼 필요성이 있다.

(4) 과정 지향성

유아들은 놀이에 참여하며 그 과정 자체를 즐긴다. 놀이 상황 속에서 유아들은 주도권을 가지고 자신들의 규칙과 방법으로 놀이를 이끌어 가기도 하며 어떠한 목표를 달성하기 위해 정해진 고정된 하나의 과정이기보다는 유동적이고 복합적이며 변칙적으로 탐색하며 놀이 속 다양한 목적과 과정을 구성한다. 따라서 유아들은 놀이 과정에서 의미를 즐기기도 하지만 놀이를 통한 자신의 또 다른 목표(예: 친구 사귀기, 또래 속 주도권 가지기, 정체성 형성)를 가지고 놀이를 구성, 활용하기도 한다. 즉, 유아들의 놀이는 자신들이 자유롭게 이끌어가는 과정을 지향하며 그 속에서 유아들은 또 다른 목표나 목적을 지니며 유동적이고 복합적인 놀이를 구성한다고 볼 수 있다.

(5) 자유선택성

유아들은 자신들이 주도권을 가지고 자유롭게 선택할 수 있는 상황을 놀이라고 여긴다(King, 1979). 유아가 자유롭게 무언가를 선택할 수 있다는 것은 유아가 힘을 가지고 그 활동을 구성할 수 있는 기회를 가지는 것으로, 그 선택에는 유아들의 흥미와 호기심, 욕구 등이 반영된다고 볼 수 있다. 이러한 선택은 유아들의 놀이에 있어 중요한 요소이며, 놀이를 스스로 선택하고 언제든 변화하고 그만둘 수 있는 기회를 제공하여 유아가 자유로움을 느낄 수 있도록 노력해야 한다.

2) 놀이의 연속성

놀이의 다양성, 연속성, 가변성은 놀이의 맥락과 상황 등을 바탕으로 한 복합적인 이해가 필요하다. 실제 유아들이 즐기는 놀이는 역할놀이, 신체놀이, 상징놀이 등 다양하며, 다양한 형태의 놀이가 동시다발적으로 일어나기도 하기 때문에 최근 학자들(Hoorn, Nourot, Scales, & Alward, 2015; Pyle & Danniels, 2017)은 놀이의 연속성을 바탕으로 놀이의 종류와 형태를 구분지어 설명한다. 놀이의 연속성은 유아주도의 놀이인 즉흥놀이에서부터 교사주도의 놀이까지의 놀이유형이 연속되어 있음을 의미한다. 이러한 연속성의 개념은 놀이의 주도성에 따라 달라지는 유아들의 놀이유형과 그 변화를 이해하는 데 도움을 주기 때문에 주목할 필요가 있다.

호른, 누로, 스케일즈 그리고 올워드(Hoorn, Nourot, Scales, & Alward, 2015)는 놀이의 연속성 속 3가지 놀이유형으로 "즉흥놀이(spontaneous play)", "안내된 놀이(guided play)", "교사주도 놀이(teacher-directed play)"를 제시하였다. 즉흥놀이는 유아의 내적 동기로부터 시작되는 놀이로 유아가 직접 놀이를 주도하며 이끌어 간다. 즉흥놀이는 유아들의 즉흥적이고 자유로운 놀이로서 유아의 적극적인 참여와 동기를 강조한다. 안내된 놀이는 유아에 의해 시작되고 때에 따라 놀이가 심화되고 확장되도록 교사의 안내, 지원 또는 참여가 이루어진다. 교사주도적 놀이는 교사에 의해 계획되고 실행되는 놀이이며 대표적인 예로 새노래 부르기, 게임 등이 있다. 즉흥놀이와 안내된 놀이에 비해 교사주도적 놀이는 명확한 교사의 의도와 함께 교사의 적극적인 지도와 참여가 필요하다.

즉흥놀이, 안내된 놀이, 교사주도의 놀이는 놀이의 연속성 안에서 변화되고 달라질 수 있으며 어느 한 종류의 놀이 쪽으로 치우치기보다 균형 잡힌 접근이 필요하다. 이를 위해 교사는 유아의 삶 속에서 다양한 놀이의 맥락을 고려하여 유아중심·놀이중심 교육과정을 운영해야 하며 유아들의 놀이 속 의미들을 이해하여 함께 놀이에 참여해야 한다.

표 8-1 놀이연속성

즉흥놀이	안내된 놀이	교사주도의 놀이
유아 시작	←――――――――→	교사 시작

출처: Hoorn, Nourot, Scales, & Alward (2015). play at the center of the curriculum(6th ed).

2. 놀이이론

놀이를 이해하고 개념을 정립하기 위해 다양한 놀이이론들이 제시되었다. 놀이이론은 유아놀이를 바라보는 개념적 시각을 제공하며 놀이가 구성되는 다양한 이론적 틀을 제시하고자 하는 노력으로 그 속에서 유아들에게 어떤 가치와 의미가 있는지에 대한 근거를 제공해준다(신은수 외, 2011). 역사적으로 놀이를 바라보는 이론적 관점은 크게 3가지(고전 놀이이론, 현대 놀이이론, 최신 놀이이론)로 나눌 수 있다. 본 장에서는 수많은 놀이이론들 중 대표적인 이론들을 중심으로 살펴보고자 한다.

1) 고전 놀이이론

19세기 말에서 20세기 초까지 형성된 놀이의 고전적 관점은 놀이에 대한 철학적 추론을 바탕으로 이루어졌다. 대표적으로 쉴러(Schiller), 스펜서(Spencer), 홀(Hall) 등이 있다.

(1) 잉여에너지 이론

잉여에너지 이론은 모든 유기체가 생활하는 데 필요한 에너지를 생산, 사용하고 남는 잉여에너지를 사용하기 위해 놀이를 사용한다는 이론이다. 쉴러와 스펜서는 유아의 놀이의 목적, 기능 등을 잉여에너지 이론으로 설명하였다. 이들은 유아들이 성인에 비해 잉여에너지가 많기 때문에 이를 해소하기 위해 놀이를 적극 활용한다고 보았다. 하지만 잉여에너지 이론은 인간의 에너지가 생성되고 소모되는 것에 대한 과학적 근거가 부족하다는 지적과 함께 지친 성인과 유아가 노동 후에도 놀이를 하는지에 대해 설명하지 못하는 한계점을 가지고 있다.

(2) 휴식 이론

잉여에너지 이론과 달리 휴식 이론은 놀이가 인간들의 소비된 에너지를 충전하는 데 그 역할이 있음을 주장한다. 이를 주장하는 대표적인 학자로 패트릭(Patrick)과 라

자루스(Lazarus)가 있다. 패트릭과 라자루스는 노동을 하고 쌓인 피로는 놀이를 통해 회복하고 재충전 할 수 있다고 이야기하며, 일과 반대되는 활동이 놀이이기 때문에 휴식이 가능할 수 있음을 주장하였다. 하지만 휴식 이론 또한 성인에 비해 노동을 거의 하지 않는 유아들의 놀이를 설명하기에는 한계가 있다.

(3) 반복 이론

반복 이론은 다윈(Darwin)의 진화론에 기초하여 인간 발달에 따른 놀이 행동의 범주를 구분하고, 놀이가 문화의 반복이며 놀이를 통해 인간의 발달단계를 재연한다는 가정에서 시작되었다. 유아들이 나무에 올라가거나 방망이로 무언가를 치는 것은 예전 원시적 본능을 재현하는 것으로 본다. 반복 이론의 대표적인 학자이자 아동발달 연구분야의 창시자인 홀(Hall)은 놀이를 통해 이러한 종족적 본능을 발산시키고 초기의 본능을 제거해야 한다고 보았다. 또한 그는 놀이를 통해 좀 더 복잡한 형태의 행동으로 발전시켜야 한다고 주장하였다. 반복 이론은 놀이를 이해하는 중요한 이론적 틀을 제공하였으나 단순한 진화 과정의 직선적 발달로 놀이를 설명하기에는 한계가 있으며 다양하고 복잡한 유아들의 놀이를 설명하지 못한다는 점에서 비판을 받고 있다. 또한 컴퓨터, 스마트폰 등 현대 유아들의 새로운 놀이를 설명하기에 반복 이론은 적절하지 않다는 점이 한계로 지적되고 있다.

(4) 연습 이론

반복 이론과 달리 연습 이론에서 놀이는 과거로부터의 본능을 제거하기보다는 미래에 필요한 본능을 강화시켜주는 역할을 하는 것으로 본다. 연습 이론의 대표적인 학자인 그루스(Groos)는 놀이가 불완전한 유전적 본능을 연습하려는 충동에서 일어난다고 하였다. 놀이는 영유아들이 필요한 기술을 연습하고 완벽하게 하며 미래를 위해 필요한 능력을 강화시켜주는 역할을 한다고 보았다. 놀이를 통해 보다 정교화되고 고차원적인 지적 행동을 할 수 있다는 점에서 오늘날 인지발달 이론의 맥락과 일치한다고 보았다. 하지만 성인기에 필요한 여러 기술이 놀이를 통해 학습하고 정교화된다는 구체적인 근거가 부족하다는 한계점을 가지고 있다.

2) 현대 놀이이론

20세기 초 과학기술의 발전과 함께 실험, 관찰 등으로 검증 가능한 지식만을 강조하는 실증주의의 영향으로 유아들의 발달과 놀이 등을 과학적으로 증명하려는 노력이 있었다. 이를 통해 영유아 놀이 관련 많은 발달심리학적 이론들이 제시되었다.

(1) 정신분석이론

1930년부터 1960년대까지 지배적이었던 정신분석이론은 놀이를 유아의 정서진단에 필요한 도구이자 매개체로서 보았다. 프로이트(Freud)는 유아의 정서발달에 있어 놀이는 유아의 무의식 속 내적 충동을 감소시킬 수 있는 중요한 역할을 한다고 주장하였다. 즉, 놀이는 유아들만의 문화이자 심리를 나타낼 수 있는 척도로 유아들의 충족되지 않는 욕구, 갈등 등이 가상놀이의 형태로 나타나며 그 속에서 놀이의 치료적 가치가 있다고 보았다. 따라서 유아들이 자신이 느끼는 복잡하고 불안한 내적 심리들을 놀이를 통해 표현하고 현실을 확장시켜줌으로써 치료의 역할을 가지고 있다고 보았다.

에릭슨(Erikson)은 놀이를 통해 유아의 자아를 강화시킬 수 있으며 신체 사회적 기술을 발달시켜 준다고 하였다. 에릭슨은 자신이 제시한 유아 발달단계 속에서 3가지 놀이를 설명하였는데 이는 "자기세계적 놀이(autocosmic play)", "미시영역놀이(microshere play)", "거시영역놀이(macroshere play)"이다. 생후 첫 1년 동안 나타나는 자기세계적 놀이는 자신의 신체를 탐색하고 자신의 몸을 가지고 놀게 되면서 타인과 다름을 인지하게 된다. 미시영역놀이는 생후 2년이 되면서 자신의 신체에서부터 자신의 주변 사물, 환경으로 관심사가 확장되어 놀이하면서 자아를 발달시키게 된다. 학년 전기에는 거시영역놀이로서 몸과 사물으로부터 사회적 상호작용으로 나아가게 된다.

(2) 인지이론

인지이론은 놀이가 유아의 인지발달에 중요한 역할을 한다는 이론으로 피아제(Piaget), 브루너(Bruner) 등이 대표적인 학자이다. 유아들은 놀이를 통해 세상을 이해할 수 있는 기회를 가지며 인지능력과 관련된 지식과 기술들을 익히게 된다는 입장이다.

피아제는 유아를 능동적인 지식구성자로서 인정하며 유아들이 이미 경험한 사전 지식과 경험에 근거하여 새로운 지식과 경험에 대한 자신만의 지식을 형성해 간다고 주장한다. 그는 이러한 과정을 동화와 조절이라는 개념으로 설명하며 놀이는 동화가 우선시되는 인지적 불균형 상태에서 일어난다고 하였다.

또한 피아제는 유아들의 놀이를 3가지 유형(연습게임, 상징게임, 규칙 있는 게임)으로 분류하여 유아의 인지발달과 함께 놀이의 중요성을 강조하였다. 연습게임은 감각운동기(0~2세)에 주로 나타나며 신체 감각운동을 연습하거나 반복하는 단순한 놀이를 한다고 하였다. 이러한 연습게임은 어린 영아들에게 나타나기 때문에 특별한 기술과 복잡한 규칙, 상징 등보다는 감각적 단순 놀이가 주를 이룬다고 하였다. 상징게임은 전조작기(2~7세) 유아에게 주로 나타나며 다양한 상징을 통해 가작화된 표상을 즐긴다고 하였다. 즉, 유아들은 자신이 마치 엄마, 아빠가 되기도 하고, 경찰 또는 의사가 되어 놀이하며 자신의 내적 생각을 표현하는 상징게임을 즐기며 종종 실제와 상상적 요소 속에서 인지적 불균형을 일으킨다고 보았다. 규칙 있는 게임은 7세 이후 구체적 조작기 유아에게 나타난다고 하였다. 유아들은 정해진 규칙을 이해하고 지키면서 자신만의 전략을 만들어가고 그 속에서 사회적 관계를 인식할 수 있다고 하였다.

브루너(Bruner)는 놀이를 통해 유아의 창의성과 융통성을 촉진시킨다고 보았다. 그는 놀이의 목적보다는 수단이 더 중요하다고 보며 새롭고 일상적이지 않은 행동들을 통해 다각적인 선택의 가능성을 탐색하는 데 놀이가 중요하다고 보았다. 서든 스미스(Sutton-Smith) 또한 놀이를 통한 창의성에 주목하였다. 놀이를 통해 자신의 새로운 행동전략을 탐색하고 대안적 상징적 구성을 발달시킬 수 있다고 보았다. 즉, 놀이를 통해 유아들이 경험할 수 있는 일상생활의 문제를 해결할 수 있는 기회를 가지고 해결하는 것을 배울 수 있다고 하였다.

(3) 맥락이론: 사회·역사적 이론

유아들의 놀이는 사회문화적 상황을 고려해야 한다는 관점에서 시작한 맥락이론은 비고츠키(Vygotsky)가 대표적인 학자이다. 인지발달에서 놀이의 역할을 강조하면서 비고츠키는 놀이를 사회적 활동으로 규정하였다. 비고츠키 이론은 자신이 실제 수행할 수 있는 발달수준에서 잠재적 발달수준까지의 거리를 나타내는 근접발달지역 내 유아의 상상력을 동원하여 놀이 할 수 있으며 이를 통해 인지발달이 이루어진다고 보았다. 이를 위해 유아를 둘러싼 인적(교사, 또래, 형제자매 등)·물리적·사회문화적 환경의 중요성을 강조하였다.

특히 비고츠키는 상징놀이가 유아의 추상적 사고발달에 중요한 역할을 한다고 하였다. 즉, 상징놀이 속에서 유아들은 대리 사물에 실제 사물과 대치하여 사용하게 됨으로써 사물로부터 의미와 기능을 분리하여 생각할 수 있는 추상적 능력이 발달하며 인지발달이 이루어짐을 설명한다. 따라서 교사는 놀이 상황 속 유아의 잠재력과 발달이 잘 이루어질 수 있도록 유아의 놀이에 적절한 자극을 제공해야 하며 유아들의 놀이 속 사회문화적 맥락을 이해하기 위한 관찰이 중요함을 주장한다.

(4) 각성조절이론

각성조절이론에서의 놀이는 자극을 추구하고 지루함을 없애기 위해 활동이다. 대표적인 학자로 벌린(Berlyn), 엘리스(Ellis)가 있다. 이들은 놀이란 유기체에 다양한 자극(신체적, 지각자극, 지적 자극 등)을 제공함으로써 적당한 각성 상태에서 신체를 유지하는 데 도움을 줄 수 있다고 보았다. 유아들은 새로운 상황에서의 불확실성을 감소하기 위해 놀이를 하며 놀이를 적극 활용한다고 보았다.

(5) 상위의사소통이론

상위의사소통이론의 학자인 베이트슨(Bateson, 1955)은 놀이와 의사소통과의 관계성에 주목하였다. 그는 놀이를 통해 유아들이 상위의사소통을 실행하며 유아 자신의 역할을 (재)설정하는 능력을 키울 수 있음을 주장한다. 상위의사소통은 유아들이 사회적 놀이에 참여할 때 다양한 상황과 행동, 언어 등을 사용하며 상대방에게 설명함으로서 놀이가 잘 진행될 수 있도록 돕는 의사소통으로 본다. 예를 들어 유아들은 놀이를 하는 동안 갈등이나 문제가 발생하면 다시 현실 세계로 돌아오며 현실과 놀이의 상황을 넘나들며 문제를 해결하며 의사소통하고 있음을 알 수 있다(Garvey, 1977). 따라서 유아놀이 속 의사소통의 중요성과 역할, 기능에 주목하는 이론이 상위 의사소통이론이다.

3) 최신 놀이이론

최신 놀이이론은 유아들의 놀이를 새롭게 바라보고자 하는 노력에서 출발하였다. 기존의 발달심리학적 관점을 통한 놀이에 대한 이해에서 벗어나 비판적(critical), 후기 발달주의(postdevelopmental) 이론으로 유아들의 놀이를 새롭게 재조명하며 유아의 발달, 학습의 가치가 아닌 유아의 다양한 목소리와 일상의 모습을 놀이를 통해 이해하고자 하였다.

킹(King, 1982)의 연구에 따르면 유아들은 자신의 선택권과 통제 여부에 따라 같은 활동을 놀이로 보기도 하고 일로 보기도 한다고 주장하였다. 즉, 유아들은 자신이 자유롭게 선택하고 통제할 수 있는 활동을 놀이로 생각하며 외부의 선택과 통제를 느끼는 순간 일로 인식하게 된다고 하였다. 뿐만 아니라 킹(King, 1992)은 유아들의 놀이를 이해하려면 그 맥락을 정확히 이해해야 한다고 주장하였다. 무엇보다 유아들이 있는 공간과 생활환경, 놀이를 둘러싼 물체, 놀잇감 등의 물리적 맥락을 살펴봐야 하며, 유아들의 개인적 성향과 성장 배경 등의 개인적·사회적 맥락과 교육과정 등의 다각적인 맥락의 이해를 통한 놀이의 이해가 필요하다고 주장하였다.

또한 포스트모더니즘적 관점에서 유아들의 놀이에 대한 새로운 관점들을 제시하며 유아의 일상적 삶 속 의미 만들기 과정에 놀이는 큰 의미가 있음을 강조한다. 놀이를 통한 유아의 앞으로 있을 영향력보다는 현재의 유아의 정체성·주관성·다양성에 집중해야 함을 주장한다(Brown & Freeman, 2001; Tobin, 1997).

3. 2019 개정 누리과정에서의 놀이와 유아: 자유놀이

유아놀이의 본질과 의미, 가치에 대한 비판적 성찰을 바탕으로 한 2019 개정 누리과정은 "유아의 놀이가 중심이 되는 교육과정(교육부, 보건복지부, 2019)"의 취지로 유아중심, 놀이중심의 방향으로 개정이 이루어졌다. '놀이하며 배우는 유능한 유아'로 유아의 일상 속 놀이의 모습과 그 속에서 세상을 경험하고 배워가는 다채로운 만남에 주목하고 있다.

2019 개정 누리과정 속 놀이는 유아들의 온 몸의 감각, 움직임과 경험으로 세상을 만날 수 있도록 도우며 유아들의 표정, 언어, 구성물 등이 모두 유아놀이의 과정이자 배움의 결과물로서 가치가 있다(교육부, 보건복지부, 2019, p.13)고 바라본다. 따라서 유아의 발달과 학습을 위한 도구이자 수단으로서의 놀이가 아닌, 유아 스스로가 생각하고 즐거워하는 놀이(유혜령, 2020)에 대한 실천적 시도로서 유아가 주도하는 놀이에 대한 가치와 그 의미를 찾고자 노력하고 있으며 그 속에서의 배움과 학습을 이해하기 위한 교사의 관찰과 역할이 더욱 강조되고 있다.

2019 개정 누리과정에서의 놀이의 방향성을 살펴보면 "교육과정으로부터 생성된 놀이(curriculum-generated play)"에서 "유아들의 놀이로부터 생성된 교육과정(play-generated curriculum)"으로의 변화로 유아의 일상적 흥미에서 출발하는 비구조적 자유놀이에 보다 초점을 맞추고 있음을 알 수 있다. 무엇보다 누리과정에서의 자유놀이는 유아의 삶과 연결하고자 하는 노력을 바탕으로 유아의 개인적 경험과 맥락에 주목하고 유아의 의미 만들기 과정을 중시한다. 유아의 놀이는 고정된 발달단계 또는 교육목표와 같이 타인이 정한 규칙과 목적이 아닌 유아들의 일상 경험 속에서 언제든지 변화되고 소멸되거나 (재)생산되는 특징을 바탕으로 능동적이고 적극적인 유아의 유능함을 강조하고 있다. 교사의 교육목표로 시작된 놀이가 아닌 유아의 흥미에서 발현되고 실행되는 자유놀이는 유아 스스로 자신이 하고 싶은 놀이를 스스로 결정하고 각자의 방식으로 놀이를 구성하며 자신만의 배움을 만들어 나가도록 만든다. 그 속에서 유아들은 자신의 감각과 신체를 활용하여 세상과 만나고, 다양한 감정(기쁨, 실패, 좌절, 성취감 등)을 느끼며 세상과 적극적으로 교류한다. 또한 스스로 자신

이 하고 싶은 것을 선택하고 이를 다양한 방법으로 시도하며 창의적으로 탐구, 표현할 수 있다.

이와 같이 유아들의 자유놀이는 세상과 소통하고, 협력하고, 배려하고, 의미를 구성하는 유아의 유능함과 가능성을 발견할 수 있도록 하며 유아의 배움과 내용, 방식, 과정을 이해할 수 있도록 돕는다. 이에 2019 개정 누리과정에서는 교사의 교육적 계획에 따른 놀이의 계획과 평가보다는 자유롭고 열린 놀이환경에서의 유아가 선택하고 주도하는 놀이를 강조한다(교육부, 보건복지부, 2019).

1) 자유로운 놀이

자유놀이는 유아놀이 속 미리 계획된 목적, 규칙, 사실, 시간과 공간의 경계로부터 자유를 의미한다(교육부, 보건복지부, 2019, p. 20). 유아들은 교사, 부모, 놀잇감, 규칙, 환경과의 관계 속 다양한 목적과 규칙을 마주하게 된다. 자유놀이가 이루어지려면 무엇보다 유아들은 다양한 목적과 규칙에서 자유로워야 하며 유아 스스로 수평적 관계 속에서 자신들의 놀이를 마음껏 주도하고 즐겨야 한다. 뿐만 아니라 흥미영역, 교실, 복도, 화장실, 바깥놀이터, 공원 등 다양한 놀이 공간을 해체하고 각 공간들의 상호연계성을 고려하여 놀이 공간의 경계를 넘나들어야 하며, 충분한 놀이시간과 유연하고 탄력적인 시간을 운영해야 한다. 또한 자유놀이 속 유아들이 만들어 내는 다양한 놀이 경험을 인정하고 현실을 넘어 상상하고 자유롭게 표현할 수 있도록 지원해야 한다.

2) 주도적인 놀이

유아들의 자발적 참여와 내재적 동기를 바탕으로 놀이는 주도적이고 능동적으로 이루어져야 한다. 놀이에 대한 유아의 흥미와 동기를 바탕으로 유아 스스로 놀이에 참여하고 있다는 생각을 가질 수 있도록 교사는 유아들의 자유로운 생각과 표현, 감정, 경험들을 인정해주고 즉흥적이고 다채로운 놀이의 변화에 함께 참여해야 한다.

3) 즐거운 놀이

유아들은 놀이 속에서 다양한 감정들을 경험한다. 기쁨과 재미, 미소, 유머, 공포, 슬픔, 좌절 등 다채로운 감정들 속에서 유아들은 놀이 활동에 몰입한다. 이러한 몰입감은 유아들의 감정을 생산적으로 해소시킬 수 있으며 그 속에서 느끼는 성취감과 즐거움은 유아들의 놀이를 보다 심미적으로 여겨지게 할 수 있다.

이와 같이 2019 개정 누리과정에서 강조하는 유아의 자유롭고 주도적이며 즐거운 놀이를 위해 교사는 유아놀이에 대한 의미를 이해하고 지원하기 위한 자율성을 보장받는다. 따라서 교사는 유아의 자유놀이를 관찰하고 함께 참여하며 유아의 놀이의 상황과 맥락에 적절한 교육적 지원을 실천해야 하는 역량이 더욱 중요해졌다.

4. 유아놀이를 위한 교사의 역할

유아의 놀이를 잘 이해하고 지원하기 위해서는 다양하고 역동적인 교사의 역할이 요구된다. 무엇보다 교사는 유아교육현장에서의 놀이를 위한 환경과 다양한 지원을 제공해야 한다.

1960년대 이후, 인지적 놀이이론의 영향으로 유아놀이에 대한 교사의 역할이 더욱 강조되었으며 놀이 학자들의 다양한 교사의 역할을 제시하고 있다. 아라스(Aras, 2016), 가비리아 로아이자 외(Gaviria–Loaiza et al., 2017), 이정욱 외(2019)는 교사의 역할을 응시관찰자(onlooker), 환경지원자(stage management), 공동놀이자(co–player), 놀이안내자(play leader), 놀이(재)기획자(director/redirector)로 제시한다. 콘토스(Kontos, 1999)는 놀이촉진자(play enhancer), 놀이지원자(stage manager), 대화자(interviewer), 관찰자(monitor), 비참여자(uninvolved)로 나누었으며, 신은수 외(2011)는 놀이관찰자, 놀이계획 및 환경구성자, 놀이참여자, 놀이지도자, 놀이평가자로 제시한다.

본 장은 유아놀이를 보다 더 잘 이해하고 지원하기 위한 역할로서 놀이연구자, 놀이관찰자, 놀이지원(촉진)자, 놀이협력자의 4가지를 제시하고 그 의미에 대해 살펴보고자 한다.

1) 놀이연구자: 유아놀이에 대해 이해하기

무엇보다 유아교사는 유아놀이의 복잡성, 모호성을 바탕으로 놀이의 개념, 가치, 특성 등을 정확히 이해하고자 하는 놀이연구자적 태도를 가져야 한다. 교사는 유아들의 개인적 경험과 사회문화적 환경에 보다 관심을 가지고 놀이를 이해하려고 노력해야 하며, 각 유아의 개별적 특성과 놀이 맥락을 바탕으로 놀이를 관찰하고 탐구해야 한다.

또한 교사는 유아의 놀이를 잘 이해하고 지원하기 위해서 교사의 열린 시각이 필수적이다. 교사는 자신의 관점과 유아의 관점은 다를 수 있음을 인정하고, 단편적이고 고정된 유아놀이에 대한 이해와 해석을 늘 경계해야 한다. 이를 위해 교사는 유아중심·놀이중심 교육과정을 이해하고 실천하고자 늘 공부하며 놀이 관련 연수에 참여하거나 학습 공동체 등을 구성하여 놀이에 대한 사례와 고민을 공유하고 이를 이해할 수 있도록 노력해야 한다.

2) 놀이관찰자: 맥락적으로 유아놀이 관찰하기

교사는 놀이에 대한 열린 시각을 가지고 유아놀이 상황에 적절한 상호작용을 하기 위해 지속적인 관찰이 필요하다. 유아의 놀이를 주의 깊게 바라보며 놀이를 다각적으로 해석하고자 하는 노력이 바탕이 되어야 교사는 놀이 속 중요한 몰입과 배움의 순간을 발견할 수 있다.

또한 맥락적·상황적으로 유아의 놀이를 이해하려는 교사의 관찰은 교사의 놀이 민감성을 기르며 놀이의 결과중심이 아닌 과정중심으로 바라볼 수 있다. 지속적인 교사의 관찰은 유아의 역동적이고 복잡한 놀이 변화과정을 발견하며 그 속에서 놀이에 대한 유아의 의미 만들기 과정에 함께 할 수 있다.

3) 놀이지원(촉진)자: 다양한 방식으로 유아놀이 지원하기

유아의 놀이를 지원하기 위해서 교사의 다양한 놀이지원 방법이 필요하다. 무엇보다 교사는 유아에게 충분한 실내외 공간과 놀이시간을 제공해야 하며, 상황에 따라 유아놀이에 맞게 공간을 재배치하고, 필요한 자료를 적절히 제공하여 유아의 놀이가 더욱 풍부하고 다채로워질 수 있도록 지원해야 한다. 또한 교사는 늘 열린 시각으로 일상의 주변 공간과 사물 등을 새롭게 바라보며 기존의 당연시되어 왔던 놀이에 대한 다양한 관념들과 규칙들에 대해 비판적으로 바라보아야 한다.

교사는 다양한 유아놀이 상황 속에서 놀이를 지원하고 촉진시킬 수 있는 다양한 전략을 사용할 수 있다. 예를 들어 교사가 유아의 놀이에 적극적으로 참여하기보다는 유아의 놀이를 지켜보며 놀이에 대해 격려해줄 수 있으며, 놀잇감을 제공해서 유아의 놀이를 다채롭고 풍부하게 만들어 줄 수도 있다. 또한 공동놀이자가 되어 유아들과 함께 마음껏 놀이를 할 수도 있으며, 놀이에 대해 안내하고, 유아가 놀이할 수 있도록 지원해주고, 대화를 통해 놀이를 평가를 할 수 있다. 이와 같이 교사는 다양하고 예측불가능한 유아의 놀이에 맞는 놀이를 지원하기 위해 다양한 교사의 놀이 지원 방식과 역할을 잘 이해하고 그 속에서 융통성 있게 놀이를 지원할 수 있어야 한다.

4) 놀이협력자: 유아-교사-학부모-지역사회의 협력적 관계 형성하기

교사는 유아와 가장 가깝게 놀이를 경험하며 유아와 함께 교육과정을 구성하는 중요한 역할을 담당하고 있기 때문에 유아와 수평적 협력관계를 형성하고 그 속에서 자유롭고 창의적인 놀이를 함께 즐겨야 한다. 교사는 유아의 목소리에 귀 기울여 다양한 놀이 가능성에 주목하고 의미 있는 유아놀이를 위한 협력자로서 역할이 있다.

또한 교사는 놀이중심 교육과정을 실행하기 위해 동료 교원들과의 협력적 관계를 형성해야 한다. 놀이 관련 학습공동체를 구성하여 놀이에 대해 연구하고 성찰하여 교사의 놀이 실행력을 키울 수 있다. 교사는 동료 교원들과 함께 교육비전을 함께 세우고 교원들의 다양한 놀이에 대한 생각과 사례들을 공유할 수 있다. 뿐만 아니라 유아의 놀이를 잘 이해하고 지원하기 위해서 가정과 지역사회와의 협력적 관계를 형성해야 한다. 유아의 개인적·사회문화적 맥락 속에서 놀이를 지원하고 가정과 연계하여 유아의 놀이와 경험이 풍성해질 수 있도록 하며, 지역자원체계와 긴밀한 관계를 형성하여 유아·놀이중심 교육과정을 운영하는 데 필요한 지원이나 놀이 관련 연수, 컨설팅 등의 교육적 지원도 받을 수 있다.

퀴즈

01. 다음 중 바르게 설명한 문장에 O, 바르지 않은 문장에 X 하시오.

- 긍정적 감정은 놀이의 대표적인 특징 중 하나로 놀이를 둘러싼 정서적 교감의 과정이자 결과이다. ( )
- 잉여에너지 이론은 모든 유기체가 생활하는 데 필요한 에너지를 사용하기 위해 놀이를 사용한다는 이론으로 쉴러와 스펜서가 대표적인 학자이다. ( )
- 2019 개정 누리과정은 "놀이하며 배우는 유능한 유아"라는 취지로 유아의 일상 속 자유로운 놀이를 강조하고 있다. ( )

02. 다음은 놀이의 연속성에 대한 내용이다. 다음 내용을 읽고 적절하게 설명하지 않은 것을 고르시오.

① 즉흥놀이는 유아의 내적 동기로부터 시작된다.
② 안내된 놀이는 유아에 의해 시작되고 교사의 안내와 참여가 이루어지는 놀이이다.
③ 교사주도의 놀이는 교사의 주도하에 시작된다.
④ 놀이연속성은 놀이의 유형을 구분하여 고정되고 단절된 놀이의 특성을 설명한다.

03. 다음은 놀이이론에 대한 설명이다. 적절하게 설명하지 않은 것을 고르시오.

① 휴식 이론은 잉여에너지 이론과 달리 놀이가 유아들의 에너지를 재충전하는 데 역할이 있음을 주장한다.
② 연습 이론은 유아들이 앞으로 살아가며 필요한 기술을 연습하는 데 놀이가 도움을 준다는 이론이다.
③ 맥락 이론은 사회 문화적 상황을 고려해야 하는 관점으로 프로이트가 대표적인 학자이다.
④ 최신 놀이이론은 비판적이고 포스트모더니즘적 관점으로 유아의 일상 속 다양한 목소리와 의미 만들기 과정을 강조한다.

04. 자유놀이는 유아의 일상적 흥미에서 출발하는 ( ) 놀이이다.

05. 유아들의 놀이를 이해하기 위해서는 유아의 개인적 ( )과 놀이의 ( )에 주목해야 한다.

06. 놀이는 세상과 소통하고, 협력하고 배려하고 의미를 구성하는 유아의 ( )과 ( )를 발견할 수 있다.

토론 문제

01. 내가 어렸을 때 했던 놀이는 무엇이고 현재 유아들이 하고 있는 놀이는 무엇일까? 어릴 적 내가 했던 놀이와 현재 유아들의 놀이와 비교해 봅시다.

02. 유아교육기관에서 유아가 원하는 놀이는 어떤 모습일까? 유아들이 원하는 놀이를 어떻게 이해하고 지원해야 할지 토론해 봅시다.

정답 1. O, O, O 2. ④ 3. ③ 4. 비구조적 5. 경험, 맥락 6. 유능함, 가능성

Chapter

09

유아교육기관의 경영

1. 유아교육기관 경영의 기초
2. 교직원관리
3. 시설 및 비품관리
4. 재정관리
5. 건강 및 안전관리

교육부는 2020년 10월 5일에 발표한 「코로나 이후, 미래교육 전환을 위한 10대 정책과제(안)」에서 "유·초·중등교육의 국가의 책무성과 현장의 자율성 강화"를 강조한 바 있다. 이처럼 유아교육에도 공공성 개념이 도입됨에 따라 미래 사회에 요구되는 유아교육기관은 조직을 책무성 있는 공동체로 만들어 나갈 필요가 있다. 무엇보다 유아교육기관은 변화하는 시대에 부응하기 위해 운영관리의 전문성을 확보하여 유아교육의 본질적 가치를 실현해 나가야 한다. 따라서 유아교육기관의 경영관리는 유아들의 전인적인 성장과 발달이라는 본질적인 목적에서 출발해야 하므로 인사, 재정, 시설·설비 등 제반 관리요소들은 이러한 목적을 달성하기 위한 수단이 되어야 한다.

유아교육기관은 유아나 부모의 요구를 존중하고, 유아와 그들의 가족에게 포괄적이면서 만족할 만한 교육·보육 서비스를 제공하여야 한다. 질적으로 우수한 유아교육기관은 가족의 요구에 부응함과 동시에 안전하며 교육적인 환경을 제공할 수 있어야 하므로 운영자는 운영관리 영역을 잘 계획하여 실행하고 평가하면서 효율적으로 운영해 나가야 한다.

이 장에서는 유아교육기관 경영의 개념, 원리, 영역, 과정에 대해 살펴보고 효율적인 경영을 위한 인적·물적·재정관리 등을 알아봄으로써 최선의 교육서비스 제공을 위한 유아교육기관의 역할과 책임을 제시하고자 한다.

1. 유아교육기관 경영의 기초

1) 유아교육기관 경영의 개념

경영(management)이란 조직의 목표를 설정하고 그 목표를 효과적으로 달성하기 위해 업무를 기획, 실천, 평가하는 순환적 활동이다(우수경 외, 2019). 경영의 개념은 초·중등교육에서는 학교경영, 학교행정, 학교관리 등으로 논의되었으나 유아교육에서는 운영관리가 보다 보편적으로 사용되고 있다. 최근에는 유아교육의 질 제고를 위해 유아교육기관에 훨씬 더 복잡하고 전문적인 교육 및 보육서비스를 요구함에 따라 과거에 비해 경영의 개념이 보다 강조되고 있다.

유아교육기관의 경영은 교육과 보육의 목적을 효과적으로 달성하도록 하는 활동이다. 유아교육기관의 경영은 영유아교육의 요구(needs)와 자원(resources)을 정확히 파악하여 한정된 예산과 자원을 보다 효율적으로 배분하는 단면적이고 평이한 질의 개념(quality universals)에서 보다 균형 잡히고 전체적인 질의 개념(quality perspectives)으로의 패러다임의 변화가 절실히 요구되고 있다(김경화, 2003). 따라서 유아교육기관은 양질의 교육과 보육서비스를 제공하기 위하여 유치원과 어린이집의 인적·물적 요소를 합리적이고 효율적으로 계획, 조직, 실행, 평가하는 과정을 거치며 최선의 교육과 보육 제공을 위한 기관 경영을 이루어나가야 한다.

2) 유아교육기관 경영의 원리

유아교육기관은 교육과 보육이라는 사회적 책무를 수행하기 위하여 설립에서부터 운영에 이르기까지 관련 법령에 의하여 운영되는 공적기관이다. 즉 유아교육기관은 합리적 근거에 기초하여 유아교육기관을 경영해야 한다. 오늘날 유아교육기관은 교육과 보육서비스에 대한 요구가 다양해지고 있으며 행정적으로도 복잡해지고 있어 창의적이고 전문적인 경영능력이 요구된다. 이러한 맥락에서 유아교육기관에 적용되어야 할 경영의 원리는 다음과 같다(이영자, 신동주, 2007; 임재택, 2005).

- 전문성의 원리 : 유아 및 유아교육에 대한 이해와 유아교육기관 경영에 대한 전문적 지식과 경험을 바탕으로 경영되어야 한다.
- 합법성의 원리 : 유아교육기관은 법에 의해 그 목적과 운영 방침이 규정되어 있으므로 법령, 규칙, 조례 등에 따라 운영되어야 한다.
- 타당성의 원리 : 유아교육기관의 모든 운영과 관리 활동은 그 설립 목적에 비추어 올바르고 적합해야 한다.
- 민주성의 원리 : 유아교육기관의 장은 교직원들의 의견이나 요구를 적극 반영하고 경영의 실천에 있어 독단과 편견을 배제해야 한다.
- 효율성의 원리 : 유아교육기관 경영의 효과는 단기간에 나타나기 어려우므로 경

제적 효율보다는 장기간에 걸친 사회적 효율을 고려해야 한다.

- **적응성의 원리** : 유아교육기관의 장은 기관의 현실적 상황을 충분히 고려하고 시대적, 사회적 환경 변화에 적절히 적응할 수 있는 능력을 갖추어야 한다.
- **안정성의 원리** : 유아교육기관의 경영에는 현실 적응 및 변화의 수용과 함께 교육에 깃든 고유한 정통성과 가치관을 유지하여 안정적으로 운영하려는 노력이 필요하다.
- **균형적 판단의 원리** : 유아교육기관을 경영함에 있어 민주성과 효율성의 원리 사이에서 균형을 이루어야 한다.

3) 유아교육기관 경영의 영역

유아교육기관 운영관리의 영역은 인적·물적 자원, 교육과정, 행정·재정 등으로 확대되고 있으며 유아교육의 질적 수준이 이들 영역에 의해서 결정된다고 해도 과언이 아니다. 데커와 데커(Decker & Decker, 2001)는 유아교육기관을 운영하기 위해서는 프로그램 서비스, 행정적 측면, 교직원 관리, 원아관리, 건강 및 안전, 재정관리, 문서관리, 학부모관리, 공보활동에 대한 정책을 수립해야 한다고 제시하였다. 이러한 문제를 다루는 것이 유아교육기관의 경영이며, 경영을 원활하게 함으로써 유아교육기관은 유아의 성장과 발전에 기여하게 된다.

유아교육기관 경영의 영역은 설립 목적이나 취지에 따라 매우 광범위하나 다음과 같이 8가지 범주로 나누어 제시할 수 있다.

- **교육·보육과정 운영관리**

유아교육기관은 교육과 보육서비스를 제공하기 위해 누리과정과 표준보육과정에 근거하여 기관의 특성에 따라 교육과정을 자율적으로 계획하고 실행해 나간다. 교육·보육과정은 질 높은 수준을 유지하기 위해 교사 학습공동체 및 원내장학을 통해 교육의 지원방향에 대해 평가하고 반영하며 탄력적으로 편성·운영한다.

• **원아관리**

원아의 모집, 입학, 교사 대 영유아의 비율, 수업 및 보육 일수, 출결관리, 생활기록부 관리, 영유아에 대한 복지서비스와 평가에 관한 것이 해당된다. 그 밖에도 영유아의 발달을 평가하고 교육·보육 프로그램의 계획과 운영에 반영하는 것도 포함된다.

• **교직원관리**

유아교육기관의 교직원관리는 인사관리라고 한다. 인사관리는 교원의 채용과 임용, 업무분장, 복지, 교사교육, 장학지도, 연수 및 교육(직무교육, 승급교육), 계약관리, 건강검진, 근태상황 및 근무평정, 퇴직 처리 등의 업무가 해당된다.

• **재정관리**

재정관리는 영유아의 보육활동 및 부모, 교직원의 활동을 지원하기 위한 재정확보, 예산편성, 예산집행, 결산, 회계보고 및 감사에 대한 일련의 과정을 말한다. 유아교육기관은 재무 회계 규칙에 따라 교육료 및 정부보조금 수납, 교직원 급여 및 세금, 물품구입 계획과 관련한 기안 및 지출결의서 작성 등의 회계업무를 포함한다.

• **시설 및 비품관리**

유아교육기관은 영유아가 건강하고 안전하게 지낼 수 있도록 시설과 비품을 관리해야 한다. 유아교육기관의 건물, 교실, 놀이터 등의 실내외 시설유지 및 보수, 교재교구 및 교수자료의 구입과 유지가 효과적으로 관리될 수 있도록 한다.

• **건강 및 안전관리**

유아교육기관은 영유아들이 공동생활을 하는 곳으로 영유아의 건강 및 안전을 위하여 감염병 예방과 확산에 따른 조치, 균형 잡힌 식단에 기초한 급·간식 제공에 대한 지침을 수립하고 실행해 나가야 한다. 영유아 건강진단, 아픈 영유아에 대한 조치와 투약, 사고 및 응급상황 관리, 영양 및 급식관리, 건강 및 영양교육 등이 포함된다.

• 사무관리

유아교육기관은 문서의 종류, 문서의 처리, 문서의 보관 및 보존, 문서관리 책임과 관련한 정책을 수립해야 한다. 사무관리에는 교육적 사무업무인 영유아의 건강, 영양, 안전 및 교육과 관련한 기록과 일반적 사무업무인 재정 관련 문서 및 공문서 처리 등이 해당된다.

• 학부모 및 지역사회와의 협력

유아교육기관은 부모 및 지역사회와 파트너십을 형성함으로써 보다 효과적으로 기관을 운영할 수 있다. 학부모와의 신뢰로운 관계 형성을 위한 운영위원회 구성, 학부모 오리엔테이션, 부모참여 프로그램, 유아 발달 보고와 상담, 가족지원 서비스 등을 제공하고 지역사회 및 영유아교육 관련 단체 등과도 교류하도록 한다.

4) 유아교육기관 경영의 과정

유아교육기관은 유아교육과 보육이라는 사회적 책무를 수행하기 위하여 설립된 기관으로 교육·보육과정의 구성, 유아 관련 업무, 교직원 인사, 재정 등 수많은 관리 영역을 포함하고 있으므로 경영의 과정이 보다 객관적이고 합리적으로 실행되어야 한다. 이를 위해서는 유아교육기관이 각 업무의 목적에 맞게 업무를 계획하고, 효율적으로 조직하며, 실행과 평가의 과정을 거치는 체계적인 운영체계가 필요하다.

학자들마다 견해의 차이는 있으나 유아교육기관 경영의 과정을 계획, 조직, 실행, 평가의 단계로 분류하여 살펴보면 다음과 같다.

• 계획하기

계획은 교육과 보육의 목표를 수립하여 정책을 세우는 단계이다. 관련 법규 및 외부환경, 기관의 여건, 운영방침을 고려하고 이전의 경험과 자료들을 참고하여 민주적 의사결정과정을 통해 추구할 목표를 설정하고 제공할 서비스의 내용을 결정한다.

• 조직하기

조직은 목표를 효율적으로 달성하기 위해 인적·물적 자원을 적절하게 배정하고 연결시키는 단계이다. 업무를 수행할 부서와 담당자를 정하고 각 업무의 기한과 구체적인 방법을 결정한다.

• 실행하기

계획하고 조직한 구체적인 과업을 수행하는 단계이다. 유아교육기관의 운영자는 기관의 교육철학 및 목표에 부합하도록 모든 결정을 해야 한다. 효율적인 과업 수행을 위해 운영자와 담당자, 담당자와 관련자들 간에 충분한 의사소통을 통해 과업을 조정하면서 교육적 측면과 행정적 측면의 업무가 조화를 이룰 수 있도록 해야 한다.

• 평가 및 재검토하기

평가 및 재검토는 설정된 목표에 비추어 실천 과정과 결과를 분석하고 검토하여 성과를 측정하는 단계로, 실행 단계 중에도 실시할 수 있다. 유아교육기관의 운영자는 기관의 모든 구성원들이 질 높은 교육서비스를 제공하기 위해 최선을 다하고 있는지 항상 모니터하며 운영과 관련된 문제 및 현안을 객관적으로 평가할 수 있어야 한다.

2. 교직원관리

1) 인사관리의 개념

우리의 속담 중 "인사가 만사다"라는 이야기가 있다. 즉 좋은 인재를 잘 뽑아서 적재적소에 배치하는 것이 모든 일을 잘 풀리게 하고, 순리대로 돌아가게 한다는 것을 의미한다. 따라서 질 높은 유아교육이 이루어지기 위해서는 유아교육기관의 특성에 적합한 자질을 갖춘 교직원을 선발하고 임용하여 적재적소에 배치하는 것이 무엇보다 중요하다.

유아교육기관의 인사관리 대상인 교직원은 교원과 직원으로 구분되는데, 교원은 교육과정 운영과 학급 경영에 직접 관여하는 원장, 원감, 교사가 속하며 직원은 서무, 간호사, 영양사, 조리원 등을 말한다. 유아교육기관의 운영자는 유아를 위한 교육과 보육에 적합한 자격을 보유한 유능한 인재를 확보하여 배치하고 교직원의 지속적인 능력 계발을 도모함으로써 직무에 긍지를 갖고 최선을 다할 수 있는 제반여건을 조성해야 한다.

2) 인사관리 업무

인사관리란 직원의 채용, 급여와 보상, 승진 및 해고 등의 업무를 말한다. 교직원의 임용은 「교육공무원법」 제2조 제6항에 따르면 신규 채용, 승진, 전직, 전보, 겸임, 파견, 강임, 휴직, 복직, 직위해제, 해임 및 파면 등이 해당된다. 임용은 기본적으로 자격, 재교육 성적, 근무성적 등에 대한 실증적 자료에 근거하여 이루어진다.

(1) 교직원의 임용

① 유치원 교원

유치원 교원은 원장, 원감, 수석교사 및 교사를 지칭하는 것으로 「교육공무원법」과 「교육법」에 준하여 임용, 자격, 실적, 기회 균등의 원칙에 따라 임용한다. 유치원 교원의 채용과 임면은 유치원의 설립 구분(국·공립, 사립)에 따라 다르게 적용된다. 국립유치원(강릉원주대 부설, 공주대 사범대학 부설, 한국교원대 부설)은 유치원이 소재하는 시도 교육감의 교원 전보계획에 따라 공립유치원 경력교사 중 적격자를 선정하여 전보하는 방식으로 이루어진다. 또한 공립유치원의 신규채용은 공립유치원교사 임용후보자 선정경쟁시험의 최종합격자를 대상으로 교육청장이 임명권을 갖는다. 사립유치원은 「사립학교법」에 따라 교원의 임용권은 법인 또는 경영자가 행사하나 교원의 자격 규정은 국·공립유치원과 동일하게 적용된다. 각 학교의 교원 임면권자가 교원을 임면할 때는 임면한 날로부터 7일 이내에 관할청에 보고를 해야 한다.

② 보육교직원

보육교직원은 어린이집에서 보육업무, 학부모와의 상담, 기관의 관리 및 운영 등의 업무를 담당하는 사람을 말한다. 보육교직원으로 채용되려면 원장과 보육교사는 「영유아보육법」 시행령 제21조에서 정한 자격기준을 충족해야 하고 국가자격증을 발급받았거나 발급 예정(자격번호 부여)이어야 한다. 국·공립어린이집의 어린이집 원장에 대한 임면권은 시장, 군수 또는 구청장이 가지며, 사회복지법인, 법인 및 단체, 직장, 가정, 민간 어린이집의 경우는 어린이집의 설치자가 갖는다. 보육교사 및 직원에 대한 임면권은 보건복지부령으로 정하는 바에 따라 보육교직원의 임면에 관한 사항을 특별자치도지사, 시장, 군수, 구청장에게 보고해야 한다. 그 외에 장애영유아를 위한 특수교사, 치료사, 간호사, 영양사는 해당 자격증 또는 면허증을 소지해야 한다. 보육교직원의 결원 시에는 1개월 이내에 신규 교직원을 채용해야 한다.

(2) 복무

복무란 교직원의 출퇴근 및 휴가, 병가, 출장, 외출이나 퇴근, 근무시간 등 교직원들이 기관에서 근무할 때 지켜야 하는 규정을 말한다. 교직원들은 근로계약서 및 취업규칙에 의한 복무규정을 명확히 인지하고 근무조건을 따라야 한다. 교직원의 근로시간은 노동 관련 법령에 의해 휴게시간을 제외하고 주 40시간을 초과할 수 없다. 복무에 관한 사항은 유치원 교원의 경우는 「초중등교육법」과 「사립학교법」에 규정되어 있으며, 보육교직원은 「영유아보육법」에 제시되어 있다.

(3) 교육 및 연수

유아교육기관은 훌륭한 자질을 갖춘 교직원이 최선을 다해 자신의 역량을 개발해 나가도록 근무환경을 개선하고 자기발전의 기회를 제공해야 한다. 훌륭한 자질을 갖춘 교직원은 유아교육 현장에서 지속적으로 자신의 전문성을 발휘할 수 있도록 교육 및 연수에 참여해야 한다.

유치원 교원의 자격연수는 상급 자격을 취득하기 위해 준교사, 정교사 2급, 정교사 1급, 원감의 경우 15일 이상, 90시간 이상으로 구성된다. 원장의 경우 25일 이상,

180시간 이상으로 구성된다(「교원 등의 연수에 관한 규정」 제7조 별표1, 2013. 7. 15. 개정). 그 외에도 유치원 교원은 직무수행과 직업능력 배양, 자질 함양을 위한 연수로 직무연수와 유아교육 단체에서 실시하는 세미나, 워크숍, 학회 참여 등을 통해 재교육을 받을 수 있다.

보육교직원은 「영유아보육법 시행규칙」 제20조 제4항 관련 보수교육 실시 기준에 따라 보수교육을 받아야 한다. 보수교육은 직무교육인 일반직무교육 및 특별직무교육과 승급교육인 1급 보육교사 승급교육과 2급 보육교사 승급교육으로 구분된다. 원장은 「영유아보육법」 제23조(개정 2011. 12. 31.)에 따라 보수교육을 받아야 하며 「영유아보육법 시행규칙」 제11조 2(본조신설 2011. 12. 8.)에 따라 어린이집 원장의 자격을 갖추기 위한 사전직무교육 시간은 80시간으로 명시되어 있다.

(4) 보수체계

보수는 교직원의 정신적·육체적 노력에 대한 보상으로 주어지는 것으로 종사자의 직무 만족과 밀접한 관련이 있다. 현재 유치원은 국가에서 정하는 교육공무원 급여기준에 기준하고 어린이집의 경우는 보육교직원 호봉표 제시에 따라 급여를 지급하고 있다.

(5) 근무평정

근무평정이란 교원의 적응력 또는 근무 성적을 체계적이고 정기적으로 일정한 기준에 의하여 평가하는 제도로 교원의 근무능률 향상과 인사관리의 수단이다(이인원 외, 2010). 근무평정의 요소는 직무를 수행하는 데 필요한 개인의 특성과 능력으로 객관적이고 합리적인 근무평정과 이에 따른 피드백은 교직원 자신의 발전에도 도움이 된다. 최근 유치원의 경우는 교원의 직무평정을 위해 교원능력개발평가를 시행하고 있다.

3) 인사관리의 지도성

유아교육기관은 교직원들이 긍정적인 분위기에서 자기발전을 도모하며 공동체 의식을 가지고 다른 사람들과 협력할 수 있도록 지도성을 발휘해야 한다. NAEYC (1997)에서 유아교육기관에서 이루어져야 하는 지도성은 교육적 지도성(Pedagogical leadership), 행정적 지도성(Administrative eadership), 대변적 지도성(Advocacy eadership), 지역사회 지도성(community eadership), 개념적 지도성(Conceptual eadership)으로 제시하고 있다. 이에 기초하여 교직원들이 자기발전을 할 수 있는 기회를 제공하는 것은 유아교육기관의 질을 높일 수 있는 방안이 된다. 운영자는 유아교육기관의 구성원들이 서로 성공적으로 협력하기 위해 다음과 같은 역할을 해야 한다(이영자, 신동주, 2009).

- 구성원들이 서로 협력할 수 있도록 동기를 부여하고 격려한다.
- 구성원들이 유아교육기관의 비전을 이해하고, 자신이 수행하고 있는 일의 중요성을 인식하도록 늘 대화하고 격려한다.
- 문제해결과정에서 발생하는 갈등을 잘 조절하고 모든 구성원들이 수긍하고 만족할 수 있는 합치점을 찾도록 안내한다.
- 구성원들이 자신이 맡은 일에 최선을 다할 수 있도록 개인의 능력과 흥미에 부합하는 업무를 부여하고 이에 대한 권한을 위임한다.

3. 시설 및 비품관리

영유아들은 유아교육기관에서 하루의 대부분을 보내므로 유아교육기관에서 질적으로 우수한 시설환경을 마련하고 비품을 확보하여 교사와 유아들이 적절히 활용할 수 있도록 계획하고 운영하는 것은 무엇보다 중요하다. 일반적으로 시설이란 건물 및 건물 내의 현관, 복도, 활동실(교실)과 부속실의 구조와 크기 등을 말한다. 또한 비품은 책상, 교구장, 캐비닛, 녹음기 등 교수·학습활동에서 사용되는 보조적인 자료를 말하며, 교재교구는 교수·학습 상황에서 직접 활용하는 자료를 말한다.

유아교육기관의 시설 및 비품에 관한 내용은 6장 유아교육과 환경에서 설치 및 운영에 대해 다루었으므로 본 절에서는 시설 및 비품의 보관 및 관리를 중점으로 다루고자 한다.

1) 시설관리

(1) 설비 현황 파악 및 목록 작성

유아교육기관은 각종 설비를 이용하는 인원이 많을 뿐 아니라 이용 시간과 활용 빈도가 높으므로 노후화된 설비나 비품을 관리하기 위해 〈표 9-1〉과 같이 관리를 위한 계획표를 활용하는 것이 바람직하다. 또한 설비나 비품의 효율적인 점검 및 수리를 위해 관련 업체의 연락처를 함께 게시해 두면 유용하게 사용할 수 있다.

표 9-1 공간별 관리를 위한 연간 계획

구분	세부내용	담당자	매일	매주	격주	매월	반년	매년
환경 설비	정기 점검 방역 소독 가스 점검 소방 점검 비정기 점검 실내 공기질 관리 에어컨 점검 보일러 점검							
기본 설비	비품 점검 수리							

출처: 이순형 외(2015). 어린이집 운영관리.

(2) 설비 관리의 실제

① 채광과 조명

채광을 위해 외부로 난 유리창에는 가급적 어두운 색이나 지나치게 화려한 색감의 장식물을 부착하지 않는 것이 좋고, 유리창과 창틀은 주기적으로 청소해 주어야 한다. 인공조명은 계절이나 바깥 날씨에 따라 적시에 적절하게 활용하여 자연광을 보조할 수 있도록 하며, 항상 교환할 수 있는 여분의 조명을 준비하여 바로바로 교체할 수 있도록 한다.

② 냉·난방 설비

실내 환기가 잘 되지 않으면 호흡기 질환이 유발될 수 있으므로, 냉·난방 시설 가동으로 문과 창문을 닫고 있는 경우는 매 시간마다 환기를 해야 한다. 온풍기와 에어컨, 공기청정기 필터는 자주 먼지를 털고 청소해야 하며, 사용하지 않을 때는 덮개를 씌워 보관해 두었다가 다시 사용해야 한다.

③ 전기 및 가스 설비

전기기구는 고장 시에 대비해 가까운 점검기관의 연락처를 적어두고, 교직원이 임의로 분해 또는 직접 수리하는 것은 금해야 한다. 정기적으로 설치된 모든 전선을 살펴보고, 끊어지거나 낡고 닳은 것, 피복이 벗겨진 것들은 교체하여 누전 및 합선을 방지해야 한다. 전기콘센트는 모두 안전덮개를 씌워 영유아들이 금속물질을 꽂아 안전사고가 발생하지 않도록 조처해야 한다.

유아교육기관의 가스 설비는 조리실에 설치되어 있으므로 계량기 전·후단의 중간밸브 및 배관과 호스의 연결 부위를 감지액 또는 비눗물로 도포하여 매월 1회 이상 점검해야 한다. 호스가 갈라졌거나 열기로 인해 타거나 그을린 곳이 없는지 검사하고, 금이 가거나 노후된 부분이 있으면 즉시 교체해야 한다.

④ 급·배수 설비

맨홀이나 정화조, 구덩이에는 반드시 덮개를 설치해야 하며, 영유아가 덮개를 쉽게 열 수 없도록 걸쇠나 잠금장치를 하는 것이 좋다. 물탱크 및 정화조는 주기적으로 청소하고, 배수구는 낙엽 또는 이물질 등으로 인해 막히지 않도록 점검하며, 특히 우천 시나 장마 시에는 넘쳐서 흐르지 않도록 조치해야 한다.

⑤ 소방 및 안전재해 대비 설비

소화 기구는 바닥면적 200m^2마다 소화기를 1개 이상 설치한다. 정기적으로 소화기가 충전되어 있는지 점검해야 한다. 화살표가 압력수치의 초록색 쪽에 있어야 하며, 그렇지 않을 때는 재충전하여 관리한다.

2) 비품관리

(1) 현황 파악 및 목록 작성

유아교육기관은 비품의 관리요령에 차이가 있을 수 있으나 대체로 물품의 현황을 파악할 수 있도록 현재의 수량, 수리대상, 보충할 것을 파악하여 목록을 작성하면 비품관리에 도움이 된다. 유아교육기관에서 활용할 수 있는 비품 목록표는 교재·교구대장, 소모품대장, 아동도서 대장 등이 있다.

유아교육기관은 비품목록을 토대로 3개월 혹은 6개월에 한 번씩 비품 점검 시간을 계획하여 정기적으로 점검하는 것이 바람직하다. 비품대장에는 물품에 대한 자세한 내용과 더불어 실제 사진을 함께 붙여 보관하거나 비품대장에 있는 정보를 토대로 각 비품에 관리라벨을 부착해 두면 물품의 재구입 및 수리 등의 과정이 수월하다. 이와 같이 비품대장의 활용은 비품 및 교재·교구 목록 자료의 분석을 통해 어떤 영역 혹은 종류의 교재교구가 쉽게 파손되거나 소모되는지를 파악할 수 있어 유지 및 관리 계획 수립에 도움이 된다.

표 9-2 비품 및 교재교구 목록표 예시

일련 번호	구입 및 제작일자	자료명	수량	구입처	구입가격	비고
1						
2						
3						
4						

(2) 비품관리의 실제

유아교육기관이 효율적으로 비품을 관리하기 위한 실내·외 공간을 마련하면 비품의 배치 및 활용이 원활하고 교육적 효과를 높일 수 있을 뿐만 아니라 경제적 측면에서 자원을 절약하는 방법이 된다. 유아교육기관은 비품을 보관할 수 있는 자료실이나 창고를 확보해야 하며 보관 장소가 실내인지 실외인지, 햇볕이 잘 드는 곳인지 그늘진 곳인지 등을 고려해야 한다. 특히 교재·교구의 경우는 열과 습기에 따른 변화 가능성, 부식 여부, 크기와 무게 등 재료의 속성과 활동형태, 크기 등을 고려하여 정리 및 보관을 해야 한다.

교재교구 보관 장소 및 관리의 예시

4. 재정관리

유아교육기관이 양질의 프로그램을 제공하기 위해서는 안정적인 재정 확보와 체계적인 예산 및 결산의 편성, 투명한 예산 집행이 필수적이다. 최근에는 영유아 무상 교육비·보육비 지원을 통한 교사 인건비, 양육수당 지원 등과 같은 국가지원이 증가하면서 기관운영의 책무성과 투명성이 강조되고 있다. 이로 인하여 유치원 평가와 어린이집 평가인증에는 예산편성과 집행이 중요한 지표로 평가되고 있으며 재정 및 운영 전반에 대한 서류 및 장부 등의 효율적인 관리가 필요하다.

본 절에서는 유치원과 어린이집으로 구분하여 유아교육기관의 재정운영에 대한 집행절차를 살펴보고, 기관에서 비치해야 할 재정 관련 문서 등에 대해 알아보고자 한다.

1) 재정관리의 기본 원칙

사립유치원의 재정관리는 「사립학교법」 제29조~제33조, 같은 법 시행령 제14조,

「유아교육법」 제19조의7, 제19조의8 및 같은 법 시행규칙 제6조~제10조, 「사학기관 재무회계 규칙」, 「교육 관련 기관의 정보공개에 관한 특례법」에 명시된 법령 및 규정에 의거하여 운영된다. 이를 기초로 유치원 예산의 일반원칙을 제시하면 다음과 같다(4U2D, 2019).

- **건전재정 운영의 원칙** : 법인과 유치원의 재무와 회계는 건전하게 운영하여야 하며 국가의 정책과 사회의 공공기관으로서의 의무와 그 설립목적에 반해서는 안 됨
- **수입의 직접사용 금지** : 법인과 유치원의 모든 수입은 각각 세입·세출 예산에 편입하여야 하며, 이를 직접 사용하지 못함
- **예산총계주의** : 수입과 지출은 누락됨이 없이 모두 예산에 편입해야 함
- **성립전 예산의 집행금지** : 성립한 예산이 아니면 집행하지 못하고 추가경정예산의 절차를 밟지 않고서는 기정예산을 초과하여 집행하지 못함
- **목적 외 사용금지** : 교비회계의 세출예산은 목적 외로 사용하지 못하며 교비회계의 타 회계 전출은 엄격히 금지
- **공개성의 원칙** : 예산은 매 회계연도 개시 5일 이전 관할청 보고 및 유치원 홈페이지 공개(1년간)하고 '유치원의 공시정보 범위·공시횟수 및 시기'에 의거 4월 공시(유치원 홈페이지, 유치원 알리미사이트(e-childschoolinfo.moe.go.kr), 교육지원청 보고를 모두 이행해야 함)
- **회계연도 독립의 원칙** : 당해 연도 경비는 당해 연도 세입으로 충당해야 함

특히 「유아교육법」 개정(2020. 1. 29. 공포, 2020. 3. 1 시행)에 따라 2020년도부터 모든 국공립 유치원과 사립유치원에 'K-에듀파인'이 전면 도입되었다. 에듀파인은 교육지원청과 학교에서 예산편성, 수입 및 지출관리, 결산 등에 대해 전자적으로 처리하는 회계시스템으로 2010년 처음 도입되어 국공립 유치원과 초·중·고등학교에서만 활용해 왔으나 2019년부터 사립유치원에도 도입되었다. 이를 통해 유아교육기관의 예산 규모와 지출 현황을 한눈에 파악할 수 있어 업무효율성과 회계의 투명성이 가능하게 되었다.

2) 예산편성 및 결산처리 절차

유치원의 예산이란 1년간 유치원의 교육 활동을 위한 세입과 세출의 체계적인 계

획서로 유아학비 정부지원금, 입학금, 수업료, 전년도 불용액, 수익자부담교육비 등을 가지고 1년간 유치원 운영에 필요한 경비를 활동사업(과목)별로 추정하여 편성하는 것을 말한다. 유치원의 예산편성은 「사학기관 재무회계 규칙」에 따라 당해 연도 예산안을 편성하고 이를 회계연도 개시 1월 전까지 유치원 운영위원회와 이사장에게 제출해야 한다. 유아교육기관의 예산편성은 전년도 현황을 파악하여 현실성 있게 구체적으로 편성하여 과부족이 발생하지 않도록 유의해야 한다.

예산편성 사전준비 (11월)	• 유아학비지원금, 학부모부담금, 수익자부담경비, 전년도 이월금 등 유치원 수입재원을 추계하여 세입예산의 규모를 추정 • 교직원인건비, 공공요금 등 필수경비 산출 및 세입재원을 고려한 세출규모 사전 검토
⬇	
예산편성 기본지침 시행 (12월 말)	• 사립학교회계 예산 및 결산지침(서울시교육청, 매년 발행) • 사립유치원 재정업무 매뉴얼(서울시교육청, 2017년) • 기준 단가 및 각종 서식 등 예산 운용에 필요한 제반 사항 수록
⬇	
예산(안) 편성 (1월)	• 소속 교직원에게 예산 및 결산 지침에 대하여 사전 교육을 실시하고, 교직원과 구성원(학부모)의 의견을 수렴하여 예산 항목과 금액 조정 실시 • 교육과정운영 및 유치원운영을 위하여 필요한 사업에 대한 재정 소요액(세출금액)을 추계한 예산 집행부서(또는 담당자)의 예산요구서 취합 • 취합한 예산요구서에 따라 금액조정 작업을 거쳐 예산(안) 편성
⬇	
운영위원회 자문 (1월 말)	• 회계연도 개시 1월 전까지 유치원운영위원회의 자문을 거쳐 유치원 경영자(법인의 경우 이사장)에게 제출
⬇	
예산 확정 (2월 18일까지)	• 회계연도 개시 10일 전까지 유치원운영위원회 자문 결과(법인의 경우 이사회의 의결 결과)를 유치원장에게 통보하고 예산을 확정
⬇	
관할청 보고 및 예산서 공개 (2월 23일까지)	• 회계연도 개시 5일 전까지 관할 교육지원청 보고 • 확정된 예산은 유치원 홈페이지에 1년간 공개 • 매년 유치원알리미(http://e-childschoolinfo.mest.go.kr)를 통해 예산서 공시

그림 9-1 유치원 예산 편성의 절차

출처: 서울시교육청(2020). 사립유원 k-에듀파인 사용자매뉴얼.

다음으로 유치원의 세입세출 결산은 매 회계연도가 종료하는 시점을 기준으로 해당 연도에 들어온 실질적인 세입과 세출의 결과를 확정적 계수로 표시하는 행위로서, 결산의 의의는 비효율적인 예산 집행을 분석하고 다음 연도 예산편성·집행의 효율성을 도모함에 있다. 유치원 결산처리는 「사학기관 재무회계 규칙」에 의해 회계연도 종료 후 세입·세출 결산보고서를 작성하고 관할 시·도 교육청에게 제출해야 한다. 이 과정에서 「유아교육법」 제19조의4 제2항에 의거 유치원운영위원회의 자문을 거쳐야 하며 회계결산 자료는 홈페이지 1년간 공개한다.

회계연도 종료	• 매년 2월 말일 - 해당 회계연도의 징수행위 및 지출원인행위 종료
⬇	
회계출납폐쇄	• 회계연도 종료 후 20일(3월 20일) - 해당 회계연도에 징수행위 및 지출원인행위가 된 사항의 세입금 수납 및 세출금 지출 마감
⬇	
결산서 작성	• 제장부 마감 및 세입·세출 결산서 작성(3~4월) - 예산의 이·전용 내역, 이월경비내역, 계속비 내역, 예비비사용 내역을 첨부하여 예산 세입·세출을 일치시킴
⬇	
결산서 제출	• 회계연도 종료 후 40일 이내 유치원운영위원회위원장(법인의 경우 이사장)에 제출(4월 9일까지)
⬇	
결산 자문 · 확정	• 회계연도 종료 후 55일까지 유치원운영위원회(법인의 경우 이사회) 자문을 받아 확정(4월 24일까지)
⬇	
관할청 보고 및 공개	• 회계연도 종료 후 3월 이내(5월 말일까지) 확정된 결산서를 관할 교육지원청에 보고하고, 기간 내에 제출하지 못할 경우에는 그 사유를 지체 없이 관할 교육지원청에 제출 • 결산서 공개(유치원 홈페이지에 1년간) • 매년 유치원알리미(http://e-childschoolinfo.mest.go.kr)를 통해 결산서 공시

그림 9-2 유치원 회계결산의 절차

출처: 서울시교육청(2020). 사립유원 k-에듀파인 사용자매뉴얼.

이상과 같이 유치원의 예산은 1년 단위로 매년 예산서를 수립 작성해야 하며, 결산도 1년 단위로 매년 시행해야 한다. 유치원은 예산 및 결산의 과정과 절차를 충실히 이행하고 회계업무와 관련하여 〈표 9-3〉과 같이 장부 및 회계 관련 서류도 빠짐없이 충실히 관리해야 한다(교육부, 2019).

표 9-3 유치원에서 비치해야 할 재무 관련 대장과 문서

구분	대장 문서	비치근거
유치원	• 재산대장(교육용 재산)과 도면 • 비품대장, 교재 교구목록대장, 도서대장 • 징수대장 • 예결산서, 수입지출부와 금전출납부 • 계약서철, 각종 보험가입 증서	「사학기관 재무회계 규칙」 제53조

5. 건강 및 안전관리

영유아의 건강과 안전은 행복한 생활을 영위하기 위한 가장 기본적인 조건이다. 최근에는 코로나19의 영향으로 교육부와 보건복지부가 유치원과 어린이집에 대한 선제적인 조치와 지원을 시행함으로써 영유아의 건강 및 안전에 대한 관리가 무엇보다 중요해지고 있는 시점이다. 유아교육기관은 영유아의 성장과 발달을 위해 안전하고 건강한 환경을 제공할 법적·도덕적 책임이 있으므로 영유아의 건강 및 안전관리에 관심을 기울이고 질병의 예방, 환경 위생, 신체적·정신적·사회적 건강을 위해 지속적인 관심과 노력을 기울여야 한다.

1) 건강관리

유치원 및 어린이집에서의 교사는 항상 영유아의 건강상태를 살펴보아야 한다. 등원 시 부모로부터 영유아의 건강상태의 이상 여부를 파악한 후 하루 일과 동안 영유아의 얼굴색, 심리적 상태 등 영유아 전반에 관해 관찰하면서 평소와 다른 점이

보이면 그에 따른 조치를 취해야 한다. 이를 통해 영유아의 신체에 나타나는 이상 여부를 신속하게 발견하고 적절한 치료를 받도록 함으로써 질병이 악화되는 것을 방지하고 전염병을 예방할 수 있다.

영유아의 건강관리는 사전 건강조사, 정기 건강검진, 질병관리, 투약관리 등과 같은 과정을 통해 이루어지며 이를 구체적으로 살펴보면 다음과 같다.

(1) 사전 건강조사

유아교육기관은 영유아가 입학하기 전에 건강검진 서류를 포함해 부모로부터 영유아 건강에 관한 정보를 제공받음으로써 영유아의 건강한 생활을 돕고 응급상황에서 적절하게 대처할 수 있게 된다. 유아교육기관은 입학 전 부모로부터 영유아의 출생부터 현재까지의 건강상태에 관하여 작성한 자료를 받아 영유아의 특별한 요구에 알맞은 개별 지도를 할 수 있다. 예를 들어 예방접종기록, 과거 병력, 약품 및 알레르기 여부, 가족의 건강내력, 위급 상황 시 연락처 등을 기록하는 것이 해당된다. 사전 건강조사서 양식의 예는 〈표 9-4〉와 같다(이혜원, 임미혜, 황윤세, 2013).

표 9-4 사전 건강조사서

영유아명		생년월일		성 별	남, 여

가족사항					
이름	관 계	생년월일	동거 여부		건강문제와 건강진단 상태
			예	아니요	
가족 사이에 퍼진 질병의 유무	□ 무	□ 유	질병명 :		

임신과 출생력			
분만장소(병원이름)			
임신 중 어머니의 건강	□ 양호	□ 기타( )	
분 만	□ 정상분만	□ 제왕절개	□ 기타( )
신생아 기간 중의 질병	□ 무	□ 유	질병명 :

예방접종 및 병력(O,X로 표시)		
종류(시기)	접종 유무	질환 유무
B.C.G(생후 1개월)		
B형간염(출생 직후, 생후 5년마다)		
D.P.T(2, 4, 6개월, 18개월, 4~6개월)		
소아마비(2, 4, 6개월, 18개월, 4~6개월)		
홍역(9개월)		
볼거리(15개월)		
풍진(15개월)		
수두(1세)		
일본뇌염(3세 이후)		
장티푸스(5세 이상)		
백일해		
결핵 또는 만성기침		
기타 질환		
※ 이미 앓은 경험이 있거나 현재 앓고 있는 질환		
※ 알레르기 반응이 있는 경우의 기록(상세히)		

(2) 정기 건강검진

유치원과 어린이집은 「유아교육법」 제117조(개정 2008. 2. 29)와 「영유아보육법」 제31조에 의해 영유아와 교직원의 건강검진 결과를 관리해야 한다. 영유아 건강검진의 비용은 국가에서 부담하며 지정된 의료기관에서 일반검진과 구강검진을 받을 수 있다. 영유아 건강검진의 실시시기는 〈표 9-5〉와 같다.

표 9-5 영유아 건강검진

구 분		검진 해당 연령	항목
1차	건강검진	생후 4~6개월	문진 및 진찰, 신체계측, 건강교육
2차	건강검진	생후 9~12개월	문진 및 진찰, 신체계측, 발달선별검사 및 상담, 건강교육
3차	건강검진	생후 18~24개월	문진 및 진찰, 신체계측, 발달선별검사 및 상담, 건강교육
	구강검진	생후 18~29개월	구강문진 및 진찰, 구강보건교육
4차	건강검진	생후 30~36개월	문진 및 진찰, 신체계측, 발달선별검사 및 상담, 건강교육
5차	건강검진	생후 42~48개월	문진 및 진찰, 신체계측, 발달선별검사 및 상담, 건강교육
	구강검진	생후 42~53개월	구강문진 및 진찰, 구강보건교육
6차	건강검진	생후 54~60개월	문진 및 진찰, 신체계측, 발달선별검사 및 상담, 건강교육
	구강검진	생후 54~65개월	구강문진 및 진찰, 구강보건교육
7차	건강검진	생후 66~71개월	문진 및 진찰, 신체계측, 발달선별검사 및 상담, 건강교육

(3) 질병관리

영유아의 건강관리는 질병 및 전염성 질환의 예방을 포함한다. 영유아기는 감염병에 대한 면역이 발달하고 있는 단계이기 때문에 전염성 질환이나 감염에 취약하므로 조기에 발견하고 치료하는 것이 바람직하다. 유치원 및 어린이집 교사는 등원 시 부모로부터 영유아의 건강상태에 대한 정보를 나누고 일과시간 동안에 영유아를 관찰하면서 신체에 나타나는 이상 여부를 신속하게 발견하여 치료를 받도록 함으로써 질병이 악화되는 것을 방지하고 전염병을 예방할 수 있다.

영유아교육기관의 교사는 영유아가 전염성 질병이 의심될 경우에 다음과 같은 지침을 준수하도록 한다(이기숙, 김순환, 조혜진, 2017).

- 아픈 영유아가 발생하면 즉시 다른 영유아들과 격리한다.
- 아픈 영유아의 증상을 잘 관찰하여 건강기록지에 기록한다.
- 장기적 격리가 필요하면 집에서 영유아를 돌보도록 한다.
- 만약 기관에 데리고 있지 못할 만큼 영유아의 상태가 좋지 않으면 다음과 같이 조치를 취하고 보호자를 기다려야 한다.
  - 가능한 한 격리된 방에 아픈 영유아를 건강한 영유아와 격리한다.
  - 한 명의 교사가 전담하여 아픈 영유아를 돌보아야 한다.
- 만약 영유아가 아픈 상태이지만 기관에 있어도 될 정도의 상태라면 다음의 사항을 잘 준수하도록 한다.
  - 영유아가 자주 손을 씻게 도와준다.
  - 교사도 손을 자주 씻는다.
  - 놀이시설 및 놀잇감을 자주 소독한다.

유아교육기관의 교직원은 안전사고 및 전염병이 발생할 시 신속하게 대처하는 것도 중요하나 사고 경위 및 증상 등을 기록하고 보고함으로써 추후 사고를 방지하기 위한 노력도 필요하다. 또한 영유아가 완치된 후에는 완치되었음을 확인할 수 있는 의사의 소견서를 제출한 후 등원할 수 있도록 부모에게 안내해야 한다.

(4) 투약관리

유치원이나 어린이집에서 영유아에게 투약 시에는 반드시 투약의뢰서를 부모가 작성해야 한다. 투약의뢰서는 투약할 시간, 용량 등이 기재되므로 투약이 정확히 이루어지고 투약으로 인한 책임의 한계를 명확하게 할 수 있다. 따라서 투약의뢰서에 의한 부모의 의뢰나 동의 없이 교사가 임의로 투약하지 않도록 유의한다.

2) 안전관리

유아교육기관의 안전관리란 잠재적인 위험요소를 조기에 발견하고 이를 제거하여 사고나 재해를 방지하는 것을 말한다. 영유아는 위험한 상황에 대한 결과를 예측

하는 능력이 부족하며 호기심과 모험심이 높아 안전에 대한 상해나 사고가 일어날 가능성이 높다. 따라서 유아교육기관의 운영자는 안전사고에 대비하여 영유아 전원을 의무적으로 상해보험에 가입해야 한다. 또한 영유아가 안전하고 건강하게 성장할 수 있도록 안전한 환경을 제공하기 위해 안전관리 지침에 의해 시설 및 영역을 점검하고 영유아가 안전하게 행동하고 위험을 인식하는 능력을 기를 수 있는 안전교육을 실시해야 한다.

(1) 안전관리 및 감독

유아교육기관의 안전관리는 크게 안전관리, 안전교육, 지역사회 협력으로 제시될 수 있다. 안전관리는 실내·외 시설 및 설비의 점검, 재난대비 시설 점검, 냉·난방용품 점검, 차량안전 점검, 전기 및 가스 점검, 방역 등과 같은 각종 안전점검을 비롯하여 안전점검 체크리스트 작성과 보험가입 등의 업무가 포함된다.

유치원과 어린이집은 영유아가 안전에 대한 지식, 기술, 태도를 향상시킬 수 있도록 일상생활 및 대피훈련 등의 연간 안전교육계획이 반드시 수립되어야 한다. 「아동복지법」 제9조 제3항 및 동법 시행령 제4조 제1항 안전교육기준에 근거하여 〈표 9-6〉과 같이 안전교육이 실시된다. 특히 안전교육에 대한 계획은 소방서, 경찰서, 병원 등의 지역사회와 협력을 기반으로 수립하는 것이 바람직하다.

표 9-6 안전교육 기준

안전교육	실종유괴의 예방방지교육	약물오남용교육	재난대비교육	성폭력예방교육
2개월에 1회 이상 (연간 12시간 이상)	3개월에 1회 이상 (연간 10시간 이상)	3개월에 1회 이상 (연간 10시간 이상)	6개월에 1회 이상 (연간 6시간 이상)	6개월에 1회 이상 (연간 6시간 이상)

출처: 「아동복지법」 제9조 제3항 및 동법 시행령 제4조 제1항

(2) 안전관리 시스템 구축

유아교육기관은 안전사고가 발생했을 때 사고를 신속하고 정확하게 처리함으로써 그 피해를 최소할 수 있는 시스템을 구축해야 한다. 이를 위해 유아교육기관의

운영자는 비상대응계획을 사전에 수립하고 연락을 취할 수 있는 지역사회 내의 소방서, 경찰서, 병원 등의 응급전화번호 등이 기재된 '비상연락처'를 교실 안의 눈에 잘 띄는 곳에 부착하는 것이 바람직하다. 이에 따라 교직원은 위험한 상황이 발생하였을 때 신속하게 영유아를 안전하게 보호할 수 있게 된다. 또한 유아교육기관의 운영자는 교직원이 비상대피로, 대피요령, 교직원 업무분장을 미리 숙지하도록 교육하는 것도 필요하다.

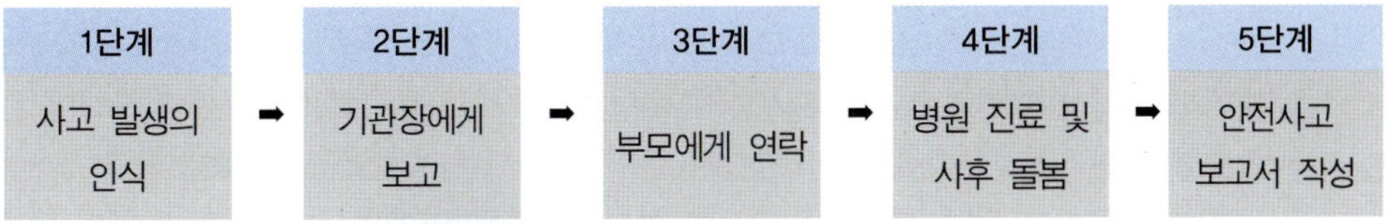

그림 9-3 **안전사고발생 시 대처방법 5단계**

출처: 박찬옥 외(2019). 영유아 안전관리와 안전교육

퀴즈

01. (   )의 원리에 의해 교직원들의 의견이나 요구를 적극 반영하고 경영의 실천에 있어 독단과 편견을 배제해야 한다.

02. (   )의 원리에 의해 유아 및 유아교육에 대한 이해와 유아교육기관 경영에 대한 전문적 지식과 경험을 바탕으로 경영되어야 한다.

03. 유아교육기관 경영의 원리에 대한 설명으로 옳은 것을 고르시오.

① 민주성의 원리에 의해 유아교육기관은 법령, 규칙, 조례 등에 따라 운영되어야 한다.
② 타당성의 원리에 의해 유아교육기관의 운영과 관리활동은 설립 목적에 적합해야 한다.
③ 효율성의 원리에 의해 유아교육기관의 운영은 경제적 효율을 고려해야 한다.
④ 적응성의 원리에 의해 유아교육기관은 현실 적응 및 변화의 수용과 함께 교육에 정통성과 가치관을 유지해야 한다.
⑤ 균형적 판단의 원리에 의해 유아교육기관은 전문성과 효율성의 균형을 이루어야 한다.

04. 다음 중 바르게 설명한 문장에 O, 바르지 않은 문장에 X 하시오.

- 교직원관리는 교원의 채용과 임용, 업무분장, 복지, 교사교육, 장학지도, 연수 및 교육 등의 업무가 포함된다. (   )
- 사무관리는 교육과 보육서비스를 제공하기 위해 누리과정과 표준보육과정에 근거하여 기관의 특성에 따라 교육과정을 자율적으로 계획하고 실행하는 업무를 말한다. (   )
- 재정관리는 재정확보, 예산편성, 예산집행, 결산, 회계보고 및 감사에 대한 일련의 과정을 말한다. (   )

05. 유아교육기관의 시설 및 비품관리에 대한 설명으로 틀린 것을 고르시오.

① 채광을 위해 유리창에는 어두운 색이나 화려한 색감의 장식물은 피한다.
② 냉·난방 시설 가동 시에는 하루에 1시간 환기를 해야 한다.
③ 소화기구는 바닥면적 200m^2마다 소화기를 1개 이상 설치하고 정기적으로 점검한다.
④ 비품대장을 활용하면 유지 및 관리 계획 수립에 도움이 된다.
⑤ 비품을 보관할 수 있는 자료실이나 창고를 확보해야 한다.

06. 유아교육기관의 건강 및 안전관리에 대한 설명으로 틀린 것을 고르시오.

① 유아교육기관은 입학 전 부모로부터 사전 건강조사서를 받아 개별지도 하도록 한다.
② 유아교육기관은 영유아와 교직원의 건강검진 결과를 관리해야 한다.
③ 영유아의 건강관리는 질병 및 전염성 질환의 예방을 포함한다.
④ 전염성 질환이 의심될 경우에는 즉시 다른 영유아들과 격리한다.
⑤ 교사는 투약의뢰서에 의한 부모의 의뢰나 동의 없이 투약할 수 있다.

토론문제

01. 자신이 유아교육기관의 운영자가 된다면 인사관리에서 어떠한 지도성을 발휘하고 싶은지 제시해 봅시다.

02. 유아교육기관과 관련된 최근 뉴스를 검색해 보고, 유아교육기관의 경영의 원리 중 무엇이 강조될 필요가 있는지 제시해 봅시다.

정답 1. 민주성 2. 전문성 3. ② 4. ㅇ, X, ㅇ 5. ② 6. ⑤

Chapter

10

유아교육과 부모, 가족, 지역사회

1. 유아교육기관에서의 부모 및 가족 지원
2. 유아교육기관과 지역사회 연계

유아교육은 유아의 최적의 발달과 삶의 질 향상에 직접적인 영향을 미치는 부모를 비롯한 가족, 그리고 지역사회와의 지원이 함께 이루어져야 한다. 가정에서 부모가 자녀를 양육하던 과거와는 달리 현대사회에서의 유아교육은 유아교육기관이 영유아의 부모를 비롯한 모든 가족지원을 위한 적절한 기능과 책임을 강조하고 있다. 유아교육의 효과를 높이기 위해서는 유아교육기관이 유아의 가족, 지역사회와 상호협력적인 동반자 관계를 형성하는 것이 필수적이다. 이 장에서는 유아의 전인적인 성장과 발달을 위해 유아교육기관과 부모 및 가족, 그리고 지역사회 연계의 중요성을 알아보고 지원 내용에 대해 살펴보고자 한다.

1. 유아교육기관에서의 부모 및 가족 지원

1) 유아교육기관에서의 부모 및 가족 지원의 개념

부모 및 가족 지원이란 유아교육기관과 부모 및 가족이 직접적으로 또는 간접적으로 협력하고 지원하는 것을 통해 유아의 성장과 발달을 최적화하는 목적을 가지고 행해지는 활동을 말한다(김희진, 2014). 부모 및 가족 지원의 용어는 시대적 흐름에 따라, 프로그램의 목적, 운영방식의 강조점에 따라 다양하게 사용되어 왔으며 유아교육현장에서는 아직도 혼용해서 사용하고 있다.

1960년대와 1970년대에는 부모를 돕기 위해 개입한다는 의미로서 부모개입(parent involvement)이라는 용어나 부모를 부족하고 가르쳐야 한다는 부모교육(parent education)이라는 용어를 주로 사용하였다. 또한 부모에게 자녀양육을 위해 필요한 구체적인 기술이나 전략을 가르치는 것에 중점을 둔 부모훈련(parent training)이라는 용어도 사용하였다. 1980년대에 들어서면서 부모를 이해하고 협력해야 하는 대상으로 보는 관점에 따라 부모참여(parent participation)라는 용어를 사용하였고 부모를 대상으로 상담하는 것에 목적을 둔 부모상담(parent counselling)이라는 용어도 사용하였다.

일반적으로 부모 및 가족 지원은 가족구성원들의 건강한 발달을 지원하고 위기를 예방하고 대처하기 위한 예방적인 복지서비스 제공에 초점을 둔다. 최근 들어 가족의 기능을 강화하는 관점에서 부모 및 가족 지원(parent & family support)이라는 용어는 유아와 가족의 건강하고 긍정적인 발달을 향상시키기 위해 제공되는 포괄적이고 사회체계중심의 서비스이어야 함을 강조하고 있다(오혜경, 정소영, 2003; Downs, Moore, Mcfadden & Costin, 2000). 이러한 맥락에서 부모 및 가족 지원은 유아의 발달을 위해 유아교육기관과 부모 및 가족 모두가 동반자적인 관계와 다양한 쌍방향적 상호작용을 하도록 나아가고 있다. 이에 본 책에서 부모지원은 유아교육기관이 부모 및 가족과 긴밀한 협력적 관계를 형성하여 유아와 가족 모두 최적의 성장을 할 수 있도록 부모에게 필요한 정보를 전달하며 부모의 참여를 적극적으로 장려하는 등의 정서적·실제적인 도움을 지원하는 노력 및 교육활동으로 정리한다.

2) 유아교육기관에서의 부모 및 가족 지원의 중요성

유아가 접하는 가장 일차적인 환경은 가정이며, 부모는 유아가 만나는 최초의 환경이자 가장 밀접한 정서적·신체적·사회적 상호작용을 하는 사람으로서 유아의 성장과 발달에 있어서 가장 중요한 역할을 담당한다. 유아들은 태어날 때 의존적인 상태로 태어나 부모가 제공하는 다양한 경험과 교육을 통해 생활규범과 가치관을 습득하며 사회화되어 간다. 그러므로 부모는 자녀가 올바른 방향으로 성장할 수 있도록 자녀를 바르게 양육하고 교육해야 한다.

하지만 현대사회는 핵가족화, 가족 구조의 변화, 저출산, 취업모의 증가 등으로 인하여 가정에서의 교육의 기능이 약화되면서 가족의 기능과 역할을 보완하고 자녀양육 및 교육을 지원할 수 있는 사회적·국가적 지원에 대한 요구가 증가하고 있다. 유아교육기관은 부모 및 가족 지원의 주체로서 역할을 수행할 필요가 있다. 유아교육기관은 부모를 교육하고 부모와 신뢰롭고 긴밀한 관계를 형성하여 부모 및 가족의 다양한 요구에 적합한 자녀양육을 지원해 주어야 한다.

유치원 평가에 사용되는 지표와 보육시설 평가제에서 요구되는 지표에는 공통적으로 '가정(가족) 및 지역사회와의 연계(협력)'라는 항목이 있다. 여기에는 유아교육기관과 가정 간의 의사소통, 정기적인 부모 면담, 부모교육활동의 제공, 부모 간의 교류기회 제공, 지역사회 기관과의 협조체제 등이 포함되어 있다. 즉 유아교육기관에 대해 유아 부모와의 협력과 교류, 교육을 사회적 책무로 받아들이고 이를 지원할 것을 기대하고 있는 것이다(김은설 외, 2009).

부모 및 가족 지원의 중요성은 유아와 부모 및 가족, 사회의 측면에서 살펴보면 다음과 같다(김현주, 강인숙, 2020; 유은정 외, 2012).

(1) 유아

부모의 신념과 가치관, 양육태도와 방법은 유아의 성장발달에 절대적인 영향을 미칠 수 있기 때문에 부모지원의 중요성이 더욱 강조되고 있다. 유아의 행동은 부모가 자녀를 존중하고 독립된 개체로 양육하였는가, 자녀에게 일방적으로 규율을 강요하거나 통제와 도움이 필요한 존재로 양육하였는가에 따라 각기 다르게 나타난다. 유아기에는 부모가 유아의 사회, 정서, 신체, 언어, 인지 등 발달의 모든 영역에 영향을 미치고 그 효과가 일생 동안 지속된다는 것이 과학적으로 입증되었다. 따라서 유아가 건전한 성장과 발달을 할 수 있도록 돕기 위해서는 부모 및 가족이 자녀의 발달 특성을 잘 이해하고 적절한 양육과 교육을 할 수 있도록 도움을 주는 것이 중요하다.

(2) 부모와 가족

도시화·산업화로 인하여 현재의 젊은 부모들과 예비 부모들은 과거와는 달리 양육과정을 경험하거나 참여할 기회가 없었기 때문에 바람직한 부모 역할의 모델을 직접적으로 접하지 못한 경우가 많다. 또한 여러 정보에 휘둘리거나 외부 정보에 따라 일관성 없이 취하게 되는 양육방식은 부모에게 양육에 대한 혼란과 스트레스, 좌절감을 줄 수 있다. 자녀를 양육하는 방법은 부모마다 다르기에 자신의 양육방식이 바람직한지의 여부와 관계없이 부모에서 자녀로 반복적으로 이어지는 세대 간 전이로 이어지게 된다. 이러한 부분들에 대한 반성적 사고나 고민 없이는 바람직한 부모 역할을 수행하기 어렵기 때문에 부모로서 자신의 역할을 정립하고 적절한 부모역할을 수행할 수 있도록 교육적 지원이 더욱 중요하다 하겠다.

부모들이 원하는 부모교육 내용을 조사한 연구를 보면 부모들은 자녀 양육방법, 부모역할 및 부모의 자질 향상, 유아 발달에 대한 이해, 유아의 건강, 영양, 안전지도, 부모의 취미생활, 정신 및 신체 건강 정보 순으로 나타났다(김은설 외, 2009). 유아교육기관에서 부모 대상으로 지원하는 내용들은 부모가 유아교육기관을 직접 방문하여 강의를 듣거나 유아의 지도 상황을 관찰하거나 유아 교육활동에 보조교사로 참여해봄으로 자녀 양육 및 지도방법에 관한 지식이나 기술을 습득하도록 하고 있다. 이를 통해 부모들은 양육에 대한 자신감도 높아지고 자녀를 이해하는 폭이 넓어지게 되며 유아교육기관에 대한 신뢰감이 높아져 적극적인 참여자로의 역할을 수행할 수 있게 된다.

부모에 대한 교육적 지원은 부모 자신의 성숙을 도모하도록 돕기 위해서도 중요하다. 부모가 자신의 모습을 돌아보면서 지금 하는 행동이 자녀를 위한 것인지 생각해보고 행동함으로써 부모로서 성장할 뿐 아니라 한 인간으로서도 인격적인 성숙을 경험하게 된다. 더 나아가 여러 양육 관련 문제들을 사전에 예방하거나 적절히 해결할 수 있도록 돕기 위해서도 교육적 지원이 중요하다.

(3) 유아교육기관

유아교육이 성공적으로 이루어지기 위해서는 유아교육기관과 부모 및 가족 간의 존경과 신뢰에 바탕을 둔 상호 이해와 협조가 있어야 한다. 상호신뢰는 서로를 믿는 데서 나온다. 유아의 교육 및 일상생활 지도를 위해 서로를 믿고 긴밀한 의사소통을 나누는 가운데 상호신뢰가 두터워질 수 있다.

유아교육기관은 유아 지도에 필요한 개개인의 신상을 충분히 파악하고 있어야 한다. 특히 교사는 유아의 가정환경, 생활습관, 건강상태, 성장과정, 부모의 양육태도 등에 대해 자세히 알고 있어야 유아의 특성 및 요구에 따른 다양한 지원을 할 수 있다. 그러므로 부모나 가족이 유아교육기관에 필요한 자녀의 정보를 대화나 부모상담, 각종 유인물을 통해 제공해주는 것은 직·간접적으로 유아교육기관에 참여하는 것이라 할 수 있으며, 이는 유아교육의 질적 향상을 가져온다고 할 수 있다.

(4) 사회와 국가

사회적 측면에서 부모 및 가족 지원은 사회의 공적 가치에 기여하는 효율적인 인적자원의 개발이라는 면에서 중요성을 갖는다. 국가 경쟁력을 높이기 위해서는 국가와 사회가 부모 지원에 관심을 기울이고 책임을 가져야 하며, 사회복지의 차원에서도 부모에 대한 교육적 지원이 필요하다. 올바른 양육방법과 태도를 갖춘 부모는 유아를 미래사회의 일원으로서 질 높은 인적자원으로 길러낼 수 있기 때문이다. 최근 들어 한 부모 가족, 재혼 가족, 조손 가족, 입양 가족, 다문화가족 등 다양한 형태의 가정에서 부모들이 겪는 문제도 다양하고 그들의 부모역할에도 차이가 있으므로 이러한 다양성을 지닌 가족을 위한 적절한 부모 지원이 더욱 중요해지고 있다.

어린 자녀를 둔 부모나 가족에게 부모 지원을 제공하는 것은 교육의 경제적 비용을 절감시키는 효과를 가져온다. 유아의 연령이 어릴수록 가소성이 높기 때문에 유아교육에 투자하는 것은 고등교육에 비해 최소한의 투자로 최대의 교육효과를 볼 수 있다. 다시 말해 유아는 어릴 때부터 부모의 적절한 보살핌과 교육을 통해 바람직한 방향으로 성장할 가능성이 높아진다. 나중에 발생할 수 있는 비행청소년 비율을 줄이고, 실업률을 낮추며, 사회적 비용 등을 경감시킬 수 있기에 이는 사회 및 국가 발전에 도움이 될 것이다.

3) 부모 및 가족 지원 프로그램의 내용

유아교육기관에서는 교육내용과 시기에 따라 효과적으로 부모 및 가족을 지원하기 위한 프로그램을 실시하여야 한다. 부모 및 가족 지원을 위한 프로그램은 원장의 교육철학과 신념, 국가와 지역사회의 요구, 다양한 부모 및 가족의 요구에 의해 내용이 달라질 수 있다. 즉 유아교육기관에서 추구하는 인간상과 교육방침 및 운영에 대해 부모가 이해할 수 있는 내용도 포함되어야 하며, 다양한 가족의 요구를 파악해 바람직한 자녀 양육 및 교육을 위한 지원 내용도 구성되어야 한다. 이에 유아교육기관에서 실시할 수 있는 부모 및 가족 지원 프로그램을 유형별로 나누어 소개하고자 한다.

(1) 부모교육 프로그램

① 부모 오리엔테이션

- 부모 오리엔테이션은 일반적으로 학기 초에 전체 학부모를 대상으로 하거나, 신입 학부모와 재원 학부모를 구분하여 진행하기도 하며, 유아교육기관의 특성에 따라 학급별로도 이루어진다.
- 부모 오리엔테이션의 내용은 부모에게 유아교육기관의 교육철학 및 운영방침, 교육 프로그램 소개 및 연간 행사 안내, 부모가 알아야 할 유아의 유아교육기관에서의 생활과 관련된 안내, 담임교사 소개 등 유아교육기관에 대한 이해를 도모하는 데 관련한 내용들을 다룬다.
- 주로 입학 초기에 진행되므로 학급별 집단모임시간을 통해 소속감과 친밀감을 형성할 수 있다.

부모 오리엔테이션

② 강연회

- 강연회는 유아교육기관의 전체 부모를 대상으로 특정 주제에 대해 전문가가 강의하는 형태로 진행된다. 일반적으로 특강이라고 하며 1년에 2~3회 정도 실시한다.
- 강의 내용은 바람직한 부모역할, 문제행동 지도, 유아 발달의 이해, 유아 놀이 및 교육방법, 효율적인 부모-자녀관계, 건강 및 영양관리와 성교육, 부모 개인

발달과 관련된 내용을 다루거나 부모의 요구를 조사하여 실시한다.

- 짧은 시간 동안 자녀 양육 및 교육에 도움이 되는 여러 가지 지식이나 정보를 공유할 수 있으며 양육에 대한 자신감을 갖게 된다.

③ 워크숍

- 워크숍은 부모나 가족이 소집단으로 모여 여러 회기에 걸쳐 교육의 실제를 습득하는 일정으로 진행되는 교육활동으로, 외부 전문가나 원장에 의해 진행된다.
- 워크숍의 내용은 유아 교육활동과 관련하여 교구 제작을 하거나, 그림책 읽어주기, 놀이 시 상호작용 등을 습득하기도 하며, 부모역할 수행과 관련한 워크숍, 자기이해 프로그램 등의 내용들을 다룬다.
- 유아 교육활동에 대한 이해를 도모하고 특정 주제에 대해 토론하고 학습한 내용을 자녀양육에 실천해봄으로써 부모로서의 유능감과 자아개념이 증진된다.

(2) 부모참여 프로그램

① 교육활동 참여

- 유아교육기관에 다니는 유아와 부모가 함께 참여하는 활동으로 가정 내 교육활동과 유아교육기관의 활동에 참여하는 형태를 말한다.
- 가정 내 교육활동은 유아교육기관 교육과정과 연계된 교육자료(프로젝트 수업 시 자녀가 궁금해 하는 점 조사해오기, 기관에서 배운 새노래 가정에서 함께 불러보기, 기관의 특색교육활동 가정에서도 함께 해보기 등)를 집으로 보내서 부모가 자녀의 교육과정에 직접 참여하게 하는 형태로 진행되며, 이는 자녀의 학업 성취나 교육활동의 가치와 중요성을 알도록 하는 데 도움이 된다.
- 부모 참여수업, 수업 참관, 조부모 수업, 등반대회, 운동회 등 다양한 형태의 교육활동을 경험함으로써 가정과의 연계 교육이 활성화될 수 있으며 자녀들이 기관에서 생활하는 전체적인 모습과 교육적 의미를 이해하는 데 도움이 된다.

가족등반대회

② 자원봉사

- 자원봉사는 유아교육기관에 다니는 유아를 둔 부모가 기관의 다양한 활동 지원을 위한 적극적인 부모참여활동으로서, 교사의 보조자 형태로 참여한다.
- 부모들은 일정 시간 동안 교육을 받은 후 참여하게 되는데, 유아와의 상호작용을 주도하는 일일교사(그림책 읽어주기, 요리 활동 진행 등)로 참여하거나, 유아교육기관의 행사 및 수업의 보조자(동극 참여, 현장학습, 알뜰시장의 판매자, 급식 지도 등)로 참여하거나, 전문지식을 활용하여 특별한 주제로 교육을 진행(악기 연주, 건강검진, 직업 소개 등)할 때 전문가로 봉사하는 경우를 포함한다.

③ 운영참여

- 유아교육기관과 가정 간의 협력 관계를 유지하는 목적으로 부모 또는 부모 대표가 유아교육기관 운영의 의사결정자로서 참여하는 활동이다.
- 기관의 예결산, 규정, 급식, 교육과정 운영방법 등에 자문 및 의견을 제안하는 역할을 하거나, 정기적 또는 비정기적으로 행사참여 후 설문 평가를 하기도 하며, 기관의 교육 만족도 조사, 교육과정영역에 평가위원으로도 참여한다.
- 유아교육기관의 회계, 행정 업무, 교육과정 등 여러 측면에 관심을 갖고 유아교육기관과의 동반자적인 관계를 조성하며 유아교육기관의 질을 향상시키는 데 강력한 도구의 역할을 한다.

유아교육기관 운영위원회

(3) 부모와 의사소통

① 가정통신

- 가정통신은 부모에게 여러 가지 전달사항을 알리기 위해 일종의 서신을 작성하여 매월 또는 매주 비대면으로 전달하는 통신으로, 가장 많이 사용하는 부모지원 의사소통 방법이다. 요즈음에는 서면보다는 웹(web)기반을 활용한 기관 홈페이지, 블로그, 모바일 앱, 문자 등을 이용하여 발송한다.
- 가정통신의 내용은 정기적으로 보내는 교육계획안, 행사 안내, 식단, 건강 및 영양, 안전 등에 관한 정보, 가정의 협조 요청, 자녀양육 정보 등을 제공한다.
- 부모 및 가족과의 지속적인 관계를 유지하고 유아교육기관에서 실시하는 활동에 대한 이해를 높일 뿐 아니라 유용한 정보를 제공하는 의사소통의 매개체로 이용된다.

② 부모 상담

- 부모와 교사가 자녀에 대해 기관에서의 생활과 전반적인 발달사항에 대한 의견을 깊이 있게 다루는 교육활동이다. 정기적으로 연 2회 이상 실시하는 대면 상담과 부모나 기관의 요구가 있을 때 실시하는 비정기적 상담으로 나눈다.
- 부모 상담은 부모들 간 정보 교류나 문제행동 지도 등의 의견을 나눌 때 집단상담을 하기도 하며, 교사와 부모가 일대일로 만나서 하는 개별 상담도 있다. 특히 개별 상담은 부모와 교사가 함께 유아의 최적의 발달을 위해 상호 협력자가

될 수 있는 기회를 제공한다.

• 비정기적 상담은 하루 일과 중 전달내용이 있는 경우, 교사 관찰에 의해 유아가 당면한 문제를 부모와 연계하여 지원하기 위해서 수시로 전화나 대화장, 상담을 이용하기도 하며 부모의 요구로 인해 면담하기도 한다.

부모 정기 상담

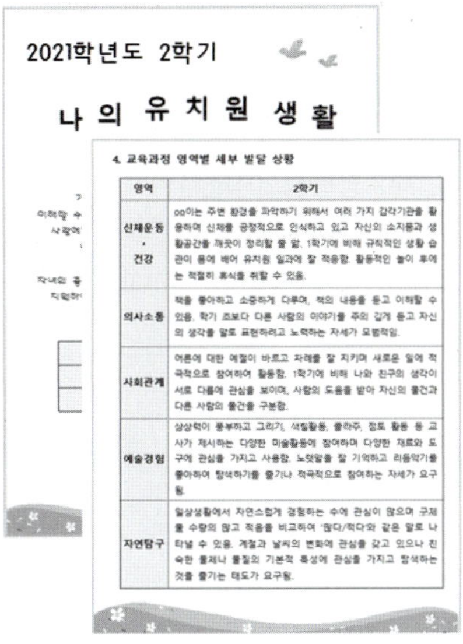

2021학년도 2학기

나의 유치원 생활

4. 교육과정 영역별 세부 발달 상황

영역	2학기
신체운동·건강	oo이는 주변 환경을 파악하기 위해서 여러 가지 감각기관을 활용하며 신체를 긍정적으로 인식하고 있고 자신의 소지품과 생활공간을 깨끗이 정리할 줄 앎. 1학기에 비해 규칙적인 생활 습관이 몸에 배어 유치원 일과에 잘 적응함. 활동적인 놀이 후에는 적절히 휴식을 취할 수 있음.
의사소통	책을 좋아하고 소중하게 다루며, 책의 내용을 듣고 이해할 수 있음. 학기 초보다 다른 사람의 이야기를 주의 깊게 듣고 자신의 생각을 말로 표현하려고 노력하는 자세가 모범적임.
사회관계	어른에 대한 예절이 바르고 차례를 잘 지키며 새로운 일에 적극적으로 참여하여 활동함. 1학기에 비해 나와 친구의 생각이 서로 다름에 관심을 보이며, 사람의 도움을 받아 자신의 물건과 다른 사람의 물건을 구분함.
예술경험	상상력이 풍부하고 그리기, 색칠활동, 콜라주, 점토 활동 등 교사가 제시하는 다양한 미술활동에 참여하며 다양한 재료와 도구에 관심을 가지고 사용함. 노랫말을 잘 기억하고 리듬악기를 좋아하여 탐색하기를 즐기나 적극적으로 참여하는 자세가 요구됨.
자연탐구	일상생활에서 자연스럽게 경험하는 수에 관심이 많으며 구체물 수량의 많고 적음을 비교하여 '많다/적다'와 같은 말로 나타낼 수 있음. 계절과 날씨의 변화에 관심을 갖고 있으나 친숙한 물체나 물질의 기본적 특성에 관심을 가지고 탐색하는 것을 즐기는 태도가 요구됨.

유아 평가기록부

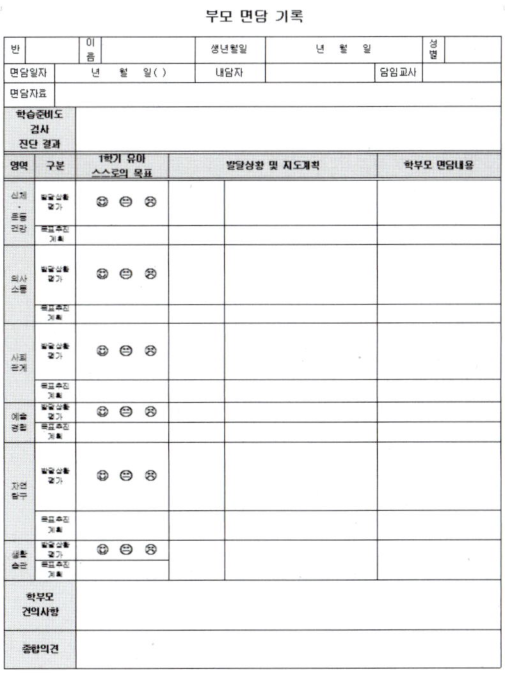

부모 면담 기록

반		이름		생년월일	년 월 일	성별	
면담일자	년 월 일( )			내담자		담임교사	
면담자료							
학습준비도 검사 진단 결과							

영역	구분	1학기 유아 스스로의 목표	발달상황 및 지도계획		학부모 면담내용
신체·운동 건강	발달상황 평가				
	목표추진 계획				
의사소통	발달상황 평가				
	목표추진 계획				
사회관계	발달상황 평가				
	목표추진 계획				
예술경험	발달상황 평가				
	목표추진 계획				
자연탐구	발달상황 평가				
	목표추진 계획				
생활습관	발달상황 평가				
	목표추진 계획				
학부모 건의사항					
종합의견					

부모 면담 양식의 예

유아교육기관에서 운영되고 있는 부모지원 프로그램의 예는 〈표 10-1〉과 같다.

표 10-1 부모지원 프로그램의 예

월	프로그램명	프로그램 내용	유형
3월	유아 적응 프로그램	부모님 교실 참관하기	부모참여
4월	1학기 부모상담	유아 초기 적응과정 안내와 가정으로부터 유아 정보 및 부모 요구사항 파악하기	가정연계
5월	가족의 날	가족과 함께 하는 테마 활동(놀이, 음악, 미술, 요리활동)하기	부모참여
6월	부모 워크숍	놀잇감 제작, 그림책 읽기 지도, 조형활동(액세서리, 실뜨기, 방향제) 등의 부모가 관심 있어 하는 주제로 활동하기 / 부모 역할 돕기	부모교육
	사랑의 바자회	물품 판매, 놀이활동 지도, 요리 등 유아를 위한 행사의 자원봉사자로 참여하기	부모참여
7월	신나는 원내 물놀이	물놀이 활동지도를 위해 일일교사로 자원봉사하기	부모참여
8월	부모 강연회	자녀 양육에 도움이 되는 주제를 선정하여 전문가 강의 듣기	부모교육
9월	가족 운동회	부모님과 함께 참여하는 운동회	부모참여
10월	부모참여수업	유아의 수업활동에 함께 참여하기	부모교육
11월	2학기 부모상담	유아의 발달 변화 안내와 가정과의 협조사항 점검하기	가정연계
12월	크리스마스 파티	즐거운 잔치를 위한 산타할아버지 역할 자원봉사하기, 동극공연 준비하여 유아에게 보여주기	부모참여
1월	학부모 간담회	특색 프로그램 안내, 취학 준비, 자녀 양육 등의 적합한 주제를 선정하여 진행하기	부모교육
2월	신입원아 및 부모 오리엔테이션	유아교육기관 운영방침 및 프로그램 안내하기, 반 및 담임교사 소개	부모교육

2. 유아교육기관과 지역사회 연계

1) 유아교육기관과 지역사회 연계의 중요성

지역사회는 유아들이 유아교육기관에 다니고 있는 주변에서 자주 접하게 되는 곳으로서 다양한 재원을 활용하여 일정한 문화와 경험을 공유하는 공동 생활권을 말한다. 유아는 성장하면서 그 지역사회 환경과의 접촉을 통해 이웃과의 상호작용 속에서 성장한다. 브론펜브레너(Bronfenbrenner, 1979)의 생태학적 이론에 따르면, 부모와 유아교육기관, 지역사회라는 인접 환경을 통한 교육서비스는 유아의 가족과 지역사회를 포함하는 포괄적 교육·보육서비스로서의 중요성이 증가하고 있다(강선미, 2009). OECD(2012)에서는 지역사회를 중요한 정책수단으로 고려하면서 지역사회가 가족과 유아를 위한 교육과 보육 서비스(Early childhood education and care: ECEC)를 제공하는 역할과 유아와 다른 다양한 서비스를 연결해주는 연결자(connector)로서의 역할, 사회적 결속 및 공공질서를 증진하는 환경 조성 역할, 자원의 근원(source for resource)으로 역할을 해야 한다고 하면서 특히 취약가족의 지원 역할을 강조한다.

최근 들어 교육·보육의 사회적 기능을 포함한 포괄적인 서비스로서의 의미가 강조되어야 한다는 논의와 함께 유아의 가족과 지역사회와 같은 제반 환경들에까지 개입해야 한다는 차원에서 보다 적극적인 개념인 '포괄적 보육서비스(comprehensive child care service)'라는 개념이 등장하게 되었다(박미정, 2011).

「개정 누리과정」 운영 지침에서도 유아교육기관은 가정과 지역사회와의 협력과 참여에 기반하여 운영할 것을 제시하여 지역사회 연계를 강조하고 있다. 아울러 유치원과 어린이집의 평가지표로 사용되는 제5주기 유치원 평가지표와 어린이집 평가제 지표에도 평가요소가 반영되어 유아교육기관에서 지역사회자원 연계가 활발히 이루어지는가를 확인하고 있으며 지역사회와의 활발한 교류를 위한 프로그램을 중요하게 여기고 있다. 따라서 유아교육기관과 지역사회는 유아교육을 위해 상호 보완적 협력관계를 형성하여 지역사회 주민인 유아와 그들의 부모 및 가족의 복지를 위해 많은 기여를 해야 한다.

지역사회 연계란 유아교육기관이 지역사회와 유아교육과 관련된 내용으로서 생활, 문화, 자원, 제도, 행정, 정책 등의 기초를 두고 유아교육기관이 지역사회자원 연계를 통해 부모 및 가족을 도울 수 있는 지원을 의미한다(이아름, 2018). 유아교육기관이 지역사회와 연계하여 가족지원할 수 있는 가장 대표적인 방법은 지역 내 문화행사에 유아 및 가족을 초대하여 체험하는 활동을 예로 들 수 있다. 지역사회 연계 방법은 다양화되어 가는 추세이며 지역환경과 유아교육기관에 따라서 다르게 나타나고 있다.

지역사회 연계를 위해서는 유아교육기관이 속한 지역사회 내에서 유용하게 활용할 수 있는 지역사회자원을 파악해야 한다. 지역사회자원은 자연적·인적·물적·문화적 자원의 4가지 유형으로 분류한다(Gestwicki, 2004).

• 자연적 자원(natural resource)

유아교육기관에서 유아들의 교육프로그램을 운영하는 과정에서 가장 손쉽게 활용할 수 있는 지역사회자원으로 각종 가게들과 지하철이나 버스 등과 같은 운송수단체계와 경찰서, 우체국, 도서관, 박물관과 같은 공공기관, 병원, 공원, 동물원 등이 있다. 이러한 지역사회 자원들은 유아들에게 다양한 교육적 경험들을 제공해 준다.

• 인적자원(people resource)

유아교육기관에서는 의사, 간호사 등 유아들의 진료 및 위생교육 활동을 진행해줄 수 있는 사람들이거나 경찰관이나 소방관, 환경보호단체의 회원들 등 지역사회기관에 종사하는 사람들의 도움을 받을 수 있다. 유아도 지역사회를 위한 인적자원의 역할을 할 수 있다. 예를 들면 도움이 필요한 보육원이나 양로원에 지원할 물품을 수집하고 프리마켓 등의 활동을 열어 자금을 모금할 수 있을 것이다. 이러한 활동을 통해 유아들은 지역사회 인적자원으로서의 역할과 역량을 키워나갈 수 있게 된다.

• 물적 자원(material resource)

유아교육기관은 교육프로그램 진행에 필요한 다양한 물품을 지역사회의 다양한 기관으로부터 지원받을 수 있다. 유아교육기관 주변에 가까운 상가, 지역 재활용센터 등으로부터 유아들이 활용할 물품들과 재활용품을 지원 및 기부 받아 교육프로그램에 활용할 수 있다. 이러한 지원 및 기부는 유아교육기관의 다양하고 풍부한 교육활동에 기여하고, 지역사회의 홍보 효과와 재활용의 활성화를 꾀할 수 있다.

• 문화적 자원(cultural resource)

지역사회에서 주최하는 행사, 문화공연, 유아를 대상으로 하는 대회 등에 유아와 유아교육기관이 참여하는 것을 말한다. 또한 특색 있는 지역 문화를 향유하는 활동 등을 통해 지역사회의 문화적 자원을 교육과정과 연계하여 유아와 부모 및 가족들이 풍성하게 체험할 수 있게 해 준다.

다음은 지역사회자원 구분에 따른 프로그램의 예시이다.

표 10-2 지역사회자원 구분에 따른 지역사회 연계 프로그램 예

구분	내용
자연적 자원	• 숲·공원·천·강을 이용한 사계 생태 프로그램 • 체육센터와 연계한 수영 등의 체육 프로그램
인적자원	• 노인 자원봉사자의 예절교육, 숲 해설 프로그램 • 각각의 직업을 가진 지역주민의 직업 소개 • 일일 연극배우 및 일일 경찰관 체험 • 어린이집 주변의 부모님 직장 방문 • 구의원 등 지역사회 인사의 일일교사
물적 자원	• 프로젝트의 관련 주제와 연계된 지역사회 자원 협력 • 패밀리 레스토랑에서의 요리 실습
문화적 자원	• 주변 대학교 유아교육과 및 보육과 행사 참여 • 지역사회 소극장에서의 가족영화 관람, 클래식·국악 등의 음악회 감상 • 지역사회 자원을 활용한 프로젝트 결과물 전시 및 작품전시회 • 지역사회 문화재 및 박물관의 유아 수준 프로그램 참여

출처: 강선미(2009). 보육시설의 지역사회 연계 프로그램의 운영에 관한 연구.

따라서 유아교육기관은 지역사회 내 자연적·인적·물적·문화적 자원과의 교류를 통해 유아와 가족에게 보다 질적으로 풍부한 경험을 제공해야 하며, 지역사회 참여 기회를 마련함으로써 지역사회 내 주체로의 영향력을 발휘해야 한다(이선애, 김상림, 심희이, 2015).

2) 지역사회 연계를 통한 가족지원 프로그램 내용

유아의 성장과 발달의 핵심요소인 부모와 가족의 기능을 향상시키기 위해서는 유아교육기관과 유아와 가족, 지역사회가 상호 호혜적인 관계를 가지고 가족의 양육 기능을 강화할 수 있도록 방향이 설정되어야 한다. 다음의 〈그림 10-1〉은 유아교육기관에서 지역사회와 연계한 가족지원 프로그램의 개념도이다(신현정, 2009).

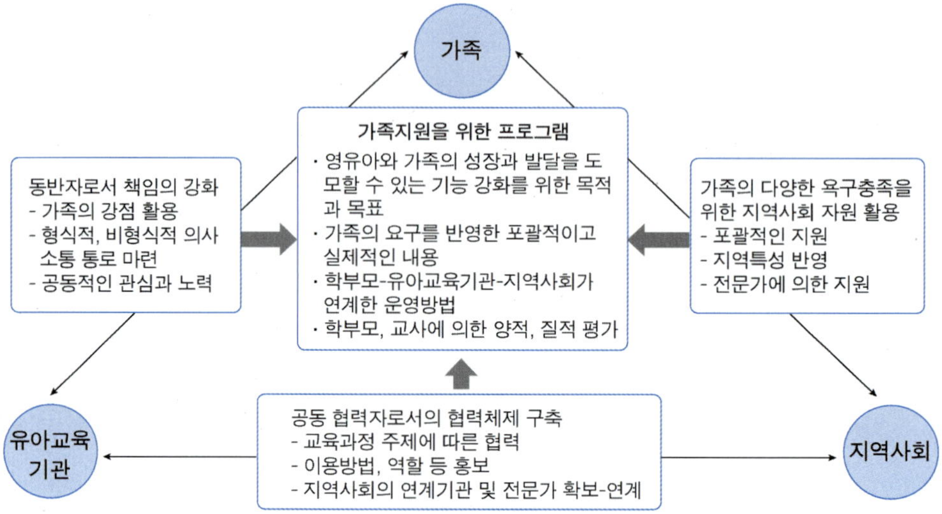

그림 10-1 유아교육기관, 지역사회 연계를 통한 가족지원 프로그램의 개념도

위의 개념도를 보면 유아교육기관의 지역사회연계를 통한 가족지원 프로그램은 가족지원의 보존과 발달을 돕는 종합적 지원 서비스 프로그램의 내용이 구성되어야 한다. 가족지원 프로그램의 내용은 프로그램의 목적에 따라, 무엇에 초점을 두느냐에 따라, 중점내용이나 방법 등 분류기준에 따라 다양하게 구성될 수 있다.

먼저 전혜인(2006)은 유아교육기관에서 지역사회와 연계한 가족지원 프로그램은 유아교육기관과 가족의 협력과 같은 직접적 지원과 유아의 행동 중재를 위한 긍정적인 행동 지원의 실행을 통해 가정생활을 지원하는 간접적 지원의 방법적 측면에서 내용을 구성할 수 있다고 보았다.

또한 크리스토퍼(Christopher, 1995)는 가족지원의 유형을 크게 환경, 결과, 대상의 3가지에 초점을 두어 프로그램을 제시하였다. 첫째, 환경에 초점을 둔 프로그램 내용으로 지역사회에서의 새로운 관계 형성을 위한 기회와 필요한 자원의 경험을 제시하였다. 둘째, 결과에 초점을 맞춘 서비스에는 가족의 빈곤을 돕기 위한 자립(self-sufficiency) 프로그램, 연령에 적절한 양육 실제와 성공적인 학교 생활 프로그램, 가족 건강 프로그램, 아동학대 예방 및 발달에 맞는 정보제공의 내용을 제시하였다. 마지막으로 대상에 초점을 맞춘 프로그램 내용에는 십대 부모에 대한 지원 및 예방

프로그램, 특별한 발달적 요구를 가진 유아 가족에게 지원, 정보, 지지, 자원을 제공해 주는 내용을 제시하였다.

신현정(2009)은 유아교육기관에서의 가족지원 프로그램 내용을 다음과 같이 분류하였다.

표 10-3 가족지원 프로그램 활동 내용 요소

프로그램 목표	내용 요소
자녀양육을 위한 지식, 태도, 기술 향상	• 유아에 대한 정보 제공하기 • 부모역할 이해하기 • 올바른 자녀양육방법 알기 • 자녀와의 바람직한 상호작용하기
가족의 유능감 증진	• 자신의 성격 이해하고 돌아보기 • 자신과 가족의 능력 인정하고 발달시키기 • 아동문제 및 가족의 심리적 갈등 상담하기 • 부정적 정서 완화를 통한 가족 갈등 해소하기
가족 간 유대감 강화	• 여가 기회 갖기 • 가족의 협력적 관계 증진하기 • 자녀와 함께 놀이하기 • 가족 간의 원활한 의사소통하기
가족에 대한 긍정적인 신념 형성	• 학교생활에 대한 관심 및 참여 기회 증진하기 • 문제, 부적응 행동 이해하기 • 가족에서의 적절한 학습 기회 제공을 위해 모델 제공하기 • 유아교육 전문가와 가족의 상호작용 향상하기
가족의 문제해결력 향상	• 동료를 통한 지원받기 • 지역사회 자원에 대한 정보 제공 및 안내받기 • 지역시회 자원 활용방안 제공받기

유아교육기관에서 지역사회와 연계한 가족지원 프로그램을 운영할 때 고려할 점은 다음과 같다(유은정 외, 2012).

- 첫째, 가족이 속한 환경으로부터 겪게 되는 갈등과 위험을 극복하고 예방할 수 있도록 유아와 가족을 위한 교육과 정보 제공, 심리·정서적 지원이 이루어져야 한다.
- 둘째, 유아 가족의 특성, 사회문화적인 맥락을 고려하여 가족의 삶에 도움이 될

실제적이고 효율적인 프로그램이어야 한다.

- 셋째, 지역사회 연계를 통한 가족지원 프로그램 후에도 가족이 자신이 처한 상황을 스스로 문제해결 할 수 있는 능력을 강화하는 것에 초점을 두고 지속적으로 연계성을 갖고 실시되어야 한다.
- 넷째, 유아교육기관과 가족, 지역사회가 지니고 있는 강점을 최대한 활용하여 협력적인 관계 속에서 프로그램이 운영되어야 한다.

(1) 지역사회와 연계한 가족지원 연간 프로그램

유아교육기관에서 지역사회와 연계하여 실시할 수 있는 가족지원 프로그램 연간 계획안의 예를 살펴보면 〈표 10-4〉와 같다.

표 10-4 지역사회 연간 프로그램의 예

활동명	일시	협력기관	내용	인원
○○산, 산책	매주 1회	○○산 관리사무소	유아의 체력단련 자연친화적인 사고의 확장	전체 유아
실습생 교육	년 2회	각 대학	실습교육 / 유아 관찰 및 수업 보조	분기별 4명
안전교육, 성교육	년 1회	○○구청 보건소	내 몸은 내가 지켜요 / 화재대피교육	보건소 2명
구강교육	년 1회	○○치과	올바른 양치질 방법 / 치아의 구조 치아에 좋은 음식, 나쁜 음식	협력치과 4명
사랑의 동전 모으기	년 1회	○○구청	주위의 불우한 이웃을 알고 도와줌	전체유아
소방서 견학	년 1회	○○소방서	화재교육, 화재대피교육 소방서가 하는 일 / 소방차 살펴보기	소방서 대원 3명
초등학교 견학	년 1회	○○초등학교	유치원과 초등학교의 차이점	초등학교 교사 1명
지역 내 종합복지관 견학	월 1회	○○복지관	저소득층 가정과 한부모 가정의 유아들을 위한 지원 프로그램	해당유아
산타행사	년 1회	지역	지역주민의 협조로 유아들에게 산타할아버지와의 좋은 추억을 만들어 줌	지역주민 2명
카네이션 달아드리기	년 1회	○○경로당	할아버지, 할머니 사랑과 고마움 알기 카네이션 달아드리고 안마해드리기	할아버지, 할머니 20명

출처: 경기도북부육아종합지원센터(2008).

(2) 연계 가능한 지역사회기관 프로그램 내용

유아와 가족이 지원받을 수 있는 지역사회기관은 먼저 자녀양육 및 교육에 도움을 받을 수 있는 기관(육아종합지원센터, 도서관, 구청 프로그램, 주민자치센터), 가족건강과 관계개선을 위해 도움을 받을 수 있는 기관(보건소, 사회복지관, 지역 병·의원, 지역 내 상담치료실), 가족과 함께 문화생활 및 자연체험활동을 할 수 있는 기관(주민자체센터, 문화예술회관, 전시관, 공원, 산), 지역사회 봉사를 위한 기관(건강가정지원센터, 보육원 및 복지요양시설)으로 나눌 수 있다. 지역사회기관과 지원내용의 예를 살펴보면 〈표 10-5〉와 같다.

표 10-5 가족지원을 위한 지역사회기관의 지원내용

대상	연계기관	지원 내용
영유아	시도별 유아교육진흥원 00구 육아종합지원센터	유아 상담(모래놀이, 미술놀이 등), 학부모 대, 소집단 연수 가족체험 진행 놀이·문화예술 체험교육 진행 부모 상담 부모 교육(양육, 학대예방, 건강·영양·안전 교육)
장애아	00구 장애인복지관	부모교육 및 상담 물리치료, 언어치료 등
가족	사회복지관 건강가정지원센터 다문화가족지원센터 해당지역 보건소 굿네이버스	가족 상담 부모 교육 맞춤형 가족교육 각종 진료 및 예방접종 방문 보건사업 올바른 생활습관-구강관리 교육 소아비만 성교육 및 모자보건교육 아동학대 예방 교육 부모양육태도 및 자녀이해

출처: 서영숙 외(2007). 보육과정에서 재구성.

퀴즈

01. 다음 중 바르게 설명한 문장에 O, 바르지 않은 문장에 X 하시오.

- 부모 지원은 유아교육기관이 유아와 가족 모두 최적의 성장을 할 수 있도록 정서적, 실제적인 도움을 지원하는 노력 및 교육활동이다. (　　)
- 부모 지원의 용어는 부모개입, 부모교육, 부모훈련, 부모참여, 부모상담 등으로 혼용되어 사용되고 있다. (　　)
- 지역사회자원은 역사적 자원, 물적 자원, 문화적 자원, 인적 자원을 말한다. (　　)

02. 부모 및 가족지원의 중요성에 대한 설명 중 적절하게 설명하지 않은 것은?

① 자녀의 발달특성을 이해하여 적절한 양육과 교육을 하도록 하기 위해서
② 여러 양육 관련 문제들을 예방하거나 해결할 수 있도록 돕기 위해서
③ 부모 자신의 성숙을 도모하기 위해서
④ 부모 및 가족의 여가 활용을 돕기 위해서

03. 지역사회와 연계한 가족지원 프로그램 운영 시 고려할 점이 아닌 것은?

① 교육과 정보 제공 및 심리·정서적 지원
② 유아 가족의 특성과 사회문화적인 맥락
③ 단기간 운영
④ 협력적인 관계 형성

04. 주로 학기 초에 학부모들을 대상으로 유아교육기관에 대한 이해를 도모하는 데 관련된 내용으로 진행되는 프로그램을 무엇이라 하는가?

05. 정기적으로 부모와 교사가 만나 자녀에 대해 기관에서의 생활과 전반적인 발달사항에 대한 의견을 깊이 있게 다루는 교육활동을 무엇이라 하는가?

토론문제

01. 유아교육기관에서 실시하는 부모 및 가족 지원 프로그램의 참여율을 높이기 위한 전략에 대해 생각해 봅시다.

02. 여러분이 살고 있는 지역사회자원은 무엇이 있는지 찾아보고 지역사회자원에 따른 지역사회 연계 프로그램의 예를 토의해 봅시다.

정답 1. O, O, X 2. ④ 3. ③ 4. 부모 오리엔테이션 5. 부모 상담

Chapter

11

유아교육과 평가

1. 유아교육에서의 평가
2. 유아교육평가의 대상과 방법

유아교육에서의 평가는 유아교육과정 및 프로그램 운영뿐 아니라 유아의 발달이나 행동에 대한 전반적인 범위를 평가하는 과정이다. 유아교육평가는 유아교육이 지니는 교육의 보편성과 특수성을 전제로 교육활동이 진행되는 모든 단계에서 평가 대상에 따라 평가방법이 다르게 이루어져야 한다. 이 장에서는 유아교육평가의 목적 및 필요성을 알아보고 평가대상을 유아, 교사, 유아교육기관으로 나누어 살펴보고자 한다.

1. 유아교육에서의 평가

1) 유아교육평가의 개념

평가(evaluation)의 사전적 의미는 사람이나 사물이 갖고 있는 가치나 수준을 판단하고 평정하는 것이다. 이를 교육에 적용해 보면 교육평가는 교육이라는 현상을 대상으로 하여 가치판단을 하는 행위이다. 일반적인 교육평가의 의미로는 시험, 표준화 검사나 관찰, 면접, 질문 등을 포함하는 검사, 객관적 자료의 수집활동을 양적으로 나타낼 수 있는 측정 등이 있다(노희선 외, 2012).

교육평가의 개념을 살펴보면 교육평가의 강조점에 따라 다음과 같이 나눌 수 있다(황해익, 2015).

첫째, 교육평가를 교육목표를 달성하였는지에 초점을 두어 설명한 타일러(Tyler, 1949)는 평가란 교육과정과 교육프로그램의 성과를 측정하여 판단을 내리는 행위라고 하였다. 즉, 교육목표를 평가기준으로 교육과정과 교육프로그램의 달성도를 측정하여 판단내리는 활동이라 할 수 있다.

둘째, 교육평가를 의사결정을 위한 기초 자료를 얻는 데 중점을 둔 크론바흐(Cronbach, 1970)와 스터플빔(Stufflebeam, 1971)은 교육평가를 수업개선이나 학생 개인 및 행정 체제 등과 같이 교육프로그램에 관한 의사결정을 내리기 위한 정보를 수집하고 사용하는 과정이라고 하였다.

셋째, 통합절충론적 입장에서 설명한 네보(Nevo, 1986)는 교육평가를 교육의 과정이나 결과에 대한 결정을 내리기 위해 체계적으로 조사하거나 활용하는 활동으로 보기도 한다. 비비(Beeby, 1977)도 교육결과를 바탕으로 교육과정과 결과, 교육목표에 대해 가치판단을 내리는 것이 교육평가라 정의하였다.

이상의 개념을 종합하면 교육평가란 교육목적에 대한 달성여부를 판단하고 일정한 기준으로 교육활동의 과정과 성과에 대한 가치를 판단하는 일련의 과정이라 볼 수 있다. 최근에는 교육평가의 대상이 학생에게만 국한되는 것이 아니라 학생에게 영향을 미치는 교사, 교육과정, 학교 환경, 교육제도 등으로 점차 확대되고 있다(김진규, 2009).

교육평가의 개념을 유아교육과 관련지어 유아교육에서의 평가의 개념을 정리하면, 유아교육기관에서 유아의 행복과 전인적인 성장과 발달을 돕기 위해 이루어지는 모든 유아교육 활동들의 과정과 결과에서의 정보를 수집, 정리, 체계적으로 측정하여 이에 대한 가치를 판단하는 일련의 과정이라 볼 수 있다.

2) 유아교육평가의 목적과 필요성

유아교육평가는 유아교육 전반에 걸친 다양한 분야에 대해 평가함으로써 유아교육의 질을 높이는 데 매우 중요한 역할을 하므로 체계적이고 효율적인 유아교육평가에 대한 요구가 점차 증대되고 있다. 그러나 이러한 유아교육평가의 필요성에 비해 그동안 유아교육평가에 대한 관심은 낮았으며 실제 적용도 미흡한 편이었다.

그동안 유아교육평가는 2006년부터 시행된 어린이집 평가제와 2008년부터 시행된 유치원 평가가 유아교육기관의 주된 평가 활동으로 자리 잡고 있다. 유아교육의 질적 수준 제고를 위해서 유치원 평가, 어린이집 평가제, 교원능력평가제 등의 유아교육기관의 평가는 교육과정 내의 평가체제를 강화하는 측면으로 볼 수 있으며, 앞으로도 유아교육 내용과 방법의 타당성과 효율성에 대한 실증적인 점검이 지속적으로 이루어져야 할 것이다.

유아교육평가의 목적은 유아의 전인적 성장과 발달을 돕기 위해 유아교육과 관련된 모든 현상과 과정에서의 효율성을 밝히는 것으로 이를 통해 유아교육 프로그램의 성과와 유아교육에 참여하는 모든 사람들인 유아, 부모, 교사, 교직원, 기타 관계자들에게 도움을 주고 영유아 개개인의 발달 수준 및 행동변화를 평가하는 데 그 목적이 있다(채영란 외, 2019).

이러한 유아교육평가의 목적에 기초한 평가의 필요성을 유아, 부모, 교사, 유아교육기관 측면에서 살펴보면 다음과 같다(황해익, 2004).

첫째, 유아의 현재 발달수준과 시간이 경과함에 따라 유아에게 일어난 변화와 발달의 정도가 어떠한지, 유아 개인의 특성과 흥미와 요구가 무엇인지 파악하여 유아의 전인적 성장과 발달에 도움을 주기 위해 필요하다.

둘째, 교사는 유아의 발달과 요구에 적합한 교육활동 계획과 운영, 교수방법의 결정, 교육활동의 실제 등에 대한 피드백을 받음으로써 수업의 질적인 향상에 기여하며 교사로서의 전문성 향상을 돕기 위해서 필요하다.

셋째, 부모는 자녀의 발달 정도를 파악하여 자녀를 보다 잘 이해하고 가정에서 효율적인 지도를 하기 위해서 필요하다. 또한 자녀 양육 시 필요한 양육방법, 의사소통 기술 방법 등 바람직한 부모역할을 수행하기에 필요한 정보를 제공받음으로써 긍정적인 부모-자녀관계를 증진하기 위해서 필요하다.

넷째, 유아교육기관에서는 각 기관에서 정한 유아교육 목표가 제대로 달성되고 있는지, 미흡한 점은 없는지 등을 파악함으로써 유아교육기관 제 운영 측면에서 어떤 점을 수정하고 보안해야 할 것인지에 대한 합리적이고 객관적인 정보를 얻을 수 있기에 필요하다.

누리과정에서도 유아교육기관에서의 평가는 다음과 같은 사항에 중점을 두고 실시해야 한다고 제시하였다(교육부, 2019).

첫째, 누리과정 운영의 질을 진단하고 개선하기 위해 평가를 계획하고 실시한다.

둘째, 유아의 특성 및 변화 정도와 누리과정의 운영을 평가한다.

셋째, 평가의 목적에 따라 적합한 방법을 사용하여 평가한다.

넷째, 평가의 결과는 유아에 대한 이해와 누리과정 운영 개선을 위한 자료로 활용할 수 있다.

3) 유아교육평가의 활용

유아교육평가 결과는 교사로 하여금 유아의 발달을 이해하여 유아에게 적절한 지원을 제공하게 하며, 이를 교육과정 계획 시 반영하여 교수학습의 수준을 높여 질 높은 교육과정 개선을 도모하는 데 활용할 수 있다(우수경 외, 2019).

(1) 유아의 발달 지원

유아기는 개인차, 개인 내 발달영역 간의 차이, 연령차 등에 있어서 다양한 발달 차이를 보인다. 이처럼 유아에 대한 관찰 및 평가를 통해 유아 개개인에 대한 발달 수준을 파악하고 분석하여 종합적으로 유아를 이해한다. 유아 평가 결과는 교사가 부모 면담을 통해 부모에게 관련 자료를 제공함으로써 유아에 대한 이해를 공유하고 유아 발달을 지원하는 데 있어서 가정과의 연계를 도모할 수 있다.

(2) 교수·학습의 질 향상

유아교육평가 결과는 유아교육기관의 교수·학습의 질적 수준을 높이는 데 기초 자료로 활용할 수 있다. 교사는 유아 관찰 및 평가 자료를 기초로 유아 개별 또는 집단별 교수·학습활동에 대한 이해 정도, 활동수준을 탐색하고, 활동 유형에 따라 가장 바람직한 교수·학습방법을 찾아 실행할 수 있다. 또한 교사평가 결과를 통해 교사의 자질과 지식 정도나 효율적인 교수·학습방법의 구안 및 적용, 교사-유아 간 질적인 상호작용의 증진 등의 측면에서 개선을 도모할 수 있다. 유아교육기관 평가에 있어서도 교육과정 내용이 적합한지와 교육과정 실행이 적절하게 이루어지고 있는지를 교수·학습의 질에 대한 분석과 개선을 위한 자료로 활용할 수 있다.

(3) 교육과정 개선

유아교육평가의 결과는 유아교육기관에서 실행되고 있는 교육과정의 적절성을 판단하고 그 결과를 다음 해의 교육과정을 계획 수립 및 운영하는 데 반영할 수 있다. 유아교육기관의 교육과정 개선을 위해서는 먼저 유아교육기관의 교육계획 수립

시 철학적·사회적·심리적 기초를 두고 적절한 교육내용을 선정하여 유아들에게 제공해야 한다. 또한 교육내용은 균형적이고 통합적인 일과 안에서 유아중심, 놀이중심 교수·학습방법으로 실행되어야 하며, 유아교육기관에서의 교육환경 및 교육활동 자료는 놀이 주제 및 내용, 유아 발달특성, 교육활동의 효율성 등을 고려하여 제공해야 한다. 그리고 개별 유아의 발달 상황을 지속적으로 기록하고 활용하며 교사 및 교육과정 평가를 통해 다음 해의 교육과정에 반영한다.

2. 유아교육평가의 대상과 방법

유아교육평가의 대상은 구체적인 평가목적에 따라 유아, 교사, 유아교육기관 종사자, 누리과정에 기초한 교육과정 운영평가, 유아교육기관 평가 등으로 나눌 수 있다. 본 장에서는 개인 수행과 관련된 유아 평가와 교사 평가, 국가수준의 유아교육기관 평가를 중점적으로 살펴보고자 한다.

1) 유아 평가

(1) 유아 평가의 개념

유아 평가는 교육활동을 전개하면서 나타나는 유아의 발달 정도의 변화를 평가하고 교육과정이나 교육 프로그램의 달성 여부를 알아보는 과정을 의미한다(오채선, 2003). 유아 평가를 통해 교육과정은 질적으로 개선되고 유아 개개인의 존엄성과 다양성이 존중되며 발달에 적합한 교육이 이루어지기에 유아교육평가 대상에서 가장 중요하게 생각하는 영역이며 평가활동의 핵심이라 할 수 있다(양옥승 외, 2018).

유아 평가의 목적은 유아의 행복과 전인적 발달을 지원하기 위해 개별 유아에 대한 이해를 높이고 유아의 발달과 성취수준을 평가하여 개별 유아의 발달을 최적화하려는 목적으로 실시한다. 따라서 유아가 성취한 결과를 평가하는 것이 아니라 유아의 특성, 실제 수행능력, 성장 가능성, 변화 정도 및 과정을 평가하는 것이 바람직하다. 왜냐하면 유아의 발달은 점진적으로 이루어지며 표면적으로 동일한 수행력을 보일지라도 그 능력에 대한 가능성의 수준은 다를 수 있기 때문이다. 그러므로 목표와 내용의 성취 여부만을 평가하는 것은 유아의 가시적인 측면만을 단일적으로 평가하는 한계점을 가지므로, 유아를 대상으로 하는 평가에서는 다음 사항을 고려해야 한다(김혜윤 외, 2018).

첫째, 유아 평가는 모든 발달과 학습영역에서 유아의 지식과 수행 정도를 평가해야 한다. 유아의 신체 운동기술능력이나 사회성 발달 등 유아의 특정 영역에 초점을 맞추어 평가할 수 있지만 발달영역 간의 유기적인 관계를 고려하여 모든 발달과 학습영역, 기본 생활습관 등에서 유아의 지식 정도와 수행 정도를 평가해야 한다.

둘째, 유아 평가는 일상생활, 놀이, 교육활동 전반을 통하여 포괄적인 평가가 이루어져야 한다. 즉 일과 속에서의 등·하원 시간, 점심시간, 화장실 가는 시간 등 일상적인 활동할 때에도 평가가 이루어져야 하며, 또래와의 놀이상황, 교구나 자료를 사용할 때 보이는 행동이나 언어, 결과물 등 일상생활과 교육활동을 모두 고르게 관찰하여 평가해야 한다.

셋째, 유아 평가 방법은 관찰, 활동 결과물 분석, 부모면담 등 다양한 방법을 사용하여 종합적으로 평가하고 그 결과를 기록하여야 한다. 하루일과에서 유아의 놀이, 일상생활, 활동 속에서 유아의 고유한 특성이나 의미 있는 변화를 발견하고, 구체적으로 기록하고 그 자료를 기초로 유아를 평가한다. 또한 부모와의 주기적인 개별 면담을 통해 기관에서 관찰하지 못하는 유아에 대한 정보를 추가하여 종합적으로 유아를 평가하고 이를 기록해 둔다.

넷째, 유아가 유아교육기관에 들어오기 이전의 발달상황이나 가정환경과 관련된 배경에 대해 평가해야 한다. 유아에게 영향을 미치는 전반적인 환경을 평가하는 것은 유아의 발달을 지원할 수 있는 지원체계를 구축하는 데 기초자료로 활용될 수 있기 때문이다. 따라서 교사는 학기 초에 유아에 대한 객관적인 정보(가족에 대한 정보, 유아의 의료 기록, 이전 발달 및 행동에 대한 기록, 부모의 양육행동이나 가정의 심리적 환경 등)를 수집하고 체계적으로 관리해야 한다.

다섯째, 유아 평가 결과는 유아에 대한 이해와 교육과정 운영 개선 및 부모 면담

자료로 활용할 수 있어야 한다. 유아에 대한 평가 결과는 주기적으로 유아의 현재 발달 수준을 이해하여 적절한 교수전략을 제공하는 데 활용해야 한다. 또한 부모와 유아 평가 결과를 공유하여 유아교육기관과 가정이 연계하여 유아의 전인적 성장을 지원하도록 해야 한다.

(2) 유아 평가의 방법

유아 평가 방법은 유아에 대한 자료를 수집하는 방식에 따라 크게 형식적 평가와 대안적 평가인 비형식적 평가로 나눌 수 있다. 이 두 가지 평가방법은 규준집단의 유무와 표준화 여부에 따라 나뉘지만 이는 개념상의 구분일 뿐 실제에서는 두 평가 방법 간에 연속성이 존재한다. 형식적 평가도구는 성취도를 통해 개인 간의 능력을 비교하는 표준화 검사와 각종 검사도구가 해당되며, 비형식적 평가도구는 유아의 발달 진보를 살펴보기 위하여 유아의 행동을 관찰한 자료, 작업 표본, 부모와의 면담, 비디오나 사진자료를 통해 평가하는 방법이다(채영란 외, 2017). 유아를 평가할 때는 다른 유아와의 비교를 통한 서열화가 목적이 아니라 개인의 특성을 개인 내에서 비교해야 하며 평가준거에 어느 정도 도달했는지를 형식적 검사도구로 살펴볼 수 있다. 또한 개별 유아의 변화과정에 초점을 두는 과정평가에 중점을 두므로 형식적 평가방법보다는 비형식적 평가방법이 주로 사용된다.

유아 평가의 방법은 다양하고 각 평가도구마다 특징 및 장점이 다르므로 평가 시에는 적절한 평가방법을 활용해야 한다. 하나의 평가방법은 유아의 한 측면만을 주로 보여주기 때문에 유아를 종합적으로 이해하기 위해서는 다양한 평가방법을 활용하는 것이 바람직하다. 유아 평가 방법으로 유아교육기관에서 많이 활용하고 있는 관찰법, 표준화 검사, 포트폴리오 평가방법에 대해 구체적으로 살펴보면 다음과 같다.

① 관찰법

유아교육기관에서의 관찰은 일상적으로 이루어지는데, 교사는 유아를 자연스러운 상황에서 여러 번 지속적으로 관찰함으로써 유아의 개인차와 학습상태, 발달, 흥미, 특성 정도에 대한 정보를 수집하게 된다. 관찰법은 유아교육현장에서 가장 대표적인 평가방법으로 유아가 보여주는 여러 상황이나 놀이, 활동을 과학적인 방법으로 자세히 관찰하고 기록, 분석하는 방법이다.

2019 개정 누리과정에 따른 놀이중심교육과정에서 관찰과 기록 및 평가는 놀이중심교육운영에 중요한 부분을 차지하고 있다. 관찰을 통해 유아의 관심과 현재 수준을 파악하고 적절한 놀이 개입이 이뤄질 수 있으며(경기도 교육청, 2018), 개인별로 가장 적절한 교수계획을 세워서 유아의 긍정적인 발달을 지원할 수 있으므로 관찰법은 다른 평가방법에 비해 중요하다 할 수 있다. 또한 매일, 주별, 월별, 연간에 걸쳐 관찰한 자료를 기초로 하여 종합적으로 분석한 정보를 토대로 부모와 의사소통하면서 가정과 협력하여 유아에 대한 구체적이고 일관성 있는 지도가 이루어질 수 있다(양옥승 외, 2018).

유아 관찰은 그 절차에 있어서 기록, 해석, 평가의 과정을 거친다. 첫째, 기록 과정에서는 관찰자가 보고자 하는 목표행동, 장면을 잘 볼 수 있도록 사전에 계획을 잘 세워야 하며, 관찰자 앞에서 일어나고 있는 장면을 가능한 자세하고 객관적으로 기록하여야 한다. 특히 관찰자의 주관적인 느낌이나 판단을 제외한 객관적인 관찰이 무엇보다 중요하다. 둘째, 해석 과정에서는 행동의 원인, 행동을 할 때의 감정 등을 추측해보고 기록된 자료의 의미를 찾아본다. 셋째, 평가 과정에서는 축적된 관찰자료를 바탕으로 현재 수준과 앞으로의 교수전략에 대한 결론을 내린다(김희진, 박은혜, 이지현, 2014).

관찰법의 유형에는 일화기록법, 시간표집법, 사건표집법, 행동목록법, 평정척도법 등이 있다.

• 일화기록법(Anecdotal Records)

일화기록법은 교사가 관찰하고자 하는 한 가지 상황에 초점을 맞추어 기록하는 방법으로 유아의 일상생활 중에서 관찰자가 의미 있다고 생각하는 행동이나 사건에 대해 간결하게 기록하는 방법이다. 일화기록법은 기록할 만한 가치가 있는 행동이나 사건 장면을 관찰 후 가능한 빨리 기록하며, 그 장면을 목격하지 않은 사람이 읽어도 상황을 이해할 수 있도록 상황적 정보를 포함하여 기록해야 한다.

표 11-1 일화기록법의 예

관찰 유아	이은성	생년월일	년 월 일 (남)
관찰자	정다은	관찰 날짜	년 월 일 요일
관찰 장소	교실(쌓기놀이영역)	현재 연령	5년 5개월
관찰 시간	오전 10시 10분 ~ 10시 30분	관찰의 초점	사회관계 영역
기록	효민이와 세운이가 병원놀이를 하고 있는 쌓기영역으로 은성이가 다가왔다. 효민이가 세운이를 치료하는 흉내를 내는데 은성이가 드라이기로 누워있는 세운이의 머리 말리는 흉내를 냈다. 효민이가 "여기가 미용실이냐? 여기는 병원이야"라고 하자 은성이는 "아니야, 미용실이야."라고 대답하며 계속해서 드라이기로 세운이 머리를 말리는 흉내를 냈다. 효민이는 "하지마!"라고 말하며 교사에게 "여기는 병원인데 은성이가 미용실이래요."라고 말하며 은성이를 가리켰다. 은성이는 계속해서 세운이 얼굴에 화장품을 발라주는 흉내도 냈다. 교사가 "은성아, 효민이가 여기는 병원으로 만든 곳이야. 미용실 놀이가 계속하고 싶으면 다른 친구들이랑 미용실을 만들어보자."라고 말했다. 은성이는 고개를 숙이고 가만히 있었다. 교사가 "효민이라 세운이랑 놀이하고 싶니? 그럼 병원 놀이하다가 다음 시간에 미용실 놀이도 해보자."라고 말하자, 은성이는 드라이기와 화장품을 만지작거리다가 울음을 터뜨렸다.		
해석	효민이와 세운이가 병원놀이 하는 곳에 은성이가 와서 세운이의 머리를 드라이기로 말리는 흉내를 한 것은 은성이가 효민이, 세운이와 함께 놀이하고 싶은 마음을 표현한 행동인 것 같다. 하지만 효민이와 세운이는 이미 병원놀이를 하고 있었기 때문에 은성이의 놀이를 받아들이기 어려웠던 것으로 보여진다. 교사가 미용실 놀이는 다음에 하자고 제안했을 때 은성이가 고개를 숙였다가 울음을 터뜨리는 것으로 보아 은성이는 효민이, 세운이와 미용실놀이를 못하게 되어 속상한 자신의 감정을 울음으로 표현한 것 같다.		
평가	은성이는 함께 놀이하고 싶은 또래의 놀이에 참여할 때 어떻게 말하고 행동해야 하는지 잘 모르는 것 같다. 따라서 은성이에게 또래와 함께 놀이하고 싶을 때 어떻게 다가가야 하는지에 대해 알려 주는 것이 필요하다. 또한 친구의 말을 무시하거나 교사의 제안에 고개를 숙여 회피하기, 울기와 같은 의사표현보다 말로써 자신의 의견을 전달할 수 있도록 지도해야겠다.		

출처: 양옥승 외(2018). 영유아 관찰 및 실습.

• 시간표집법(Time Sampling)

시간표집법은 관찰하고자 하는 특정 행동이 짧은 시간 내에 얼마나 자주 일어나는지를 시간 간격을 정해놓고 반복하여 기록하는 방법이다. 시간표집법 작성방법은 먼저, 관찰행동을 범주화하고 관찰행동이 무엇을 말하는지 조작적 정의를 내려야 한다. 그리고 관찰 대상의 수 및 관찰 시간 간격, 횟수 등을 결정하고, 관찰 행동의 나타날 때 유무를 표시하거나 빈도 표시 방법으로 기록할 것인지를 결정해서 기록한다.

표 11-2 시간표집법 관찰지의 예: 이야기나누기 시간 행동

유 아 명	김○민	생년월일	년 월 일 (남)
관 찰 자	이○정	관 찰 일	년 월 일
관찰시간	오전 11:00~11:10(10분간)	관찰장면	이야기나누기 시간의 행동

※ 1회에 30초씩 관찰하고 30초 기록한다. 30초 동안 동일한 행동이 여러 번 나타나더라도 1번만 표시한다.

행동유형 / 시간간격	1회 (30초)	2회 (30초)	3회 (30초)	4회 (30초)	5회 (30초)	6회 (30초)	7회 (30초)	
눈, 머리, 몸의 방향이 학습상황에서 벗어남								
가만히 앉아 있지 못하고 안절부절못함								
수업과 관계없는 소리를 내는 행동								
수업과 관계없이 서있거나 돌아다니는 행동								
기타(수업에 집중함....)								

출처: 김신옥, 이현정(2016). 영유아 관찰 및 평가.

• **사건표집법(Event Sampling)**

사건표집법은 특정 행동이나 사건이 발생할 때에만 관찰하여 기록하는 방법이다. 사건표집법은 두 가지 유형이 있다. 첫 번째는 사건의 원인을 알고자 하는 경우에는 사건이나 행동의 이전 상황(Antecedent Event), 행동(Behavior), 행동 후 결과(Consequence)를 순서대로 기록하여 사건의 원인을 파악하는 ABC 서술식 사건표집법이 있다.

표 11-3 ABC 서술식 사건표집법을 통한 관찰지의 예

◉ 관찰유아: 황지은(여) 만 2세　　◉ 관찰장소: 교실
◉ 관 찰 자:　　◉ 관찰행동: 친구를 무는 행동

날짜	사건 전(A)	사건(B)	사건 후(C)
5월 10일	음률영역에서 지은이는 손목 벨을 가지고 놀이하다가 옆에 있던 민서의 에그 쉐이커를 쳐다본다.	지은이는 민서가 가지고 있던 에그 쉐이커를 손으로 잡아당기지만 민서가 주지 않자 민서 팔을 문다.	민서가 악기를 손에서 내려놓으며 울기 시작한다. 교사가 하면 안 되는 행동에 대해 이야기해준다.
5월 11일	역할놀이에서 아기인형에게 우유를 먹이고 있는 주미에게 지은이가 다가간다.	지은이는 주미가 우유병을 주지 않자 주미의 손을 물려고 할 때 교사가 이 모습을 보고 "누가 친구를 물려고 해요"라고 말하며 제지한다.	지은이는 교사를 쳐다보면서도 우유병을 주지 않으려고 한다. 여러번 교사가 말하니 우유병을 주미에게 준다.
5월 14일	언어영역에서 교사와 준영이가 책을 읽는 모습을 보고 지은이는 교사 무릎에 앉으려고 한다.	준영이가 지은이를 밀쳐내자 지은이는 준영이의 팔 쪽으로 입을 가져간다.	교사가 제지하니 지은이가 울기 시작한다.
요약 및 교수 계획	• 자기가 갖고 싶은 놀잇감이 있으면 달라고 말하기 보다는 뺏는 행동을 보인다. • 무는 행동이 잘못된 것임을 알지만 자기가 원하는 상황대로 되지 않으면 감정을 통제하지 못하여 무는 행동으로 나타난다. • 또래와 갈등상황이 생겼을 때 자신의 감정을 언어로 표현할 수 있도록 이야기 나눈다. • 친구를 물면 왜 안 되는지, 친구의 기분은 어떨지를 생각해보도록 지도해야겠다.		

두 번째는 사건이나 행동이 얼마나 자주 일어나는가를 알 수 있는 빈도 사건표집법이 있다. 미리 정해진 범주의 행동이나 사건이 나타날 때마다 단순하게 세기표나 빈도로 부호화하여 기록한다.

표 11-4 빈도사건표집법 관찰지의 예

유 아 명				생년월일	년 월 일 (남)		
관 찰 자				관 찰 일	년 월 일		
관찰장면	자유선택놀이시간			관찰행동	공격성		
범주	물건 던지기	때리기	발로 차기	밀기	빼앗기	욕하기	도구로 위협하기	기타
9월 3일	/	/			/			
9월 8일	/					/		
9월 12일				/				
9월 19일		/			/			
9월 28일		/				/		
요약								

• 행동목록법(Checklist)

행동목록법은 교사가 사전에 관찰행동의 목록을 미리 준비하고 그 행동이 나타나는지의 여부를 관찰하여 '예/아니오' 또는 '그렇다/그렇지 않다'로 표기하는 방법이다. 행동의 목록은 직접 관찰이 가능한 구체적인 행동으로 계열성 있게 작성하면 유아의 행동 출현 여부를 신속하게 평가하는 데 도움이 되며 다음 단계의 지도방안을 세우는 데 이용할 수 있다. 행동목록법은 누구나 사전 교육을 받지 않아도 사용 가능하고 현재 유아의 발달 특성을 알아보기에 용이하다.

표 11-5 행동목록법 관찰지의 예: 기본생활습관 관찰 기록서

관찰유아		생년월일	
관찰자		관찰날짜	

지시: 다음은 유아의 발달을 전체적으로 평가해 볼 수 있는 체크리스트이다.

1. 유아를 선택하여 관찰한다.
2. 체크리스트에 있는 행동이 나타나면 ✓로 표시한다.
3. 체크리스트 마지막에 각 발달 영역별로 요약을 한다.
4. 관찰결과에 따라 각 영역별로 한 가지씩 교수방법을 계획한다.

기본 생활습관	예	아니오	비고
1. 정리정돈을 할 수 있다(장난감, 작업, 간식 책상).			
2. 간식, 식사 전에 손을 씻는다.			
3. 규칙(차례, 약속)을 잘 지키는 편이다.			
4. 어른에게 존댓말을 사용한다.			
5. 음식을 골고루 먹는다.			
6. 낮잠을 잔다.			
7. 교사의 지시를 잘 이해하고 따른다.			
8. 물건을 소중히 다루고 아껴 쓴다.			
9. 고마워, 괜찮아, 미안해 등의 말을 적절하게 사용한다.			
10. 혼자서 옷을 입을 수 있다.			
11. 화장실 사용 후 뒤처리를 혼자 한다.			

요약:

출처: 양옥승 외(2018). 영유아 관찰 및 실습.

• **평정척도법(Rating Scale)**

평정척도법은 관찰하고자 하는 행동의 발생 여부뿐만 아니라 행동의 질적 특성의 정도나 수준을 단계적으로 평가하고자 할 때 사용하는 관찰방법이다. 평정척도법은 미리 구성된 척도에 따라 교사의 판단에 따라 평가하는 도구이므로 관찰자는 평정하기 전에 모든 관찰 항목을 읽고 객관적으로 평정하도록 노력해야 한다. 평정척도의 대표적인 유형은 평정하려는 항목의 내용 정도를 보고 표시하는 기술평정척도가 있으며, 평정의 정도를 1~3점, 1~5점, 1~7점 등으로 숫자로 표시하는 숫자평정척도, 특정 행동의 특성 정도는 수평선상에 기술된 내용에 표시하는 도식평정척도 등이 있다.

표 11-6 기술평정척도의 예

▶ 유아의 책읽기 흥미도는 어느 정도인가?

( ) 읽기에 전혀 관심을 보이지 않는다.
( ) 교사에게 책을 읽어 달라고 가끔 요청한다.
( ) 거의 매일 언어영역에 가서 책을 본다.

표 11-7 숫자평정척도의 예

▶ 친구와 사이좋게 지내기

◉ 단극평정척도

그렇지 않다				매우 그렇다
1	2	3	4	5

◉ 양극평정척도

그렇지 않다				매우 그렇다
-2	-1	0	1	2

표 11-8 도식평정척도의 예

유아가 스스로 자기 물건을 정리할 수 있습니까?

전혀 그렇지 않다	별로 그렇지 않다	보통이다	대체로 그렇다	항상 그렇다

② 표준화검사법

표준화검사법은 특정한 행동의 특성을 측정하기 위해 객관적이고 표준화된 절차를 통하여 신뢰도와 타당성을 검증받아 작성된 검사를 말한다(최일선, 조운주, 2018). 즉, 표준화검사법은 누가 사용하더라도 평가의 실시, 채점, 결과 해석이 동일하도록 모든 절차와 방법을 일정하게 만들어 놓은 검사이므로 개별 유아의 행동이나 성취 비교가 가능하다. 검사도구를 선정할 때는 유아교육기관 운영자와 교사의 요구 및 전문가의 조언을 종합적으로 고려해야 한다(우수경 외, 2019).

표준화검사법 종류에는 유아의 발달이나 행동을 평가하기 위한 발달검사와 인지적 능력을 측정하기 위한 지능검사, 학습 준비도 검사, 창의성 검사가 있으며 정의적 특성을 측정하기 위한 감정검사, 성격검사, 사회적응 및 자아개념 검사 등이 있다.

우리나라에서 주로 사용되고 있는 영유아용 검사도구를 요약하면 〈표 11-9〉와 같다(양옥승 외, 2018, 황해익, 2015).

표 11-9 영유아용 검사도구

구분	검사도구명	대상	저자(연도)	출판사
발달검사	한국형 베일리 유아 발달 검사(K-Bayley-III)	생후 16일~ 42개월 15일	방희정 · 남민 · 이순행 (2019)	학지사 심리검사연구소 (https://inpsyt.co.kr)
	한국형 덴버 발달선별검사 (K-DDST-II)	생후 2주~6세	신희선 · 한경자 · 오가실 · 오진주 · 하미나 (2002)	서울: 현문사
	아동발달검사(K-CDI)	15개월~ 만 6세 5개월	김정미(2010)	학지사 심리검사연구소

구분	검사도구명	대상	저자(연도)	출판사
지능 검사	한국 웩슬러 유아지능검사 (K-WPPSI-IV)	만 2세 6개월~ 7세 7개월	박혜원 · 이경옥 · 안동현(2014)	학지사 심리검사연구소
	한국 카우프만 아동 지능검사(KABC-II)	만 3세~18세	문수백(2014)	학지사 심리검사연구소
학습 준비도 검사	유아 학습준비도검사	4세 6개월 ~6세 5개월	박혜정 · 강혜원 · 장명림(1987)	한국교육개발원 (https://www.kedi.re.kr)
	학습준비도검사	5~6세	이연섭 · 김성일 · 단현국(1980)	한국교육개발원
창의성 검사	유아종합 창의성 검사 (K-CCTYC)	만 4세~6세	전경원(2000)	학지사 심리검사연구소
성격 검사	한국판 아동용 주제통각 검사(K-CAT)	3~10세	김태련 · 서봉연 · 이은화 · 홍숙기(1976)	이화여대 인간발달 연구소
정서	유아용 정서지능 평가도구 (교사 평정용)	만 3세~5세	이영자 · 이종숙 · 신은수(2000)	서울: 창지사
	유아용 자아개념 검사 (SCI-II)	만 3세~5세	이경화 · 고진영(2014)	학지사 심리검사연구소

③ 포트폴리오 평가

포트폴리오 평가는 유아의 발달과 학습 과정 및 결과를 증명해 줄 자료들을 장기간에 걸쳐 포트폴리오(파일)에 수집하여 조직적으로 모아놓은 것으로, 시간의 흐름에 따라 유아의 변화 과정을 종합적으로 평가하는 방법이다(조은미, 서의정, 권덕수, 2013).

포트폴리오 평가에는 유아의 활동과 그림, 작업표본 등의 결과물들을 포함하여 동영상, 사진 등과 아울러 교사의 관찰 기록 및 검사지, 부모와의 면담자료 등 유아의 발달상의 변화를 이해하는 데 도움이 되는 다양한 자료가 포함된다. 결과물을 수집하는 과정에서는 유아가 스스로 작업 표본을 선택하고 자신의 활동에 즐거웠던 점, 개선해야 할 점 등을 반성적으로 평가하는 내용이 포함되어야 한다. 이와 같이 포트폴리오 평가는 유아들 간의 비교가 아닌 개인 내의 평가로, 개별 유아의 개인차를 인정하고 유아의 노력이나 성취 등을 총체적으로 평가하므로 기존의 전통적 평가방식의 한계점을 보안한 대안적인 평가방법이라 할 수 있다.

포트폴리오 자료를 수집하여 구성한 예는 다음과 같다.

유 아 명	서민준	반(연령)	샘물반(만5세)	평가시기	7월 19일
생활주제	우리 동네	활동명	시장놀이		
교육과정 관련요소	사회에 관심 가지기 – 지역사회에 관심 갖고 이해하기				
* 평정 척도 : △보통 / ○그렇다 / ⊙ 매우 그렇다					
평가내용	우리 동네의 특징에 대해 알아본다.				○
	다양한 직업에 관심을 갖는다.				○
	일상생활에서 돈의 쓰임에 대해 안다.				○
	필요한 물건을 계획하여 구매한다.				○
사 진					
해 석	민준이는 유치원 주변의 가게 위치와 가게의 이름, 파는 물품 등에 대해 알고 있으며, 동네에서 만나는 다양한 직업군의 역할도 잘 알고 있었다. 시장놀이를 준비하며 물건을 사고파는 방법에 대해서도 잘 이해하였고, 마트에서 사고 싶은 물건이 생겨도 계획해온 구입서대로 장을 보았으며, 금액에 적당한 돈을 내야하고 거스름돈도 받아야 함도 알고 있었다. 마트 계산대에서 판매원에게 "돈 여기 있어요", "고맙습니다" 등의 알맞은 인사도 할 줄 알며, 직접 마트에서 장을 본다는 것에 성취감을 느끼며 즐겁게 시장놀이에 참여하였다.				

그림 11-1 포트폴리오평가의 예

2) 교사 평가

(1) 교사 평가의 개념

교사에 대한 평가는 교사로서의 역할을 수행하는 데 필요한 전문적인 능력개발과 자질을 강화하기 위해 교사의 업무 수행에 대한 정보와 피드백을 제공하여 교사의 질을 관리하는 것이다. 교사 평가의 목적은 교사의 전문성 측정과 자기발전 기회 제공, 교수능력 개선, 전문성 향상 등의 목적으로 실시되는데 그 구체적인 내용은 다음과 같다(교육인적자원부, 2008; 최일선, 조운주, 2018에서 재인용).

- 교사 평가는 교사의 수업 및 학생 지도에 관한 전문성을 진단하고 그 결과에 근거하여 전문성 향상을 지원한다.
- 교사 평가는 교사가 자신의 수업을 새로운 관점에서 검토·이해할 수 있는 자기발전에 필요한 자료를 제공한다.
- 교사 평가는 공정하고 타당한 평가 실시 및 결과 활용을 통해 교원의 지속적인 능력 개발을 유도한다.
- 교사 평가는 교원의 전문성 신장을 지원함으로써 학교 교육의 질 향상 및 공교육에 대한 신뢰를 제고한다.

교사 평가는 정기적인 피드백을 통해 교사로서의 성장을 촉진시키는 데 도움을 준다. 체계적인 교사 평가는 교사의 교수방법 향상, 교사 임용 및 승진 또는 인사관리에 대한 의사결정 등의 사항을 결정하는 데 도움을 제공한다. 즉, 교사 평가는 교사의 업무 성취와 관련된 요소들을 종합적으로 분석하고 장학의 기능을 통해 유아교육기관 전체의 질적 개선을 도모하는 수단이라 할 수 있다.

효율적인 교사 평가를 위해서는 교사 평가 계획단계에서부터 교사들을 참여시키고 평가의 기준 및 방법을 알려주어야 한다. 교사 평가는 교사들의 사기진작과 동기유발에 관계가 있으며, 유아와 유아교육기관에 미치는 영향이 크므로 어떠한 기준으로 평가되는지 기준이 분명해야 한다(채영란 외, 2017).

교사 평가의 기준은 전통적으로 교사로서의 전문적 능력 및 자질을 판정하고 비교 측정하였으나, 최근에는 조직 구성원으로서의 잠재성 및 개발 가능성을 평가하여 이를 통해 조직 전체의 미치는 효과성을 평가하는 방향으로 확대되고 있다. 포괄적인 측면에서의 교사 평가기준의 내용을 제시하면 다음과 같다(최일선, 조운주, 2018).

표 11-10 교사 평가 기준 내용

평가영역	평가내용
개인 특성	• 건전한 인성 • 교직 사명감 • 윤리의식
유아 이해 및 지원	• 유아 학습, 발달, 특성 이해 • 가정·사회·경제·문화적 환경 이해 • 유아 존중, 잠재력 발휘, 개인 요구 수용
교수	• 교과 전문지식 습득 • 교육과정 이해 및 구성·개발 • 수업 계획 및 준비 • 수업 운영, 수업 평가
환경 관리 및 학급 운영	• 적절한 학급 환경 조성과 문화 조성 • 자율적 문제 해결과 의사결정 지원 • 민주적 학급관리·운영
대인관계	• 구성원과 효과적인 의사소통 • 구성원들과 협력
전문성 개발	• 교육 실천 연구 및 향상 • 연수 프로그램과 활동 참여 • 평생학습의 노력

(2) 교사 평가의 방법

교사 평가 방법은 크게 자기평가와 상급자·동료교사·부모 또는 외부 관찰자에 의한 타인평가로 나눌 수 있다.

① 자기평가

자기평가는 유아교사가 자기평가척도를 사용하여 스스로의 교수수행에 대해 알아보는 방법을 말한다. 교사는 자기평가를 통해 자신의 장·단점을 발견하여 교수활동 및 역할 수행을 개선하는 데 기여할 수 있으며 교육의 질적 발전도 도모할 수 있다. 그러나 교사의 자기평가는 주관적인 판단으로 객관성을 잃을 수도 있고 과대평가하는 경향이 문제될 수 있으므로 다른 평가 자료와 함께 사용하는 것이 바람직하다.

교사의 자기평가 방법으로는 구조화된 평가도구인 체크리스트와 평정척도가 있고, 서술식 기록으로 멀티미디어를 활용한 자기 수업 평가, 반성적 저널쓰기, 수업사례 작성 등을 활용하며, 그 외에 교수수행에 기초한 결과물을 선별해서 수집·구성한 기록물인 포트폴리오 등을 주로 사용한다. 다음은 반성적 저널쓰기의 사례이다.

표 11-11 반성적 저널쓰기 사례

저널쓰기
이야깃거리를 소개하는 유아가 친구들의 질문에 예의를 갖추지 않고 대답을 했을 경우, 교사가 시범을 보여주어 유아가 어떻게 말을 해야 하는지 알 수 있도록 해준 것을 알게 되면서 무심코 지나칠 수 있는 유아들의 대화도 놓치지 말아야겠다고 생각했다. 먼저 이야기나누기를 시작하기 전에 이야기나누기에 지녀야 하는 태도에 대해 이야기 해 주고 화장실을 다녀오도록 해야 산만한 분위기를 줄일 수 있다는 것을 알게 되었다. 또한 이야깃거리를 소개하는 유아가 너무 작은 목소리로 이야기할 때 교사는 유아가 더 자신감 있게 말할 수 있도록 눈 마주침과 입모양을 보여주며 용기를 주어 유아가 점점 큰 목소리로 소개하는 것을 볼 수 있었다. 이 전에 나는 유아의 목소리가 작을 경우 교사가 유아의 말을 대신 전해주는 역할을 해왔었다. 그러한 방법은 유아의 태도가 개선되지 못한다는 것을 알게 되었다. 유아들의 태도가 흐트러질 때에도 유아들을 격려하면서 존중하는 모습에서 유아들의 신뢰를 받을 수 있었다. (7월 13일 A교사 저널 중에서)

출처: 김미선(2017). 이야기나누기 코칭을 통한 유치원 교사의 수업역량 변화과정 탐색.

② 타인평가

교사 평가는 교사가 속한 유아교육기관의 상급자인 원감, 원장 또는 장학사가 수행할 수도 있고, 공개수업이나 시범수업 등을 활용할 경우 동료교사나 부모 또는 외부 관찰자에 의해서 실시할 수 있다. 이러한 타인평가는 수업계획안 분석을 통해서 이루어지기도 하며, 수업 참관에 적절한 평가척도 등을 활용하여 평가가 이루어진다.

타인평가의 유형을 크게 나누면 상급자에 의한 평가와 동료에 의한 평가로 나눌 수 있다. 상급자에 의한 교사 평가는 전문성을 가진 사람들이 지원을 해준다는 점에서 효과적이지만 공정하고 객관적인 평가를 위해서 한 번 이상의 직접적인 관찰을 통해 평가가 이루어져야 한다. 동료에 의한 평가는 교사가 자신이 계획한 수업을 전개하면서 의도했던 결과를 체계적으로 설명하고, 실제 수업 경험을 반성해 보는 방법으로 서로 평가자와 교사 역할을 주고 받으면서 서로에게 긍정적인 변화를 성취할 수 있다.

타인평가 양식은 평가 기준 및 양식에 대해 사전에 교사와 협의가 이루어져야 하고 평가양식을 평가 목적에 맞게 수정하여 사용한다. 다음은 타인평가에 활용할 수 있는 수업평가표 양식의 예이다.

표 11-12 교사의 수업평가 관찰지의 예: 이야기나누기

범주	내용	평가
이야기 선정	주제와 연계되는가?	
	유아의 경험과 연계되는가?	
	유아의 발달에 적합한가?	
대형	유아들이 앉은 대형이 이야기나누기에 적절한가?	
	유아들이 자신이 원하는 자리에 자율적으로 앉게 하는가?	
	유아들의 주의집중을 위해 주변의 교구나 물건을 정리하는가?	
매체	그림, 사진, 실물 등의 자료를 사용하는가?	
이야기 지도 과정	수수께끼, 동화, 자료 설명, 경험 회상 등의 도입 방법을 사용하는가?	
	유아들의 다양한 반응을 유도하기 위해 적절한 질문을 하는가?	
	유아들의 질문에 대답을 해주는가?(예: 종합/확장/정보제공/수정 등)	
	유아들의 부적절한 반응이나 행동을 긍정적인 방법으로 조정하는가?	
	유아들의 적절한 반응에 대하여 격려 혹은 칭찬을 하는가?	
	유아들을(과반수) 이야기나누기에 적극 참여시키는가?	
소요시간	유아의 수준에 따라 시간을 적절히 배정하는가?	
마무리	이야기나누기 시간에 나온 내용을 종합 정리하는가?	
	이야기나누기 시간을 마무리하고 다음 활동이 무엇인지 알려주는가?	

출처: 서울특별시교육청(2007). 유치원 교직실무편람.

3) 유아교육기관 평가

(1) 유치원 평가

유치원 평가는 유치원이 학교로서의 질적 수준을 높이기 위해 운영 및 교육 전반에 걸쳐 내용적·물리적 요인 모두를 평가하는 것이다. 우리나라 유치원 평가는 국가수준에서 유치원에 대한 평가시스템 구축을 통해 유치원 운영을 종합적으로 지원함으로써 유치원의 책무성을 강화하고 유치원 교육여건을 개선해 나가는 것을 말한다.

현재 우리나라는 「유아교육법」 제19조 제1항과 「유아교육법」 시행령 개정 제20조, 제21조, 제22조에 의거하여 유치원 평가를 실시하고 있다. 유치원 평가는 3년 단위로 2008년부터 2010년까지 제1주기, 2011년부터 2013년까지 제2주기, 2014년부터 2016년까지 제3주기, 2017년부터 2019년까지 제4주기가 시행되었다. 제4주기에서는 누리과정을 공통 적용하고 있는 유치원·어린이집을 동일한 지표로 평가하는 「유치원·어린이집 평가체계 통합방안」에서 제시한 통합지표 평가방식을 반영하였다. 그러나 2020년부터 2022년까지 시행 중인 제5주기 평가에서는 유아교육 현장의 자율성 및 부담감을 최소화하고 형식적인 현장 평가보다는 지속적이고 체계적인 사후관리에 대한 요구를 반영하여 시·도별 자율항목을 추가하여 조정·보완한 평가체계로 구성하여 진행 중에 있다.

① 유치원 평가의 목적

유치원 평가의 구체적인 목적은 다음과 같다(교육부, 2017).

첫째, 누리과정을 충실히 운영할 수 있는 유치원 운영체계 구축 및 유치원의 책무성 제고를 통해 유치원 교육서비스의 질적 수준을 향상시킨다.

둘째, 유치원 운영 전반을 체계적·종합적으로 점검하고 평가 결과 환류 및 맞춤형 지원을 통해 유치원 운영을 개선한다.

셋째, 평가 결과 공개를 통해 학부모의 알 권리 및 유치원 선택권 보장으로 학부모의 유치원 교육에 대한 만족도를 제고한다.

② 유치원 평가 절차

유치원 평가의 절차는 1주기부터 3주기까지는 자체평가, 서면평가, 현장방문평가를 모두 포함해 실시하였고, 4주기에는 자체평가, 현장평가, 종합평가로, 5주기부터는 매년 자체평가와 서면평가로만 단순화시켜 진행 중에 있다. 특히 서면평가는 전체 유치원 수의 1/3, 즉 3년에 1회로 평가에 참여하나, 시·도에 따라서 필요시 서면평가나 설문조사, 관계자 면담 등도 함께 진행할 수 있고, 건강·안전 영역은 현장점검 등을 추진할 수 있다.

현재 5주기 평가결과는 결과에 따라 컨설팅 장학을 실시하고 우수사례를 공유하고 있다. 결과 공개는 유치원정보공시(유치원 알리미, https://e-childschoolinfo.moe.go.kr/)에 평가영역별 소견 및 총평을 공개한다. 5주기 평가절차는 다음과 같다(충청북도유아교육진흥원, 2020에서 재구성).

자체평가	⇨	서면평가	⇨	평가 결과 보고/ 결과 심의, 결과 안내	⇨	평가 결과 활용
유치원		유치원/ 평가위원회		평가위원회		유치원/ 시·도 교육청
• 국·공·사립유치원 • 유아교육 정보시스템 및 정보공시 활용 • 교육활동 평가, 설문조사, 분석 평가 결과서 작성		• 필요시 서면평가, 설문조사, 관계자 면담 등 • 건강·안전 분야는 현장점검 등 추진할 수 있음		• 유치원에서 제출한 평가 보고서, 기타 사항 등을 종합하여 평가 결과 처리		• (유치원) 정보공시 탑재 • (시·도) 현장지원 및 컨설팅 참고 등 정책 참고 자료 활용

그림 11-2 5주기 유치원 평가절차

③ 유치원 평가지표

유치원 평가지표는 국가에서 제공하는 공통지표와 시·도 교육청에서 자율적으로 추가할 수 있는 자체지표로 나누어진다. 현재 5주기 평가지표는 국가에서 제공하는 공통지표의 평가영역을 교육과정 및 방과후 과정, 교육환경 및 운영관리, 건강·안전, 교직원의 4개 영역으로 구성하고 4주기 20개 지표, 77개 평가항목에서 5주기에는 17개 지표, 47개 항목으로 대폭 축소하였다. 자체지표의 경우 시·도별로 자율항목을 구성하도록 하였다. 교육부에서 제시한 5주기 유치원 평가의 공통지표를 자세히 살펴보면 다음과 같다.

표 11-13 5주기 유치원 평가 공통지표

평가 영역	평가지표	평가항목
Ⅰ. 교육과정 및 방과후 과정	1-1. 교육계획 수립	1-1-1. 국가 수준의 공통 교육과정을 바탕으로 각 유치원의 실정을 반영한 교육계획을 수립한다.
		1-1-2. 유아의 발달과 장애 정도를 고려하여 교육계획을 수립한다.
		1-1-3. 가정과 지역사회와의 협력과 참여를 포함하여 교육계획을 수립한다.
	1-2. 일과운영	1-2-1. 놀이와 활동을 융통성 있게 운영한다.
		1-2-2. 성, 신체적 특성, 장애, 종교, 가족 및 문화적 배경 등으로 인한 차별이 없도록 운영한다.
	1-3. 교수·학습 및 평가	1-3-1. 유아중심 놀이가 이루어지도록 지원한다.
		1-3-2. 교사는 유아가 놀이에 대한 흥미와 관심을 갖도록 지원한다.
		1-3-3. 유아의 특성 및 변화 정도와 교육과정 운영에 대한 평가를 실시한다.
		1-3-4. 유아와 교육과정 운영에 대한 평가 결과를 다음 계획에 반영한다.
	1-4. 교사와 유아 상호작용	1-4-1. 교사는 유아의 요구나 질문에 적절하게 반응한다.
		1-4-2. 교사는 유아의 감정에 공감하고 유아가 스스로의 감정을 다룰 수 있도록 돕는다.
		1-4-3. 교사는 유아의 놀이 상황을 주의 깊게 관찰하고 적절히 지원한다.
	1-5. 방과후 과정	1-5-1. 방과후 과정을 적절하게 계획하여 운영하고 있다.
		1-5-2. 방과후 과정을 위한 환경을 갖추고 있다.
Ⅱ. 교육환경 및 운영관리	2-1. 놀이 공간의 다양성	2-1-1. 실내외 공간을 다양한 놀이와 활동이 가능하도록 구성하고 있다.
		2-1-2. 놀이 영역간의 연계 및 놀이 확장이 가능하도록 실내외 공간을 구성하고 있다.
	2-2. 시설·설비의 적합성	2-2-1. 실내외 시설·설비가 유아의 발달 수준에 적합하다.
		2-2-2. 유아의 놀이와 활동을 지원하는 공간을 마련하고 있다.
	2-3. 놀이자료의 구비 및 관리	2-3-1. 다양한 놀이와 활동이 가능한 놀이 자료를 충분히 구비하고 있다.
		2-3-2. 놀이 자료 및 비품을 보관하는 공간이 있고 체계적으로 관리하고 있다.

평가 영역	평가지표	평가항목
	2-4. 행·재정관리	2-4-1. 유치원운영위원회를 구성·운영하고 있다.
		2-4-2. 유치원생활기록부 작성 및 관리지침에 따라 생활기록부를 작성·관리하고 있다.
		2-4-3. 유치원 예산·회계를 체계적으로 관리하고 있다.
III. 건강·안전	3-1. 시설 및 환경	3-1-1. 실내 공간을 청결하고 안전하게 관리한다.
		3-1-2. 실외 공간을 청결하고 안전하게 관리한다.
		3-1-3. 수도시설 공간을 청결하고 안전하게 관리한다.
		3-1-4. 전기 및 가스를 안전하게 관리한다.
		3-1-5. 안전시설 및 용품을 충실히 관리하고 사용법을 숙지한다.
	3-2. 건강 및 안전 증진	3-2-1. 질병 및 상해 관리와 감염병 대응관리가 적절히 이루어진다.
		3-2-2. 의약품을 철저하게 관리하고 있다.
		3-2-3. 건강 및 안전 증진을 위한 예방 관리를 실시하고 있다.
		3-2-4. 건강 및 안전 증진을 위한 교육이 충실히 이루어지고 있다.
	3-3. 급·간식 건강 및 안전	3-3-1. 균형 잡힌 급·간식 계획을 수립·제공하고 있으며, 식자재 관리가 적절하게 이루어진다.
		3-3-2. 조리 및 배식과정이 안전하고 위생적이다.
		3-3-3. 급·간식 시간 및 이후 관리가 위생적으로 이루어진다.
	3-4. 등·하원 안전	3-4-1. 등·하원 계획 및 지도가 안전하게 이루어진다.
		3-4-2. 통학차량(유): 차량 관리 및 운행이 안전하게 이루어진다.
		3-4-2. 통학차량(무): 등·하원시 유아의 건강 상태를 확인한다.
IV. 교직원	4-1. 원장의 전문성	4-1-1. 수평적 리더쉽으로 조직을 운영한다.
		4-1-2. 2019 개정누리과정에 대한 이해를 바탕으로 놀이중심 수업을 지원한다.
		4-1-3. 교육공동체의 협력을 위해 노력한다.
	4-2. 교사의 전문성	4-2-1. 교직원은 교수·학습에 대한 전문성 개발 등을 위한 다양한 연수에 적극적으로 참여한다.
		4-2-2. 교육과정과 방과후 과정을 담당하는 교직원은 열린 사고와 개방적 태도를 가지고 학습 공동체와 협력하여 전문성을 향상 시킬 수 있는 기회를 갖는다.

평가영역	평가지표	평가항목
	4-3. 교사의 업무지원	4-3-1. 교사의 업무지원을 위한 교사실, 설비 및 자료를 적정하게 갖추고 있다.
		4-3-2. 교사는 교육과정 준비를 위한 시간을 확보하고 있다.
	4-4. 교직원 복지	4-4-1. 교직원이 이용하는 시설을 유아용과 별도로 설치하고 있다.
		4-4-2. 교직원의 직무공간에 냉난방설비 및 공기정화설비를 갖추고 있다.
		4-4-3. 교직원 처우에 대한 규정이 있으며 이에 따라 교직원의 복지를 향상시키기 위해 노력하고 있다.

표 11-14 제1주기~제5주기 유치원 평가지표 비교

구분	제1주기	제2주기	제3주기	제4주기	제5주기
기본 방침	• 서면평가와 현장방문 평가를 병행 • 공통지표, 자체지표, 학부모 만족도 조사를 병행 실시	• 제1주기와 동일 • 결과는 점수화·서열화하지 않고 공개하되, 재정지원과 연계	• 매년 자체평가 실시 • 서면·현장평가, 유치원 정보공시 공개 정보 활용 • 평가 결과 공개	•「유치원·어린이집 평가체계통합 방안」 반영 • 통합평가지표 사용 • 평가 결과 공개	• 평가의 내실화, 자율성 보장을 통한 현장적합성 제고 • 평가 절차 개선 • 건강·안전분야 강화
평가 주체	• 교육과학기술부장관	• 시·도교육감 ※「유아교육법」 개정('12.1.26)	• 시·도교육감	• 시·도교육감	• 시·도교육감
대상 및 주기	• 국·공·사립 유치원 • 3년('08~'10년)	• 국·공·사립 유치원 • 3년('11~'13년)	• 국·공·사립 유치원 • 3년('14~'16년)	• 국·공·사립 유치원 • 3년('17~'19년)	• 국·공·사립 유치원 • 3년('20~'22년)
평가 영역 구성	• 4개 영역(교육과정, 교육환경, 건강·안전, 운영관리) - 14개 항목 - 28개 지표 (91개 기준)	• 4개 영역 동일 - 9개 항목 - 15개 지표 (47개 요소)	• 4개 영역 동일 - 항목 삭제 - 11개 지표 (30개 요소)	• 4개 영역(교육과정, 교육환경 및 운영관리, 건강·안전, 교직원) - 20개 지표 - 77개 항목	• 4개 영역(교육과정 등, 교육환경 및 운영관리, 건강·안전, 교직원) - 17개 지표 - 47개 항목
지표 구성	• 국가공통지표 • 시·도자체지표	• 국가공통지표 • 시·도자체지표	• 국가공통지표 • 시·도자체지표	• 국가공통지표 • 시·도자체지표	• 평가영역, 지표는 공통으로 활용 - 공통평가항목 - 시·도자율항목

구분	제1주기	제2주기	제3주기	제4주기	제5주기
평가 방법	• 정성평가 - 5점 평정척도 활용	• 정성평가 - 5점 평정척도 활용	• 정성평가 - 5점 평정척도 활용	• 정량평가 - Y, N 체크	• 정량평가 - Y, N 체크
평정 방식	• 국가공통지표 200점 ※ 학부모만족도 (10점) 포함 • 시·도자체지표 점수는 시·도 자율 결정	• 국가공통지표 100점 • 시·도자체지표 점수는 시·도 자율 결정	• 국가공통지표 90점 • 시·도자체지표 10점	• 4등급(A-B-C-D)	• 국가공통지표 • 자체지표
평가 절차	• 자체평가 → 서면평가 → 현장평가 - 현장평가시 '학부모 만족도' 조사를 별도의 개별 지표로 실시	• 자체평가 → 서면평가 → 현장평가 - '학부모 만족도'를 '부모교육·참여활동 및 가정·지역사회와의 연계' 관련지표에 포함	• 자체평가 → 서면평가 → 현장평가 - 유치원 정보 공시 공개 정보 활용	• 자체평가 → 현장평가 → 종합평가 ※ 현장·종합평가를 통합하여 추진가능	• 자체평가 - 건강·안전 분야는 현장점검, 컨설팅 등 추진할 수 있음
결과 공개 및 처리	• 평가 결과 비공개 처리 • 평가 참여에 따른 행·재정적 지원	• 결과 공개가 원칙이나, 범위 및 방법은 시·도교육감이 결정 • 평가 결과에 따른 행·재정 지원	• 결과 공개(총평, 영역별 소견, 이력 등)	• 결과 공개(총평, 영역별 소견 등) ※유치원·평가 영역 등급 공개 권장, 교육감 결정 • 평가주기 연장, 단축 ※ 평가주기 활용 권장, 시·도교육감 결정	• 결과 공개(총평, 영역별 소견 등) ※ 개선사항, 우수사례 등 총평 또는 평가영역별 결과

출처: 충청북도유아교육진흥원(2021). 제5주기 2020 유치원 평가 매뉴얼.

(2) 어린이집 평가

우리나라는 여성의 취업률 증가와 저출산 문제 등이 심화되면서 영유아 보육 및 교육에 대한 사회적 관심과 보육서비스 수준의 중요성이 부각되어 국가수준의 어린이집 평가가 요구되었다.

어린이집 평가는 2003년 '어린이집 평가인증제 모형' 개발을 시작으로 하여 2004년 「유아보육법」 제30조에 '어린이집 평가인증'의 법적 근거를 마련하고 2005년 시범운영 후 2006년부터 평가인증제도를 본격적으로 확대 시행하여 2009년까지 제1차 평가인증 시행시기를 마쳤다. 2010년부터 2015년까지 제2차 어린이집 평가인증이 시행되었으며 2014년 11월 평가인증 신청 어린이집부터 2015년 하반기 의무평가제 시행이전까지 3차 지표 시범사업이 실시되었고 2017년 11월 현장평가 대상인 어린이집부터는 유보통합지표를 적용한 제3차 평가인증이 시행되었다. 그러나 그동안 어린이집의 자발적 신청에 따라 시행되었던 평가인증 어린이집에서의 사고 발생 등 질 관리 사각지대로 인한 문제점이 꾸준히 지적되어 보육·양육에 대한 사회적 책임 강화 실현과 유아의 건강한 성장 및 발달을 위하여 2019년 6월부터는 전체 어린이집을 대상으로 하는 어린이집 평가제가 도입되어 현재 시행 중에 있다(보건복지부, 한국보육진흥원, 2019).

2004.1	2005.1.~12.	2006.1	2010.2.	2014.11.	2017.11.	2019.6.
어린이집 평가인증제도 도입근거마련 (영유아보육법 제30조)	어린이집 평가인증 시범운영 실시	제1차 어린이집 평가인증 시행	제2차 어린이집 평가인증 시행	3차 시범지표 적용	제3차 어린이집 평가인증 시행(통합지표)	어린이집 평가제 시행

그림 11-3 어린이집 평가제 연혁

① 어린이집 평가의 목적

어린이집 평가제의 목적은 다음과 같다(보건복지부, 한국보육진흥원, 2019).

첫째, 영유아의 건강한 성장을 위한 최소한의 질 확보를 위해 주요 핵심지표를 중심으로 질 관리 표준 제시 및 질적 수준을 확인한다.

둘째, 모든 어린이집의 보육서비스 수준에 대한 주기적 평가 및 지속적 관리를 통해 국가책무성을 강화한다.

셋째, 보육서비스의 질 향상을 통해 궁극적으로 유아의 안전과 건강, 조화로운 성장과 발달을 도모한다.

② 어린이집 평가 절차

현재 시행되고 있는 어린이집 평가제의 절차는 다음과 같다. 평가대상 통보를 받은 어린이집은 자체점검 보고서를 제출하고 지자체가 기본사항(사전점검사항, 위반이력사항)을 확인하여 현장관찰자에 의한 어린이집 현장평가, 종합평가위원회에서 종합평가 후 결과통보 순으로 이루어진다. 평가결과는 A, B, C, D의 4개 등급으로 구분하여 모든 요소를 충족(Y)하면 A^+등급으로 평가하며, 평가주기는 A, B등급 받은 어린이집은 3년, C와 D등급은 2년 유효하며, A^+등급은 1년 연장 가능하다. 또한 평가 후 매년 1회 어린이집 스스로 자체점검보고서를 제출하고 경우에 따라서 확인점검, 컨설팅이 이뤄진다. 어린이집 평가제 결과는 평가 참여 및 이력 정보를 통합정보공시(http://www.childinfo.go.kr)에 공표한다(보건복지부, 한국보육진흥원, 2019).

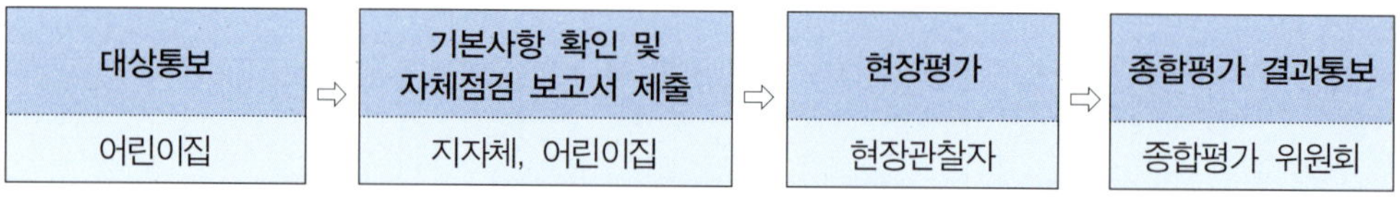

그림 11-4 어린이집 평가 절차

③ 어린이집 평가지표

어린이집 평가제 지표 영역은 이전 3차 통합지표 영역인 보육과정 및 상호작용, 보육환경 및 운영관리, 건강·안전, 교직원 4개 영역은 유지하되, 주요 핵심지표를 중심으로 3차 통합지표의 21지표, 79항목에서 평가제에서는 18지표, 59항목으로 지표와 항목 수를 감축·균형 배치하였다. 또한 평가제 지표에서는 영유아의 권리존중 및 급·간식 위생, 안전요소를 필수로 지정하였고 놀이중심 보육과정 평가기준을 확대하였으며, 보육교직원의 근무여건 개선 지원 및 전문적 역량 제고를 위한 항목을 강조하여 구성하였다. 어린이집 평가제 지표 내용을 제시하면 다음과 같다(http://www.kce.kcpi.or.kr).

표 11-15 어린이집 평가제 지표 내용

평가영역	평가지표	평가항목
I. 보육과정 및 상호작용 (18)	1-1. 필수 영유아 권리 존중(2)	1. 교사는 영유아를 존중한다.
		2. 교사는 영유아를 편견 없이 대한다.
	1-2. 보육계획 수립 및 실행(6)	1. 표준보육과정을 바탕으로 어린이집의 철학을 반영한 보육계획을 수립한다.
		2. 영유아가 편안한 분위기에서 일상생활을 할 수 있도록 운영한다.
		3. 자유놀이 시간을 매일 충분히 배정하여 운영한다.
		4. 바깥놀이 시간을 매일 충분히 배정하여 운영한다.
		5. 특별활동은 운영 지침에 따라 운영한다.
		6. 장애영유아를 위한 관련 서비스(치료지원 포함)를 일과 중에 통합적으로 제공한다.
	1-3. 놀이 및 활동지원(3)	1. 교사는 놀이와 활동이 영유아의 자발적 선택에 의해 주도적으로 이루어지도록 격려한다.
		2. 교사는 영유아의 놀이 상황을 관찰하면서 놀이와 관련된 상호작용을 한다.
		3. 영유아의 다양한 놀이와 활동에 필요한 적절한 자료를 제공한다.
	1-4. 영유아 간 상호작용 지원(4)	1. 교사는 영유아의 감정에 공감하고 스스로의 감정을 다룰 수 있도록 돕는다.
		2. 교사는 영유아가 자신의 의견, 생각 등을 또래와 나눌 수 있도록 격려한다.
		3. 교사는 영유아가 적절한 약속과 규칙을 지키도록 격려한다.
		4. 교사는 영유아 간 다툼이나 문제가 발생할 경우 다양한 해결방식을 사용한다.
	1-5. 평가(3)	1. 반별 보육일지에 하루일과 및 놀이실행에 대해 평가한 내용이 있고, 평가내용을 다음 보육계획에 반영한다.
		2. 개별 영유아의 일상생활, 실내외 놀이 및 활동에 대한 관찰 내용을 기록하고 평가한다.

평가영역	평가지표	평가항목
		3. 원장은 각 반별 보육과정 운영에 대한 평가를 통해 어린이집 전체 보육과정 운영을 파악하고 있다.
II. 보육환경 및 운영관리 (14)	2-1. 실내 공간 구성 및 운영(4)	1. 보육실 내 흥미영역 또는 놀이영역은 영유아의 연령 및 발달 특성을 고려하여 영유아의 놀이와 연계하여 구성한다.
		2. 실내 시설 및 설비가 영유아의 발달 수준에 적합하다.
		3. 영유아의 요구를 충족하는 별도의 공간을 마련하고 있다.
		4. 비품과 활동자료를 보관하는 별도의 공간이 있고 체계적으로 정리하고 있다.
	2-2. 실외 공간 구성 및 운영(3)	1. 옥외놀이터 등을 구비하고 있다.
		2. 영유아의 발달을 지원하는 다양한 놀이자료가 준비되어 있다.
		3. 영유아의 발달을 지원하는 다양한 실외놀이 및 활동이 이루어진다.
	2-3. 기관운영(4)	1. 모든 반을 편성 규정에 맞게 운영하고 있다.
		2. 어린이집 운영계획을 수립하여 부모에게 안내한다.
		3. 신규 보육교직원에게 오리엔테이션을 실시하고 있다.
		4. 신입 유아 적응을 위한 지원을 하고 있다.
	2-4. 가정 및 지역사회와의 협력(3)	1. 어린이집을 개방하여 다양한 부모참여와 교육이 이루어지도록 한다.
		2. 평소 가정과 다양한 방법으로 소통하고 정기적인 개별면담을 통해 가족을 지원한다.
		3. 지역사회와 연계한 다양한 활동을 실시하고 있다.
III. 건강·안전 (15)	3-1. 실내외 공간의 청결 및 안전(3)	1. 실내외 공간을 청결하고 쾌적하게 관리한다.
		2. 실내외 공간을 안전하게 관리한다.
		3. 실내외 공간을 놀잇감과 위험한 물건을 안전하게 관리한다.
	3-2. 급·간식(3)	1. 영양의 균형을 고려한 급·간식을 제공하고 있다.
		2. 식자재의 구입·보관 및 조리공간을 위생적으로 관리하고 있다.
		3. 조리 및 배식과정을 청결하고 위생적으로 관리하고 있다.
	3-3. 건강증진을 위한 교육 및 관리(3)	1. 손 씻기, 양치질 등 청결한 위생습관을 실천한다.
		2. 교사는 영유아의 건강상태를 살펴보고 적절하게 지원한다.
		3. 영유아와 교직원의 건강 증진을 위한 예방관리와 교육을 실시한다.

평가영역	평가지표	평가항목
	3-4. 등·하원 안전(3)	1. 교사는 영유아의 출석을 확인하며 인계규정에 따라 귀가지도를 한다.
		2. 영유아는 일과 중 성인의 보호 하에 있다.
		3. 등·하원 차량을 운행할 경우 안전요건을 갖추어 관리한다.
	3-5. 안전교육과 사고 대책(3)	1. 영유아를 대상으로 안전교육을 지속적으로 실시하고 있다.
		2. 교직원은 안전교육을 받고 영유아 학대 예방 지침을 준수한다.
		3. 안전시설 및 설비를 비상시 효율적으로 사용할 수 있도록 관리하고 있다.
IV. **교직원** (12)	4-1. 원장의 리더십(3)	1. 원장은 자신의 전문성 향상을 통해 어린이집 발전에 기여한다.
		2. 원장은 보육교직원을 존중한다.
		3. 원장은 건전한 조직문화 조성을 노력한다.
	4-2. 보육교직원의 근무환경(3)	1. 교사를 위한 별도공간을 마련하고 있다.
		2. 교사를 위한 개인사물함과 업무지원 설비를 마련하고 있다.
		3. 성인용 화장실을 영유아용과 별도로 설치하여 사용하고 있다.
	4-3. 보육교직원의 처우와 복지(3)	1. 보육교직원의 복무와 보수에 관한 규정이 있으며 이를 준수하고 있다.
		2. 보육교직원의 직무스트레스를 예방하고 관리할 수 있는 서비스를 안내하거나 제공한다.
		3. 보육교직원을 위한 복지제도를 운영하고 있다.
	4-4. 보육교직원의 전문성 제고(3)	1. 교사의 전문성 제고를 위한 다양한 연수 기회를 부여하고 있다.
		2. 교사의 상호작용에 대한 관찰과 지원을 실시하고 있다.
		3. 교사에 대한 근무평가를 실시하고 있다.

출처: www.kce.kcpi.or.kr

퀴즈

01. 다음 중 바르게 설명한 문장에 O, 바르지 않은 문장에 X 하시오.

- 교육평가의 대상은 학생에게만 국한시켜 평가한다. ( )
- 사건표집법은 특정 행동이나 사건이 발생할 때만 관찰하여 기록하는 방법이다. ( )
- 유아교육기관 평가는 유치원 평가와 어린이집 평가로 나눌 수 있다. ( )

02. 유아를 대상으로 하는 평가에서 고려할 사항이 아닌 것은?

① 유아의 지식과 수행 정도를 평가
② 일상생활, 놀이, 교육활동 전반을 통한 평가
③ 유아들 간의 비교를 통한 서열 평가
④ 유아교육기관 입학 전 발달상황, 가정환경 등 배경 평가

03. 교사 평가의 목적에 관한 설명 중 적절하게 설명하지 않은 것은?

① 교사의 전문성 향상 지원　② 유치원 교육서비스의 질적 수준 향상
③ 자기 발전에 필요한 자료 제공　④ 교원의 지속적인 능력 개발 유도

04. 유아의 일상생활 중에서 관찰자가 의미 있다고 생각하는 행동이나 사건에 대해 간결하게 기록하는 방법은 무엇인가?

05. 시간의 흐름에 따라 유아의 변화 과정을 종합적으로 평가하는 관찰방법은 무엇인가?

토론문제

01. 유아 평가에서 고려해야 하는 사항들이 무엇인지 생각해 봅시다.

02. 전문가로서의 유아교사에게 교사 평가가 필요한 이유를 생각해 봅시다.

03. 유치원 평가와 어린이집 평가의 공통점과 차이점은 무엇인지 토의해 봅시다.

정답 1. X, O, O 2. ③ 3. ② 4. 일화기록법 5. 포트폴리오 평가

Chapter

12

유아교육과 미래사회

1. 4차 산업혁명과 유아교육
2. 포스트휴먼시대와 유아교육
3. 다문화사회와 유아교육
4. 통일과 유아교육

교육비전을 설정할 때 미래사회의 특성을 조망하는 것은 필수적이다. 미래사회의 주요한 변화로는 인구구조의 변화, 기후 및 생태환경의 변화, 과학기술의 발달 등이 언급되고 있다. 특히 OECD를 비롯한 세계 각국에서는 4차 산업혁명으로 상징되는 미래사회를 살아갈 영유아를 위한 교육과정의 방향에 대한 검토와 논의가 활발하다. 이는 불확실성, 변동성, 복합성, 모호성으로 대변되는 미래사회의 변화에 대응할 수 있는 인재 양성이 개인의 행복은 물론 국가의 경쟁력과도 직결되기 때문이다.

그렇다면 미래사회의 수많은 기술과 사회의 변화는 유아교육의 방향을 어떻게 바꾸어 놓을 것인가? 유아교육 분야가 사회변화의 물결에 대응하며 향후 변화를 이끌어나갈 인재를 양성하기 위해서는 미래의 아이들에게 무엇을 어떻게 가르쳐야 하는가에 대한 고민에 앞서 유아교육의 근본적인 목적을 잃지 않아야 한다. 이러한 맥락에서 유아교육은 4차 산업혁명이 만들어 낼 사회와 경제의 변화를 추종하는 데 급급하기보다는 유아교육이 가치 있는 학문으로 존립할 수 있도록 유아교육의 본질을 재정립해 나가야 한다.

이 장에서는 21세기 현대사회의 변화에 따른 유아교육의 변화를 살펴보고 미래 유아교육에 영향을 미칠 가장 큰 변화로 제시될 수 있는 4차 산업혁명과 유아교육, 포스트휴먼시대와 유아교육, 다문화사회와 유아교육, 통일과 유아교육을 중심으로 살펴봄으로써 유아교육의 미래방향에 대해 제시하고자 한다.

1. 4차 산업혁명과 유아교육

1) 4차 산업혁명의 개념

우리는 4차 산업혁명이라는 새로운 시대를 맞이하고 있다. 4차 산업혁명은 2016년 스위스 다보스에서 개최된 세계경제포럼(World Economic Forum: WEF)에서 처음 언급된 이후 세계의 정치, 경제, 문화, 교육 등의 사회분야 최고의 관심사로 부각되었다. 세계경제포럼의 창립자이자 회장인 슈밥(Schwab)의 말을 인용하면 4차 산업혁명은 “디지털 혁명을 기반으로 다양한 과학기술을 융합해 개개인뿐만 아니라 경제, 기업, 사회를 유례없는 패러다임 전환으로 유도하는"(Schwab, 2016) 현상이다. 대통령 직속 4차 산업혁명위원회는 4차 산업혁명을 "AI, BIG DATA 등 지능정보 기술로 촉발된 새로운 세상"으로 규정한다(대통령 직속 4차 산업혁명위원회, 2018). 이러한 논의에 기초하면 4차 산업혁명은 디지털 혁명으로 정의되는 3차 산업혁명을 기반으로 수학, 물리학, 생물학 등의 기초과학과 정보통신기술(ICT)의 융합으로 이루어지는 지식혁명 시대로 정의할 수 있다.

2016년 3월에 이루어진 이세돌 9단과 구글의 알파고와의 대결은 한국사회에 과학기술에 대한 인식을 다시 하게 한 계기를 만들었다. 이러한 과학기술에 기반한 4차 산업혁명은 사물인터넷(IoT), 인공지능(AI), 로봇공학, 무인 운송 수단(무인 항공기, 무인자동차), 3차원 인쇄(3D 프린팅), 나노 기술의 6대 기술 분야와 빅데이터(Bigdata), 헬스케어, 가상현실(VR), 증강현실(AR) 응용서비스 분야를 말한다. 이러한 4차 산업혁명은 '초연결성', '초지능화', '융합화'에 기반하여 모든 것이 상호 연결되고 보다 지능화된 사회로 변화한다는 특징을 지닌다.

4차 산업혁명 시대의 변화는 인간의 삶에 편의를 더해줄 것으로 예상되나 인간을 대체하는 로봇 등의 등장 및 반복되는 직업의 생성과 소멸 등 인류에게 새로운 문제점도 안겨줄 것으로 예견되고 있다. 그 대표적인 문제점으로 세계경제포럼은 2016년 1월 발표한 '일자리 미래 보고서'에서 향후 5년간 710만 개 일자리가 소멸되고 210만 개가 생성될 것이며 전 세계 7세 아이들의 65%는 지금 없는 직업을 가질 것으로 전망한 바 있다. 이외에도 사회적 불평등, 비인간화, 건강이라는 사회적 문제가 손꼽히고 있다(김충일, 김호현, 2018; Schwab, 2016; WEF, 2016). 이처럼 4차 산업혁명 시대의 변화는 보다 나은 미래를 기대하는 낙관적인 전망 외에도 불안이나 위기감도 존재한다.

이상과 같이 4차 산업혁명으로 인해 사회 전반에 걸쳐 이전과는 다른 변화의 추이를 보이고 있다면 그 변화의 특성을 직시하고 어떤 미래를 지향하고 만들어 나갈지는 우리의 몫이라 할 수 있다. 최근 4차 산업혁명이라는 화두가 교육 분야에서도 반향을 일으키고 있으므로 우리는 미래교육의 방향을 어떻게 설정할지, 어떠한 변화를 꾀할 수 있는지, 어떠한 한계가 있는지 등에 대해 깊이 있게 논의하며 미래로 나아가기 위한 난제들을 해결해 나갈 필요가 있다.

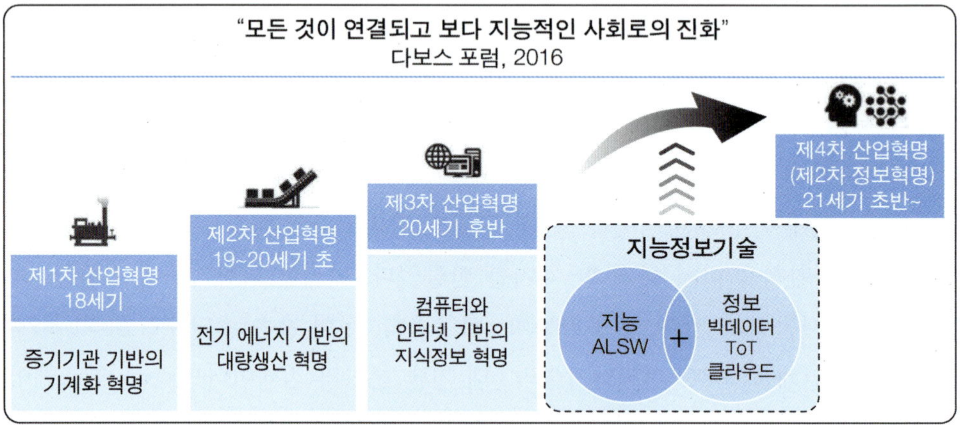

그림 12-1 산업혁명의 발전 과정

출처: 미래창조과학부(2016). 제4차 산업혁명에 대응한 지능정보사회 중장기 종합대책.

2) 4차 산업혁명 시대의 핵심 역량

교육 패러다임이 바뀌면 사회가 요구하는 인재상도 달라지기 마련이다. '일의 미래', '100세 인생'의 저자인 린다 그래튼(Lynda Gratton) 교수는 미래사회를 살아갈 인재는 '내가 어떤 사람인가'를 발견하는 것이고 생산적으로 살아가기 위한 중요한 방법 중 하나가 '인적 네트워크'를 넓히는 것이라고 말하였다. WEF(세계경제포럼)의 회장인 슈밥(Schwab, 2016)은 과학 기술과 사회의 공존, 협력과 파트너십, 변화를 수용하고 형성하며 그 가능성을 최대화하는 실용적 방안과 해법으로서 '인간 고유의 가치를 유지하는 것'이라고 제시한 바 있다. 이러한 맥락에서 21세기 기술은 〈그림 12-2〉와 같이 기초 문해와 역량 이외에 인성 자질 역시 중요한 부분으로 제시되고 있다.

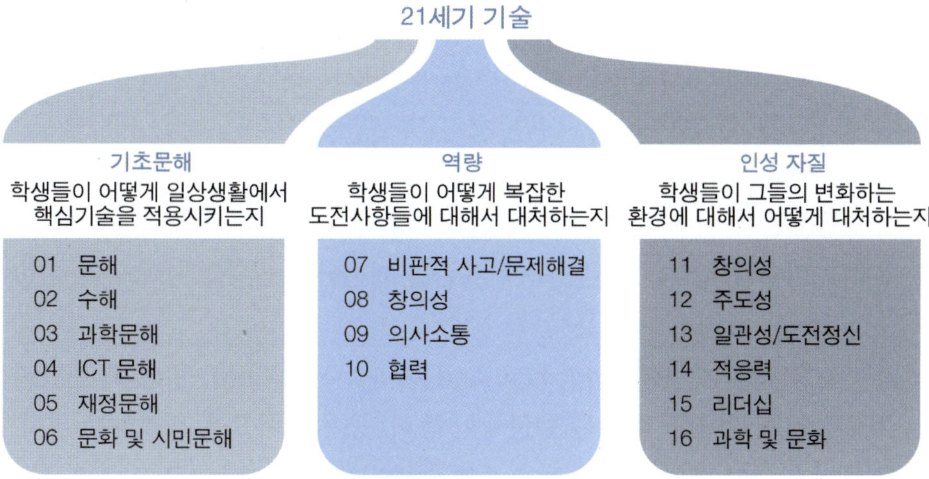

그림 12-2 21세기 기술

출처: 국가평생교육진흥원(2016). 글로벌 평생교육동향 6월호.

최근 세계의 수많은 국가들은 미래사회에 요구되는 역량을 기르기 위해 교육목표와 교육방법에 다양한 변화를 시도하고 있다. 이러한 교육 분야의 변화는 2016년 1월 세계경제포럼에서 4차 산업혁명시대에 미래사회의 인재가 갖추어야 할 10가지 역량으로 제시한 다음의 내용에 기초하고 있다.

- 복합 문제 해결 능력(Complex Problem Solving) : 복잡한 현실 세계 상황에서 발생할 수 있는 새롭고 불분명한 문제를 해결하는 능력, 이미 정해진 답이 있는 문제를 암기하여 짧은 시간에 많이 맞추는 능력이 아니라 정답이 없는 문제를 당야한 시각과 시도로 풀면서 가장 적합한 해답을 찾아나가는 능력
- 비판적 사고 능력(Critical Thinking) : 논리와 추론을 이용해 주어진 문제에 대한 다양한 해결방안이나 문제 접근 방식의 장단점을 비교·분석할 수 있는 능력
- 창의력(Creativity) : 일정한 주제나 상황이 주어졌을 때 기발한 아이디어를 도출해내거나 문제를 해결하는 과정에서 창의적인 방법을 제안하는 능력
- 인적 자원 관리 능력(People Management) : 특정 업무에 잘 맞는 사람을 변별하여 체계적이고 효율적인 관리를 통해 최대의 업무성과를 거둘 수 있도록 관리하는 능력

- **협업 능력(Coordinating with Others)** : 상대방의 행동에 따라 자신의 행동을 조절하여 개인의 성취에만 집중하지 않고 주변과 함께 어우러져 공동의 가치를 최대화할 수 있는 능력
- **감성능력(Emotional Intelligence)** : 상대의 반응을 인지하고 상대방이 왜 그렇게 반응했는지 이해하는 능력, 다품종 소량 생산의 시대이기 때문에 개별 소비자의 기호와 성향, 요구와 구매 패턴을 이해하고 맞춤형 상품이나 기술을 감각적으로 개발할 수 있는 능력
- **판단 및 의사 결정 능력(Judgement and Decision Making)** : 스스로 판단하고 알아서 일을 진행할 수 있는 능동적인 능력, 공동의 목표를 성취하기 위해 개별 구성원 각자가 가장 합리적인 선택과 판단을 하면서 유기적으로 연결되는 융복합 생태계를 구성하는 능력
- **서비스 지향성(Service Orientation)** : 개인주의나 이기주의를 넘어 타인에 대한 배려와 봉사정신을 바탕으로 주어진 일에 확실한 목표의식을 가지고 적극적으로 추진하는 능력
- **협상 능력(Negotiation)** : 협상에서 이기는 능력만을 말하는 것이 아니라 생각이나 이익에 차이를 보이는 상대방과 협상을 통해 차이를 줄여가는 능력, 개인, 기업, 기관, 정부가 여러 방향으로 촘촘히 연결되어 있어 협상을 통해 차이를 줄여가는 과정 속에서 때로는 손해를 보는 경우가 발생하더라도 공동체 의식을 갖고 합리적인 의사 결정을 내릴 수 있는 능력
- **인지적 유연성(Cognitive Flexibility)** : 여러 가지 일을 다양한 방법으로 재배열하고 재구성하기 위해 다양한 종류의 규칙이나 원리를 적용할 수 있는 능력, 주어진 상황이나 문제를 새로운 관점으로 분석하고 해결 방안을 모색하는 데에서 다양성을 열어둬 기존에 전혀 생각하지 못한 기발한 아이디어를 도출해 내는 능력

이상의 4차 산업혁명 시대에 요구되는 핵심역량은 유아교육분야에서 눈여겨볼 만한 부분이다. 앞서 제시된 핵심역량은 유아교육의 목적 및 내용이 되기 때문이며 인

공지능이나 기계가 넘볼 수 없는 것으로 이러한 능력을 갖춘 인재들을 길러내는 것이 4차 산업혁명 시대의 유아교육 과제라 할 수 있다.

3) 4차 산업혁명 시대와 유아교육

4차 산업혁명 시대에 유아교육은 미래인재 육성에 중요한 역할을 한다. 우리는 미래사회를 살아가게 될 유아들에게 어떠한 역량이 요구되며 유아가 성장해 나갈 교육적 환경이 어떻게 변화될지에 주목할 필요가 있다. 4차 산업혁명 시대를 맞이하여 학문적 필요, 학습자 요구 그리고 사회적 수요라는 교육과정의 3요소가 동시에 발전적으로 급속하게 변화하고 있으며, 초융합성, 초연결성, 초지능성을 확산하는 4차 산업혁명의 전개로 인해 교육의 목표와 내용, 방법에 걸친 전반적인 변화가 요구된다(백승수, 2017). 선행연구에 기초하여 4차 산업혁명 시대에 유아들에게 필요한 핵심역량을 중심으로 유아교육의 방향에 대해 살펴보면 다음과 같다(김충일, 김호현, 2018; 오은순, 김윤희, 2019; 이경민, 2017).

(1) 창의·융합·문제해결력 학습

4차 산업혁명 시대의 학교는 교과가 분리되지 않고, 융합되어 통합적으로 접근될 것이다. 유아기는 창의성과 상상력, 융통성 발달 시기가 매우 큰 시기로 그동안 유아교육과정은 유아 발달적 특성을 고려하여 통합교육을 중심으로 운영되어 왔다. 유아교육과정과 유아교육기관의 환경은 통합교육을 실행하기에 매우 적합한 환경적 요인을 갖추고 있어 유아가 창의·융합과 문제해결력을 증진시킬 수 있는 다양한 경험이 가능하다.

유아교육분야에서 창의·융합과 문제해결력을 증진시킬 수 있는 교수·학습방법으로서 STEAM 교육과 코딩교육이 제안되고 있다. STEAM 교육은 과학, 기술, 공학, 예술, 수학 분야의 지식을 융합한 지식을 토대로 학습자의 총체적인 역량 증진을 목적으로 한다. 유아들은 STEAM 활동을 통해 기쁨과 성취감을 느끼고, 문제해결력, 창의성, 협동심, 비판적 사고 등을 증진시킬 수 있다. 또한 유아를 대상으로 할 수 있는 코딩교육은 언플러그드 컴퓨팅(Unplugged Computing)으로서 말 그대로 Unplugged는 '플러그를 뽑다'라는 뜻이다. 즉 유아가 컴퓨터 없이 다양한 활동과 게임을 통해 컴퓨터 과학의 원리나 개념을 쉽게 이해할 할 수 있는 활동으로 구체적 조작물을 통해 컴퓨팅 사고력을 경험할 수 있도록 지원하는 것이다. 이러한 언플러그드 코딩교육은 놀이중심과 주제 통합적 방법으로 진행될 때 유아가 컴퓨팅 사고력 증진 활동에 보다 흥미를 갖고 몰입을 경험할 수 있다.

(2) 놀이중심의 자기주도적 학습

유아교육의 대표적인 특징은 놀이이다. 놀이의 특성에는 4차 산업혁명 시대에서 강조하고 있는 4C 즉 소통(Communication), 창의성(Creativity), 비판적 사고(Critical thinking), 협력(Cooperation)의 모든 요소들이 포함되어 있다. 유아들은 놀이 과정에서 창의적으로 새로운 놀이의 내용, 형태, 규칙을 만들어내고, 놀이 친구와 협상을 하며 함께 놀이한다. 또한 놀이 과정에서 자연스럽게 공간이나 놀잇감 부족, 또래 갈등 등의 문제해결을 경험하기도 한다. 유아에게 있어서 가장 자연스러운 삶의 형태인 놀이를 통해 4C를 충실히 연습하고 경험하게 되며, 4차 산업혁명 시대의 인재에게 요구되는 역량을 갖춰 나가게 된다.

(3) 과학적 기반의 개인 맞춤형 학습

미래에는 좀 더 과학적 근거에 기반 한 유아 개인별 맞춤형 교육을 시행하게 될 것으로 전망된다. 최첨단 과학 기술의 활용은 학습자의 인지적 측면과 정서적 측면을 고려하여 개별화된 교육을 제공할 수 있다. 감성 정보 수집 기술을 활용하여 학습자의 학습과정을 지속적으로 모니터링하고 그에 따른 피드백, 과제, 평가를 실시하여 학습자 개개인의 발달 속도에 맞는 맞춤형 교육이 가능해졌다. 또한 다문화 가정이나 어휘 발달이 늦은 유아, 발달 지연 유아와 같이 교육적으로 배려해야 하는 유아들의 개별적 요구에도 맞춤형 교육을 지원할 수 있을 것으로 전망된다.

(4) 테크놀로지를 활용한 학습

4차 산업혁명 시대는 급격한 기술의 발달과 더불어서 인공지능, 가상현실과 증강현실 등의 새로운 테크놀로지를 교수·학습에 이용하게 될 것이다. 이는 컴퓨터와 인터넷 등 멀티미디어를 포함하여 유비쿼터스 기술을 기반으로 하는 스마트기기 등의 인공지능 시스템, 아이로비큐, 제니보 같은 최첨단 지능형 로봇 등을 들 수 있다. 또한 컴퓨터 그래픽 기술의 발달과 증강현실(AR), 가상현실(VR), 혼합현실(MR) 기술도 보다 정교하게 발전하고 있다. 증강현실(AR)과 가상현실(VR), 혼합현실(MR) 같은 기법은 온라인 네트워크 기술과 접목되어 단방향 시각 자극만이 아닌, 상호작용형 그래픽 환경을 제공함으로써 가상적인 체험을 보다 현실적으로 경험할 수 있게 해준다. 이외에도 문제 상황을 체험적으로 이해할 수 있게 해주고 동시에 학습 몰입을 증가시킬 수 있다는 점에서 교육 분야에서의 활용이 가속화되고 있다.

그림 12-3 AR·VR 학습자료

출처: 싸이언스 레벨업 홈페이지(https://sciencelevelup.kofac.re.kr)

그림 12-4 3D 프린팅 교재교구 및 증강현실 그림책 제작

출처: 경복대학교 유아교육과 홈페이지(http://dept.kbu.ac.kr/)

2. 포스트휴먼시대와 유아교육

1) 포스트휴먼의 개념

21세기의 급격한 기술적 변화가 사회와 개인들에 어떠한 영향을 미치고 있는지를 인문사회학적 측면에서 논의하고 있는 개념이 바로 포스트휴먼(posthuman)이다. 포스트휴먼은 포스트(post)와 휴먼(human)이 합성된 용어인데, 접두사 포스트의 단어적 의미 '이후', '다음'과 함께 '탈(脫)' 인간적인 현상들을 포착한 의미가 덧붙여져 파생된 인간, 이후의 인간 그리고 탈(脫) 인간과 같은 의미를 나타낸다(김태경, 2016). 이와 같이 포스트휴먼이란 기존의 휴머니즘적 관점을 넘어서서 미래의 기술중심사회의 조건에 맞게 인간 존재의 의미와 역할을 새롭게 해석하려는 입장이다(Bostrom, 2003; Hayles, 2013).

인류의 미래상에 대해 보스트롬은 '트랜스휴먼(transhuman)'과 '포스트휴먼(posthuman)'으로 구분하며 제시하였다. 그는 트랜스휴먼을 현재 인간과 포스트휴먼 사이의 중간 형태에 있는 '과도기의 인간(transitional human)'으로서 새로운 진화적 존재의 초기형태로 간주하였다. 트랜스휴먼의 구체적 예를 들면, "신체적 장애를 돕기 위한 인공보철(prostheses), 성형수술을 받은 신체, 다양한 원격통신기술 기기의 장착과 활용, 온라인-오프라인 및 현실공간-가상공간 사이의 끊임없이 이동, 유전자기술에 의존한 생명 양성 기술 등"을 들 수 있다(Bostrom, 2003; 2005; 2008). 인류는 트랜스휴먼을 거쳐 궁극적으로 포스트휴먼으로 진화해 나갈 것으로 전망된다. 포스트휴먼적 존재는 인공지능, 인간과 기계가 융합된 사이보그, 인공두뇌 속에 저장되고 알고리즘을 통해 사고하는 인간 의식, 유전공학적으로 생성되거나(genome-edited) 복제된 존재들, 유전자가 업그레이드된 강화인(Genetically engineered human), 기계공학적으로 외골격(exoskeleton)이 증강된 존재들, 그리고 사이버공간에서 생성되고 살아가는 사이버 자아 등이 모두 포함된다(Hayles, 1999).

이와 같이 포스트휴먼은 첨단 과학기술을 바탕으로 현재 인간의 신체적·정신적 능력을 훨씬 뛰어 넘게 해주는 인간향상 기술들에 의해 기존의 인간과 다른 상태에 도달한 존재를 가리킨다. 앞으로 우리는 ICT(정보통신기술)의 발달로 영화 〈아이언맨〉에서 인간의 육체적 능력을 획기적으로 증강시키는 파워 슈트를 입으면 두뇌와 신경계에서 발생하는 신호를 실시간으로 분석하고 처리해 인간의 신체에 빠른 반응 속도와 강력한 힘 그리고 유연성을 부여했던 주인공을 눈앞에서 만날 수 있게 될지도 모른다. 포스트휴먼은 문학, 미술, 영화 등의 영역에서 실험적이고 창조적인 방식으로 재현되면서 새로운 주체성으로서 인간 존재와 주체성을 끊임없이 새롭게 재인식시켜주고 현재와 미래사회에 대한 폭넓은 시사점을 제공해주고 있다.

그림 12-5 트랜스휴먼으로 불리는 스티브 만과 스텔락

출처: (왼쪽) 스티브 만, https://www.youtube.com/watch?v=mTPJI9ghzAk(2017.4.12.)
(오른쪽) 스텔락 http://www.artmuseums.kr/admin/?corea=sub1_5&no=89(2017.4.15.)

2) 포스트휴먼시대의 학습

교육 분야에서는 정보기술사회로 변화함에 따라 포스트휴먼적 교육환경이 보편화되고 그로 인해 인류가 점점 포스트휴먼적 학습자로 변해가는 미래를 예견하며 학교 교육의 방향에 대한 논의가 활발히 이루어지고 있다. 교육분야는 무엇보다 포스트휴먼 시대로 접어들면서 나타나는 학습생태계의 변화에 주목하고 있다. 폴라노(Forlano, 2017)는 다양한 기술적 변화들이 학습환경의 변화에 미치는 양상을 크게 네트워크적 소통, 인터페이스의 변화, 유비쿼터스 환경, 피드백 기술의 혁신, 그리고 사물의 능동성의 5가지로 제시한 바 있다. 이 5가지 양상과 포스트휴먼적 학습의 특성과의 관련성을 정리하면 〈표 12-1〉과 같다.

표 12-1 기술적 변화와 포스트휴먼적 학습의 특성

기술적 요소	특징	포스트휴먼적 학습의 특성
네트워크적 소통	횡적 네트워크, 링크스(Links), 미디어, 통신이 디자인과 결합하여 영속적인 변화	• 네트워크적 학습자 • 가상학습 환경의 학습자 • 모바일적 정체성을 가진 학습자 • 사이보그적 학습자 • 인간–사물의 상호능동성에 적응하는 학습자 • 학습–예능의 혼성성을 활용하는 학습자
인터페이스의 변화	터치스크린, 동작 인터페이스, 맥락인식적 인터페이스와 같은 인터페이스의 본질적 변화	
유비쿼터스 환경	유비쿼터스 컴퓨팅과 위치 태그(location tagging)의 일상화	
피드백기술의 혁신	소셜미디어나 Bots들, 혹은 지문인식이나 신체측정술(biometrics) 등의 피드백 기술의 상용화	
사물의 능동성	인간-기계 인지(human-machine cognition)와 사물의 능동성(agency of things) 증가	

출처: 박휴용(2019). 포스트휴먼 시대 학습자의 존재론적 이해와 학습이론 패러다임의 변화.

〈표 12-1〉에서 살펴본 바와 같이, 오늘날의 학습자에게 사회·기술적 환경의 변화는 인터넷망(네트워크), 가상학습 환경, 모바일 환경, 사이보그적 환경, 인간-사물의 역동적 관계, 그리고 학습-예능의 혼성성이라는 새로운 학습 환경 속에 적응할 수 있는 정체성이 요구되고 있다. 그렇다면 기술의 진보가 가져올 인간존재의 성격 변화의 도달점을 '포스트휴먼'이라고 보았을 때, 포스트휴먼적 존재로서의 학습자들에게는 어떠한 역량이 요구될까? 포스트휴먼시대라는 매우 도전적이고 미래지향적인 사회에서 학습자들은 다양성 속에 살아가게 되므로 포용, 소통, 성찰, 사유, 비판적 사고, 그리고 상상력과 공감 능력과 같은 정의적 역량(박유신, 조미라, 2017)이 강조된다. 이와 더불어, 김분선(2017)은 포스트휴먼 시대에 기계적 사유로는 근접할 수 없는 인간의 영역이야말로 상상력과 직관일 것이라고 주장한 바 있다. 이에 비추어보면 급격히 변화하는 세계 가운데, 기술적이고 지식적인 측면보다 중요한 것은 새로운 사회에 유연하게 적응하고 비판적으로 성찰하는 힘을 기르는 것이 교육의 목표이자 방향으로 제시될 필요가 있다.

3) 포스트휴먼시대와 유아교육

포스트휴먼에 대한 정의를 답하는 것이 과학자 혹은 인문학자들의 몫이라면, 이렇게 변화하는 시대에 적응할 수 있는 인간을 길러내는 것은 교육자들의 몫이다. 교육자들은 포스트휴먼 시대의 새로운 인간 주체로 살아나갈 수 있도록 길을 열어주어야 한다. 따라서 유아교육자들은 포스트휴먼 관점에서 새롭게 정의되는 인간존재에 대한 관점을 토대로, 고정되지 않고 풍부한 변화 가능성을 품고 있는 교육을 통하여 상상력과 비판적 사유 능력을 키워갈 수 있는 교육적 방향성을 탐색할 필요가 있다.

포스트휴머니즘은 유아교육에서 담아야 할 가치 중 하나다. 21세기는 과학기술로 매개된 시대로 교육생태계와 삶의 변화가 이루어지고 있다. 아이들은 뮤지컬 공연장에서도 공연과 연계성이 있는 미디어 콘텐츠를 통해 공연과 연계된 추억을 쌓으며 특별한 전시를 즐기고 있으며(류현주, 구지향, 2017), 기술의 발달로 인해 박물관의 전시환경은 전시물과 관람객, 그리고 공간이 서로 상호작용을 통한 커뮤니케이션이 가능해지고 있다(심소연, 문정민, 2014). 뿐만 아니라 아이들을 대상으로 구성된 VR체험공간은 일상에서 흔히 볼 수 있으며, 유튜브, 4차 산업혁명과 관련된 교육 매체들 또한 아이들에게는 자연스러운 것이다. 최근 등장한 가상공간을 활용한 콘텐츠들은 미술관, 박물관 등 어디서나 쉽게 마주할 수 있으며, 이러한 변화는 유아들에게는 새로운 것이나 놀라운 것이 아니다. 이처럼 유아들이 살아가는 삶의 토대가 변화하고 있다.

현대의 어린이들은 기성세대와는 다른 사고방식을 가진 디지털원주민이자, 미래의 포스트휴먼이며, 포스트휴먼과 더불어 살아가게 될 미래의 어른들이다. 이들에게 포스트휴먼은 이미 다가와 있는 미래이자, 미래에 더불어 살아가야 할 동반자적 존재인 것이다. 과학기술이 급격하게 발달한 후 세대는 과거 세대와는 다른 특징을 가지며, 디지털세대 등으로 정의되기도 한다.

이처럼 유아들은 과거에 자연과 매개되었던 우리의 어린 시절과 다른 환경에 놓여있다. 다만 유아교육 현장에서 실시되고 있는 코딩교육, 로봇교육, VR과 AR을 기반으로 한 콘텐츠 등 다양한 새롭게 개발된 교육방법과 교수매체의 무분별한 도입이 아닌 4차 산업혁명 기반 교육과 시스템을 유아에 적용하기 전 아이들의 발달에 적합한지 검토 과정을 거쳐야 한다(송윤나, 박희숙, 2017). 따라서 포스트휴먼시대에 유아교사들이 교육분야에 종사한다는 것은 책임감과 윤리 의식이 필요한 일임을 인식하고 시대의 변화를 받아들이되 신중한 윤리적 검토를 진행할 수 있는 주체자로서 역할을 할 수 있도록 교사교육이 이루어져야 한다.

3. 다문화사회와 유아교육

1) 다문화사회의 개념

현대의 모든 국가는 다문화사회로 불릴 정도로 정치, 경제, 교육 등 여러 가지 이유로 문화, 인종, 언어가 다른 나라로의 이동이 발생하고 있으며 이로 인하여 각 국가의 사회, 문화구조에 변화가 나타나고 있다. 이로 인해 OECD에 속하는 많은 국가 내에서는 사회 구성원의 인종적·언어적·문화적·종교적 다양성이 급격히 진행됨에 따라 다문화사회와 다문화주의에 대한 관심이 사회발전과 유지를 위한 중요한 이슈로 부각되고 있다.

다문화사회(multicultural society)란 다양한 문화로 이루어진 사회를 지칭함은 물론 그 이념인 다문화주의(multiculturalism)로 이루어진 사회를 의미하기도 한다(김경식 외, 2017). 다문화사회 형성배경의 이론적 핵심은 다양성(variety)이다. 골닉과 친(Gollnick & Chinn, 2002)은 다양성의 원천으로 민족, 인종, 성, 계층, 거주지, 연령, 종교, 언어 등을 꼽았다. 민족이나 인종이 외부로부터 새로 유입됨에 따라 과거에 비해 사회를 더 다양하게 만드는 요소에 해당한다면 성, 계층, 거주지, 연령, 종교, 언어 등은 기존에도 있었지만 최근 들어 다양성이 보다 많이 부각되는 요소에 가깝다.

다문화사회의 바탕이 되는 다문화주의를 '현상적, 중립적'으로 규정하면, 하나의 공간 내에 복수의 문화가 존재하는 것을 경험하는 것으로 볼 수 있다(구정화, 박윤경, 설규주, 2018). 즉, 다양한 문화적 현상을 사실로서 경험하는 것이다. 한편 다문화주의가 인종 외에 이민, 난민, 외국인 노동자, 소수민족 등 다양한 계층, 집단, 성별에 따라 다르게 형성된 문화를 인정함으로써 한 국가 내에서 다양한 문화, 다양한 민족이 공존할 수 있게 하는 정책이나 제도로 정의되기도 한다(구견서, 2003; 양옥승, 2010; Chu, 1997). 이러한 관점에서 다문화주의는 문화적 다양성을 경험하고 허용하는 것에 그치지 않고 소수자의 문화적 권리를 존중하고 정치적·법적·사회적 측면에서 불평등을 겪지 않도록 하기 위한 규범적 의미를 담고 있다.

이와 같은 다문화사회는 다문화사회로의 진입 배경과 형성과정에 따라 4가지 유형으로 제시될 수 있다(김남국, 2005; Jonathan, 2000). 첫째, 안정된 민주사회로서 역사적으로 오랫동안 인종, 언어, 종교 등이 다양한 집단이 혼재하는 사회가 있다. 벨기에나 핀란드가 그 예이다. 둘째, 안정된 민주사회로서 대체로 동질적인 문화를 가졌던 국가인데 비교적 최근에 이민자가 대거 유입되는 사회가 있다. 여기서는 기존의 토착민이 다수를 차지하고 이민자 집단은 소수에 해당한다. 영국, 독일, 프랑스 등이 그 예이다. 셋째, 역시 안정된 민주사회로서 이주민이 원주민을 흡수 또는 대체하는 과정을 통해 형성된 사회가 있다. 미국, 캐나다, 호주 등과 같이 이민자들이 기존의 토착민에 대해 지배적 지위를 차지하는 경우를 예로 들 수 있다. 이들 국가에서는 건국 당시의 이민자들은 이제 사실상 토착민의 지위를 누리고 있고 그들과는 다른 새로운 이민자들의 유입을 경험하고 있다. 넷째, 변화를 겪고 있는 민주사회로서 인종, 언어, 종교 등이 다양한 집단이 혼재하는 가운데 과거 식민주의나 다른 억압에 의해 일부 집단의 목소리가 억제되었던 사회가 있다. 남아프리카 공화국이 그 예이다.

4가지 유형 중에서 한국은 대체로 동질적인 다수의 토착민과 소수의 이주민으로 구성되어 있다는 점에서 두 번째에 가까운 편이라 할 수 있다. 지극히 동질적이었던 한국사회도 국제결혼의 증가로 인한 다문화가정 자녀들의 출생이나, 유학생들의 입국 및 거주 등으로 우리 주변과 사회에 거주하고 있는 소수민족이 다양해지고 있다. 이로 인하여 증가하는 사회문제를 예방하기 위해 법과 제도를 정립하고 그들을 위한 서비스의 제공과 시설 마련을 위해 노력을 기울이며 다문화사회로 나아가고 있다.

2) 한국 다문화사회의 특징

2050년까지 우리나라에 영향을 미칠 미래변화를 전망한 보고서에 따르면, '다문화사회', '저인구', '초고령화'를 3대 메가트렌드로 제시하고 있다(국토연구원, 2009). 한국에서 '다문화사회'라는 용어는 1990년대 말부터 국제결혼과 외국인근로자의 이주가 급격히 늘어나면서 우리 사회에서 주목받게 되었고, 이후 '인구감소'와 '초고령화'로 인하여 최근에서야 주요 정책의제로 등장하였다.

국가통계포털(KOSIS)의 「연도별 체류외국인 현황」을 살펴보면, 우리나라는 국제결혼과 귀화자 등으로 인해 체류외국인이 꾸준히 증가하고 있다. 또한 2019년 다문화 출생아는 17,939명으로 전년(18,079명)보다 -0.8% 감소하였으나 전체 출생에서 다문화 출생이 차지하는 비중은 5.9%로 전년보다 0.4%p 증가한 것으로 보고되고 있다(통계청, 2019). 이와 같은 통계가 말해주듯 우리나라도 이제 다문화사회가 상당히 진행되었음을 보여주고 있다. 정부는 이에 대응하여 2008년부터 중장기 다문화가족정책 기본계획을 수립하고 매년 중앙 및 지자체가 실행 계획을 작성하여 추진하도록 하고 있다.

이에 따라 한국사회는 다문화 관련법과 제도를 정립하고 그들을 위해 서비스를 제공을 실시하고 있다. 「다문화가족지원법」(2008년 3월 21일 제정, 2008년 9월 22일 시행)에 따르면, 다문화가정(다문화가족)이란 다음 각 목의 어느 하나에 해당하는 가족을 일컫는 것으로, ① 「재한외국인 처우 기본법」 제2조 제3호의 결혼이민자(대한민국 국민과 혼인한 적이 있거나 혼인관계에 있는 재한외국인)와 「국적법」 제2조에 따라 출생 시부터 대한민국 국적을 취득한 자로 이루어진 가족, ② 「국적법」 제4조에 따라 귀화허가를 받은 자와 같은 법 제2조에 따라 출생 시부터 대한민국 국적을 취득한 자로 이루어진 가족이다. 이와 같은 기준에 의해 국내의 다문화가정 유형은 크게 국제결혼 가정, 외국인 근로자 가정, 새터민가정으로 구분된다. 따라서 우리나라의 다문화사회는 세계 대부분의 국가들처럼 외국인근로자와 결혼이민자들의 유입도 있지만, 우리 민족만이 가지고 있는 특성으로 한반도 분단 이후 서로 다른 체제에서 살다가 유입된 북한이탈주민을 논의에 포함하여야 한다.

표 12-2 다문화 인구동태건수

	전체				다문화			
	출생	사망	혼인	이혼	출생	사망	혼인	이혼
2008	465,892	246,113	327,715	116,535	13,443	1,043	36,629	12,430
2009	444,849	246,942	309,759	123,999	19,024	1,338	33,862	13,653
2010	470,171	255,405	326,104	116,858	20,312	1,506	35,098	14,319
2011	471,265	257,396	329,087	114,284	22,014	1,557	30,695	14,450
2012	484,550	267,221	327,073	114,316	22,908	1,605	29,224	13,701
2013	436,455	266,257	322,807	115,292	21,290	1,558	26,948	13,482
2014	435,435	267,692	305,507	115,510	21,174	1,598	24,387	12,902
2015	438,420	275,895	302,828	109,153	19,729	1,744	22,462	11,287
2016	406,243	280,827	281,635	107,328	19,431	1,866	21,709	10,631
2017	357,771	285,534	264,455	106,032	18,440	2,002	21,917	10,307
2018	326,822	298,820	257,622	108,684	18,079	2,202	23,773	10,254
2019	302,676	295,110	239,159	110,831	17,939	2,644	24,721	9,868

출처: 통계청(2019).

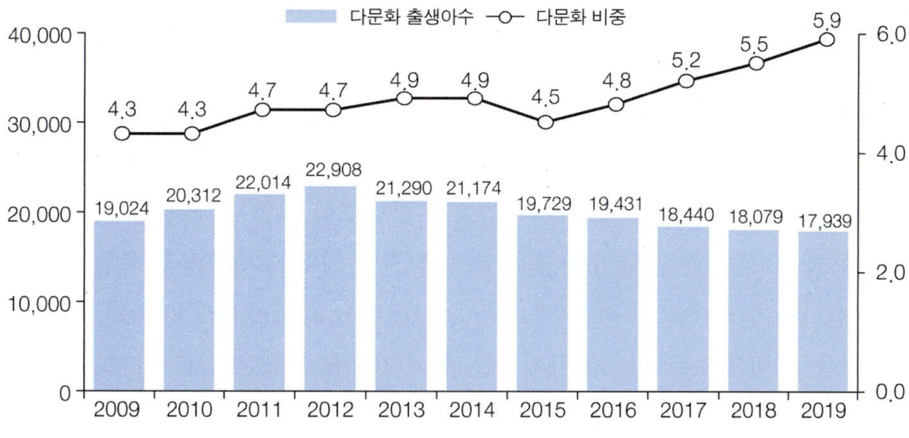

그림 12-6 다문화 출생아 수 및 전체 출생 중 다문화 비중 추이(2009~2019)

출처: 통계청(2019).

3) 다문화사회와 유아교육

「육아지원기관에서의 다문화가족 영유아 지원방안」에서 결혼이민자의 전체 자녀의 연령분포를 보면 6세 이하가 61.9%로 가장 많고, 만 7～12세가 24.9%, 만 13～15세가 8.2%, 만 16～18세가 5.1%를 차지한다(육아정책연구소, 2011). 이처럼 다문화가정 취학 전 자녀의 비중이 높으므로 다문화교육 정책에 있어서 유아교육이 차지하는 비중이 매우 크다고 할 수 있다.

무엇보다 유아기는 자신의 생김새, 성, 인종 등 사람과 사람 사이의 차이점에 대해서 인식하는 시기로 아주 어린 유아들조차도 타인을 탐색하는 과정을 통해 인종, 민족성, 성역할, 사회적 계층에 대한 편견이나 고정관념을 접하게 되고, 이것이 유아들의 자아정체감 형성에 큰 영향을 미치기 쉽다(정선희, 1997). 또한 유아기에 습득한 편견이나 고정관념은 변화되기가 어려우므로 보다 정확하고 다양한 정보와 지식을 제공해 주는 교육이 절실히 요구된다(양옥승 외, 2018). 따라서 다문화교육은 어떠한 편견이나 선입견도 형성되지 않은 어린 유아 시기에 교육하는 것이 필요하다.

교육부(2021)는 매년 다문화교육 지원계획을 발표하고 첫째, 출발선 평등을 위한 교육기회 보장, 둘째, 학교 적응 및 안정적 성장 지원, 셋째, 다양성이 공존하는 학교 환경 조성, 넷째, 다문화교육 지원체제 내실화를 4대 추진과제로 제시하고 있다. 특히 학교교육 준비도 격차를 해소하기 위해 유치원 단계부터 시작되는 지원체계를 마련하고 다문화 유아의 유치원 초기 적응을 위해 유치원 교원 대상으로 도움자료를 개발하여 보급하고 있다. 또한 다문화교육 선도모델 개발 및 확산을 위한 '다문화교육 정책학교' 운영을 통해 모든 학생을 대상으로 학교 교육과정을 통한 다문화이해교육 실시와 한국어교육 지원 필요시 '한국어학급'을 운영하도록 지원하고 있다. 다문화교육 정책학교로 지정된 유치원은 전국 131개(2018년 기준)로 시·도교육청 또는 다문화교육포털(www.nime.or.kr)을 통해 거주지역의 다문화 교육 정책학교(유치원)를 확인할 수 있다.

표 12-3 다문화정책학교 유형과 운영내용

구분		주요내용
다문화교육		개정누리과정과 연계하여 다문화교육 요소를 접할 수 있는 놀이 및 활동 제공
다문화유아 초기발달 지원	언어평가	다문화유아의 언어능력 파악
	언어교육	개정 누리과정과 연계한 유아 놀이중심의 통합언어교육과 다문화유아의 초기발달 맞춤형 개별언어교육
다문화 친화적 학교 환경 조성	물리적 환경조성	다양한 다문화교육 자료 비치 및 공간운영
	교원 역량 강화	모든 교원의 다문화교육 역량 강화
	가정연계	다문화가정 학부모를 포함한 모든 학부모의 다문화교육 및 상호이해 프로그램 운영
	지역사회 연계	지역내 유관기관 네트워크 구성을 통한 인적 물적 인프라 활용
프로그램 평가		연간 운영한 프로그램에 대한 성과 도출 및 환류

출처: 교육부 외(2021). 다문화교육 정책학교 운영 가이드라인(유치원).

다문화교육 서비스 전달체계는 교육부 산하에 중앙다문화교육센터가 관계부처, 각 시·도교육지원청과 산하 시·도 다문화교육센터와 연계사업을 추진한다. 각 시·도교육지원청과 산하 시·도 다문화교육센터는 다문화 학생을 공교육 진입을 위한 서비스 제공, 다문화 정책학교 지원, 지역 다문화교육 담당교육 지원 등 지역 특성에 맞는 교육정책을 지원하고 있다(강은주 외, 2019). 또한 다문화가족을 위한 건강가정다문화지원센터, 드림센터 등이 다문화 가족을 위한 다양한 정책과 프로그램을 지원하고 있다. 이 밖에도 여성가족부의 한국건강가정진흥원 산하의 온라인 다문화가족지원포털 다누리를 통해 다문화가정이 한국생활 적응에 필요한 정보와 다문화 관련 최신 정보를 13개 언어로 제공하여 지원하고 있다.

이상과 같이 유아교사는 다문화교육과 다문화가정 지원을 위한 다양한 국가정책과 서비스체계가 다양해지고 있음을 이해하고 다문화가정뿐만 아니라 모든 가정과 영유아를 대상으로 다문화교육을 실천해 나가야 할 것이다.

그림 12-7 다문화교육 서비스

출처: (왼쪽) 다문화 가족지원포털 다누리(https://www.liveinkorea.kr/)
(오른쪽) 국립어린이청소년도서관 다국어 동화구연(https://www.nlcy.go.kr/NLCY/contents/C10503010000.do)

4. 통일과 유아교육

1) 통일교육의 개념

통일교육이란 북한에 대한 이해와 통일에 대한 의지를 높이고 통일의 실현과정과 통일 이후의 한민족 공동체로서 살아가기 위한 지식, 가치관, 태도를 기르는 교육으로 정의할 수 있다(조경자, 이현숙, 2016). 더 나아가 통일교육은 개인의 정치적 성향과 행위 양식을 획득하는 일련의 과정인 정치사회화의 한 영역으로 간주되며, 북한 및 통일에 관한 인식과 태도 및 가치관을 형성한다는 측면에서 넓게는 민주시민교육이라고 볼 수 있다(안수현, 김상림, 2018).

이러한 맥락에서 통일교육원은 「통일교육 기본계획(2019~2021)」을 발표한 바 있다. 「통일교육 기본계획」은 「통일교육 지원법」 제6조(통일교육기본계획의 수립)에 의해 2000년부터 수립된 것으로 2019년 3월에 평화·통일교육의 추진 방향, 개념 등을 제시한 「통일교육 기본계획」은 3년 단위로, 정책과제별 세부 내용을 담은 「시행계획」은 매년 수립한다. 그러나 아쉽게도 시행계획에 초·중·고·대학 등의 학교 평화 통일교육 활성화 방안은 제시되어 있으나 영유아교육 분야는 누락되어 있다.

그러나 유아기는 통일에 대한 도덕적 가치판단이나 자아개념, 타인에 대한 인식 및 이해가 발달하는 시기(이원영, 이태영, 이경민, 2001)이다. 유아기는 남북한 사회의 이질적 문화를 편견 없이 수용하며 다른 배경을 가진 사람들과 더불어 생활할 수 있는 태도를 형성해 나가므로 통일교육을 위한 적기라고 할 수 있다. 따라서 남북한의 이질적 사회 문화에 대한 편견이 자리 잡기 전인 유아기에 통일교육을 실시하는 것은 통일시대를 살아가게 될 유아들에게 매우 중요한 의미를 가지며 필수적이라 할 수 있다.

2) 남북한 유아교육 체계의 특징

비교적 최근에 들어서 통일에 대비하여 미래지향적인 관점에서 한국과 북한의 유아교육과 보육이념, 정책, 프로그램을 비교 분석함으로써 통일시대의 유아교육과 보육이 나아가야 할 방향을 제시하는 연구들이 실시되고 있다(양옥승 외, 2015; 양옥승, 신은미, 2016; 육아정책연구소, 2020). 이에 기초하여 남북한의 유아교육관련 법령, 교육체제 등을 비교하여 제시하면 다음과 같다.

표 12-4 남북한 법령 비교(연령, 시설)

남한법령		북한법령
교육기본법	영유아보육법	어린이보육교양법
제2조 정의 조항 제1호에서 "유아"란 만 3세부터 초등학교 취학 전까지의 어린이를 말한다.	제2조 제1호는 "영유아"란 6세 미만의 취학 전 아동을 말한다.	제10조 이 법에서 어린이라 함은 세상에 태어난 때부터 학교에 가기 전까지의 어린이를 말한다.
제2조(정의) 이 법에서 사용하는 용어의 뜻은 다음 각 호와 같다. 1. "유아"란 만 3세부터 초등학교 취학전까지의 어린이를 말한다. 2. "유치원"이란 유아의 교육을 위하여 이 법에 따라 설립·운영되는 학교를 말한다.	제2조(정의) 이 법에서 사용하는 용어의 뜻은 다음과 같다. 1. "영유아"란 6세 미만의 취학 전 아동을 말한다. 2. "보육"이란 영유아를 건강하고 안전하게 보호·양육하고 영유아의 발달 특성에 맞는 교육을 제공하는 어린이집 및 가정양육 지원에 관한 사회복지서비스를 말한다. 3. "어린이집"이란 보호자의 위탁을 받아 영유아를 보육하는 기관을 말한다.	제39조 어린이보육교양기관에는 탁아소, 유치원과 육아원, 애육원이 속한다. 탁아소는 유치원에 가기 전까지의 기간에 어린이들을 국가적으로, 사회적으로 키우는 보육교양기관이다. 유치원은 학교에 가기 전까지의 어린이들에게 학교에 갈 준비교육을 주는 교육 기관의 하나이다. 육아원과 애육원은 부모의 보살핌을 받을 수 없는 어린이들을 국가가 맡아 키우는 보육교양기관이다.

첫째, 교육체제에 대한 비교·분석을 하면, 현재 우리나라의 교육체제는 유치원 3년, 초등학교 6년, 중학교 3년, 고등학교 3년, 전문대학 2~3년, 대학교 4~6년으로 이루어져 있다. 의무교육기간은 초등학교와 중학교 9년이다. 반면 북한은 2012년 9월 25일부터 12년제 의무교육 추진을 법으로 정하여 유치원 높은반 1년, 소학교 5년, 초급중학교 3년, 고급중학교 3년으로 국제적인 수준에서 추구하고 있는 12년제 의무교육을 실시하고 있다.

둘째, 영유아시설에 대해 비교·분석하면, 우리나라는 「유아교육법」에서 유치원은 만 3세부터 초등학교 취학 전까지의 어린이가 교육을 받는 학교로, 「영유아보육법」에서 어린이집은 6세 미만의 취학 전 아동을 보육하는 시설로 규정하고 있다. 북한의 「어린이보육교양법」도 탁아소는 유치원에 가기 전까지의 기간에 어린이들을 국가적, 사회적으로 키우는 보육교양기관이고, 유치원은 학교에 가기 전까지의 어린이들에게 학교에 갈 준비교육을 주는 교육기관이다.

셋째, 유아교사의 자격에 대해 비교·분석하면, 우리나라는 「유아교육법」 제22조에 따라, 유치원 교사는 정교사(1급·2급)·준교사로 나누되, 별표 2의 자격기준에 해당하는 사람으로서 대통령령으로 정하는 바에 따라 교육부장관이 검정·수여하는 자격증을 받은 사람이어야 한다. 「영유아보육법」 시행령 별표 1에 따르면, 보육교사는 1급, 2급, 3급으로 나뉘고, 각각 교육과정 수료 및 승급교육을 받아야 한다. 북한의 「어린이보육교양법」은 어린이보육교양기관의 직원은 질병이 없어야 하며 어린이보육교양사업에 필요한 전문지식과 해당한 자격을 소유하여야 한다고만 규정하고 있으나, 「보통교육법」은 유치원의 교원자격을 사범대학, 교원대학을 졸업하였거나 그와 같은 교육을 받은 대상으로서 정해진 기준에 도달한 자로 규정하고 있다.

이외에도 북한은 우리나라 유치원 교사들과 마찬가지로 교육계획안을 쓰고, 재교육과 평가도 받는 것으로 보고되고 있으며 자격과 승급제도도 존재한다(육아정책연구소, 2020). 특히 김정은 시대에 들어 북한은 통합교육에 기반한 그림책 형식의 새로운 교과서를 기반으로 유치원 교육을 하고 있는 것으로 보고되고 있다.

3) 통일교육과 유아교육

2019년 9월 19일 평양공동선언이 2주년을 넘겼고, 대통령은 2019년 8월 15일 광복절 경축사에서 광복 100년이 되는 2045년까지는 One Korea를 만들어가야 한다고 연설하면서 남북관계의 큰 변화와 함께 통일을 기대하는 계기가 되었다. 물론 여러 대북 정책들이 굴곡은 있었지만, 여전히 추진 중에 있으며 북한과의 협력 정책의 핵심은 '평화'이다. 이러한 남북관계의 평화정책을 기조로 통일세대가 될 영유아를 위해 남북한의 교육 분야를 비교하고 이해하는 것은 미래를 위한 준비이자 시대적 과업이라 할 수 있다.

유아 통일교육을 위해 무엇보다 중요한 것이 교사의 역할이다. 교사의 통일에 대한 바람직한 인식과 사고는 유아의 통일의식 형성에 직접적인 영향을 미친다. 따라서 유아 통일교육이 올바르게 실시되기 위해서는 교원양성기관에서부터 예비교사들이 통일교육의 목적과 방향을 이해할 수 있는 내용을 교육과정에 반영해야 한다. 뿐만 아니라 유아교육현장에서는 교사재교육과정을 통해 유아가 통일인식과 갈등해결을 경험함으로써 평화시대를 살아갈 수 있는 방법과 의미를 탐색해 볼 수 있는 다양한 통일교육 프로그램을 개발하고 운영해 나가야 할 것이다.

또한 앞으로 통일대비 남북한 영유아관련 법제도의 방향과 과제를 도출하기 위해서는 남북한의 관계 법령에 기반 하여 무상유아교육 및 보육의 범위 확대, 유보통합의 연계성 등에 대해서도 심도 있는 논의가 필요하다.

퀴즈

01. (　　)은 일정한 주제나 상황이 주어졌을 때 기발한 아이디어를 도출해내거나 문제를 해결하는 과정에서 창의적인 방법을 제안하는 능력을 말한다.

02. (　　)은 상대방의 행동에 따라 자신의 행동을 조절하여 개인의 성취에만 집중하지 않고 주변과 함께 어우러져 공동의 가치를 최대화할 수 있는 능력을 말한다.

03. 4차 산업혁명 시대에 유아교사가 교육현장에 적용할 수 있는 교수·학습방법에 대한 설명으로 틀린 것을 고르시오.

① 유아의 창의·융합·문제해결력을 증진시키기 위해 STEAM 교육을 실시한다.
② 유아가 컴퓨팅 사고력을 경험할 수 있는 언플러그드 코딩교육을 실시한다.
③ 놀이를 통해 4차 산업혁명 시대의 인재에게 요구되는 역량을 개발해 나가도록 한다.
④ 진단 및 검사도구를 활용하여 유아의 개별적 요구에 따른 맞춤형 교육을 실시한다.
⑤ 인공지능, 가상현실, 증강현실 등의 새로운 테크놀로지를 교수·학습에 활용한다.

04. 다음 중 바르게 설명한 문장에 O, 바르지 않은 문장에 X 하시오.

- 포스트휴먼이란 기존의 휴머니즘적 관점을 넘어서서 미래의 기술중심 사회의 조건에 맞게 인간 존재의 의미와 역할을 새롭게 해석하려는 입장이다. (　　)
- 포스트휴먼시대에 학습자들은 다양성 속에 살아가게 되므로 포용, 소통, 성찰, 사유, 비판적 사고, 그리고 상상력과 공감 능력과 같은 정의적 역량이 강조된다. (　　)

05. 포스트휴먼시대에 유아교사의 역할에 대한 설명으로 틀린 것을 고르시오.

① 디지털원주민, 미래의 포스트휴먼으로 불리는 세대에 대한 이해가 필요하다.
② 상상력과 비판적 사유 능력을 기를 수 있는 교육적 방향성에 대해 탐색해야 한다.
③ 코딩교육, 로봇교육, VR과 AR을 기반으로 한 교수매체의 도입을 최대한 지양한다.
④ 4차 산업혁명 기반 교육과 시스템이 유아의 발달에 적합한지 검토한다.
⑤ 4차 산업혁명 시대의 변화를 받아들이되 책임감과 윤리의식을 가져야 한다.

06. 다문화가족지원법에서 정의하고 있는 다문화가정의 유형을 모두 고르시오.

① 국제결혼 가정 ② 입양가정
③ 외국인근로자 가정 ④ 새터민 가정
⑤ 한부모 가정

07. 유아 통일교육에 대한 설명으로 틀린 것을 고르시오.

① 유아기는 이질적 문화를 편견 없이 수용하므로 통일교육의 적기이다.
② 유아기에 도덕적 가치판단, 자아개념, 타인에 대한 인식과 이해가 이루어지므로 통일교육이 가능하다.
③ 유아의 통일의식 형성에 교사의 통일에 대한 인식과 사고는 직접적인 영향을 미친다.
④ 유아교사를 양성하는 교육과정에서 부터 통일교육과 관련한 내용을 반영해야 한다.
⑤ 유아 통일교육 프로그램의 개발은 국가 또는 교육지원청이 담당한다.

토론문제

01. 증강현실(AR)과 가상현실(VR), 혼합현실(MR)에 관한 기사를 검색해 보고 유아교육 현장에 적용하게 될 경우 발생하게 될 장점과 단점을 제시해 보시오.

02. 내가 교사로서 근무하는 기관이 '다문화교육 정책학교'라면 어떠한 프로그램을 운영하고 싶은지 제시해 보시오.

정답 1. 창의력 2. 협업능력 3. ④ 4. ㅇ, ㅇ 5. ③ 6. ①, ③, ④ 7. ⑤

참고문헌

4U2D(사립유치원의 투명한 회계를 위한 디딤돌)(2019). 사립유치원 회계 이해도 향상을 위한 「알기 쉬운 사립유치원 회계실무」.

강선미(2009). 보육시설의 지역사회 연계 프로그램의 운영에 관한 연구. 건국대학교 교육대학원 석사학위논문.

강은주, 김명정, 김선아, 김성원, 김진희, 백인경, 안혜진, 이보영, 이선경, 이성복, 이효정, 최영해(2019). **유아교육론**. 서울: 학지사.

경기도교육청(2018). 「놀이중심 교육과정 실천자료」 놀이 2018- 유아교육, 놀이로 풀다.

고등학교 이하 각급 학교 설립·운영 규정.

고문숙, 김세루, 김영주, 김은정, 김혜윤, 손혜숙(2014). **유아교육개론**. 경기: 정민사.

고현, 정명자(2012). 어머니의 유아교육기관 선택 결정요인 모형 분석. **미래유아교육학회지, 19**(3), 99-121.

곽노의, 홍순정(2000). **유아교육사상**. 서울: 문음사.

교육50년사편찬위원회(1998). **교육 50년사: 1948～1998**. 서울: 교육부.

교육개혁위원회(1994). 신한국 창조를 위한 교육개혁의 방향과 과제. 1994. 9. 5. 제1차 대통령 보고자료.

교육개혁위원회(1997). 유아교육의 공교육체제 확립 방안에 대한 기초 연구. 교육개혁정책 연구보고서: '97-1. 서울: 교육개혁위원회.

교육개혁위원회(1997a). 세계화·정보화 시대를 주도하는 신(新) 교육체제 수립을 위한 교육개혁 방안(Ⅳ). 1997. 6. 2. 제5차 대통령 보고서. 서울: 교육개혁위원회.

교육과학기술부(2008). **유치원 교육과정 해설 1: 총론**.

교육과학기술부, 보건복지부(2012). 3～5세 연령별 누리과정 고시문(2012. 07. 10.).

교육부(2017). 제4주기 유치원 평가 중앙연수.

교육부(2019). 유치원 교육과정. 교육부 고시 제2019-189호

교육부(2021). 교육부 통계서비스(2020).

교육부 외(2021). 다문화교육 정책학교 운영 가이드라인(유치원).

교육부, 보건복지부(2019a). **2019 개정 누리과정 놀이이해자료**.

교육인적자원부(2008). **개정 유치원 교육과정 해설서**.

구견서(2003). **다문화주의의 이론적 체계. 현상과 인식**, 가을, 29-53.

구정화, 박윤경, 설규주(2018). **다문화 교육의 이해와 실천**. 경기: 정민사.

국가평생교육진흥원(2016). 글로벌 평생교육동향 6월호.

국토연구원(2009). 국토 대 예측 연구(Ⅰ), 국토연 2009-20.

권미성, 문혁준(2013). 보육교사의 교사효능감 및 전문성 수준이 교사-유아 상호작용에 미치는 영향. **한국보육지원학회지**, 9(4), 277-296.

권선진, 김범수, 손영희, 신승연, 이종복, 전종숙, 정옥희, 정용충, 최은숙(2015). **자원봉사론**. 서울: 학지사.

김경식, 권민석, 김병규, 박명희, 박형진, 서봉언, 윤주국, 이현철, 최성보(2017). **다문화사회와 다문화교육**. 서울: 신정

김경화(2003). 유아교육기관의 유형별 운영관리 수준분석. **한국영유아보육학회**, 28(2), 171-193.

김남국(2005). 다문화 시대의 시민: 한국사회에 대한 시론. **국제정치학보**, 45(4), 97-121.

김미선(2017). 이야기나누기 코칭을 통한 유치원 교사의 수업역량 변화과정 탐색. 배재대학교대학원 박사학위논문.

김분선(2017). 포스트휴먼 시대, 인간 지위에 대한 고찰. **환경철학**, 23, 37-61.

김신옥, 이현정(2016). **영유아 관찰 및 평가**. 경기: 공동체.

김용재(2008). 전통문화 및 유교교육의 활성화. **유교사상문화연구**, 31, 87-115.

김윤경(2017). 제4차 산업혁명 시대의 국내환경 점검과 정책 방향. 한국경제연구원.

김은설, 박수연(2011). 보육교사의 도덕성과 윤리 실천 수준의 관계 연구. **유아교육학논집**, 15(3), 207-226.

김은설, 최진, 조혜주, 김경미(2009). 육아지원기관 부모교육 참여 활성화 방안 연구. 육아정책연구소 연구보고. 서울: 육아정책연구소.

김은영, 임부연, 강은진, 고영미, 김진숙, 문무경, 이경화, 이미화, 이완정, 이정욱, 정선아(2019). 누리과정 개정 정책연구. 수탁보고 2019-03. 서울: 육아정책연구소.

김정인(2001). 보육시설의 질적 수준에 따른 유아의 감정조망수용능력과 친사회적 행동. 이화여자대학교 석사학위논문.

김주현(2016). 보육교사의 전문성 인식과 교사 행복감 및 교사-영유아 상호작용과의 관계. 총신대학교 교육대학원 석사학위논문.

김진규(2009). **교육평가 탐구이야기**. 서울: 동문사.

김충일, 김호현 (2018). 4차 산업혁명 시대의 인간상과 누리과정 목표와의 연관성. **열린교육**

연구, 26(1), 79-94.

김태경(2016). 그림책의 포스트휴먼 인물 탐구. 부산대학교 대학원 박사학위논문.

김하연, 유은순, 서영주 (2017). 포스트휴먼 시대의 미학적 주체 - '인간학적 미학'을 통한 주체 정립. **인간연구**, 34, 157-188.

김현주, 강인숙(2020). **유아교사를 위한 부모교육**. 경기: 지식공동체.

김형목(2010). 중앙유치원의 근대 유아교육사상 위상. **중앙사론**, 32, 105-148.

김혜윤, 김길숙, 좌승화, 최애경(2018). **아동관찰 및 행동연구**. 경기: 양서원.

김희진(2014). **유아교육기관에서의 부모교육과 지원**. 서울: 파란마음.

김희진, 박은혜, 이지현(2014). **영유아 교육기관에서의 관찰**. 서울: 창지사.

내무부(1988). **새마을유아원 백서**. 국가기록원.

노희선, 박석규, 서의정, 정석환(2012). **쉽게 풀어 쓴 교육학개론**. 경기: 양서원.

대통령 직속 4차 산업혁명위원회(2018), 4차 산업혁명위원회 주요성과 및 추진방향.

대한민국정부(1981). 제5차 경제사회발전 5개년 계획(1982~1986). 국가 기록원.

류현주, 구지향(2017). 어린이 공연장의 인터렉티브 체험전시 적용 방안에 관한 연구. 한국 HCI학회 학술대회, 775-779.

문교부 편(1980). **한국교육삼십년**. 서울: 삼화서적.

문수백(2014). 한국 카우프만 아동 지능검사(KABC-II). 학지사 심리검사연구소.

문혁준, 서소정, 김정희, 김혜연, 김태은, 이종신, 성미영(2018). **아동학개론**. 서울: 창지사.

미래창조과학부(2016). 제4차 산업혁명에 대응한 지능정보사회 중장기 종합대책. 보도자료 (2016.12.27.)

박미정(2011). 포괄적 보육서비스 실천을 위한 지역사회 자원 연계 활성화 방안. **아동복지연구**, 9(3), 87-102.

박유신, 조미라(2017). 미래사회를 위한 포스트휴먼 교육. **미술교육논총**, 31(2), 179-216.

박찬옥, 이석순, 박은미, 안은정, 우정희, 황지영(2019). **영유아 안전관리와 안전교육**. 경기: 파워북.

박혜원, 이경옥, 안동현(2014). **한국 웩슬러 유아지능검사(K-WPPSI-IV)**. 학지사 심리검사연구소.

박혜정, 강혜원, 장명림(1987). **유아 학습준비도검사**. 한국교육개발원.

박휴용(2019). 포스트휴먼 시대 학습자의 존재론적 이해와 학습이론 패러다임의 변화, **교육방법연구**, 31(1), 121-145.

방희정, 남민, 이순행(2019). **한국형 베일리 유아 발달검사(K-Bayley-III)**. 학지사 심리검사연구소.

백승수(2017). 4차산업혁명시대의 교양교육의 방향 모색. 교양교육연구 11(2), 한국교양교육학회, 13-51.

법제처(2004). 국회통과새법률소개, 제244회 국회, 국회사무처법제실.

보건복지부(2020). 제4차 어린이집 표준보육과정 고시문.

보건복지부(2020a). **제4차 어린이집 표준보육과정 해설서**. 세종시: 보건복지부.

보건복지부(2020b). **2020년도 보육사업안내**.

보건복지부(2021a). **2020년 보육통계**.

보건복지부(2021b). **2021년도 보육사업안내**.

보건복지부, 한국보육진흥원(2019). 어린이집 평가제 시행에 따른 운영체계 및 지표(안) 공청회 자료.

서문희, 양미선, 조혜주, 정은미(2011). **다문화가족 자녀 양육 및 지원 실태와 요구**. 서울: 육아정책연구소.

서영숙, 서혜전, 정영희, 양영아, 안소영, 이종현, 남미선(2007). **보육과정**. 경기: 공동체.

서울시교육청(2020). 사립유원 k-에듀파인 사용자매뉴얼.

서울특별시교육청(2007). **유치원 교직실무편람**.

성태제(2017). 제 4차 산업혁명시대의 인간상과 교육의 방향 및 제언. **교육학연구**, 55(2), 1-22.

송윤나, 박희숙(2017). 4차 산업혁명 기반 유아교육에 대한 유아교사의 인식과 교사교육 요구도에 관한 연구. **학습자중심교과교육연구**, 17(13), 65-90.

신은수, 김은정, 유영의, 박현경, 백경순(2011). **놀이와 유아교육**. 서울: 학지사.

신현정(2009). 유아교육기관의 가족지원 프로그램 개발 연구. 덕성여자대학교대학원 박사학위논문.

신희선, 한경자, 오가실, 오진주, 하미나(2002). **한국형 덴버 발달선별검사(K-DDST-II)**. 서울: 현문사.

심소연, 문정민(2014). 박물관의 효과적인 커뮤니케이션을 위한 몰입요소 연구. **한국과학예술융합학회**, 18, 367-376.

안경식(2000). **한국 전통 아동교육 사상**. 서울: 학지사.

안수현, 김상림(2018). 유아교사의 유아통일교육에 대한 지식체계 고찰: 개념도 분석을 중심으로. **한국보육학회지**, 18(3), 91-104.

양옥승(1987). 유아교육과정 연구의 재개념화, **유아교육연구**, 7, 5-23.

양옥승(1993). 유아 교육과정 연구의 재개념화2: Vygotsky의 발생학적 인식론 활용. **유아교육연구**, 13(1), 93-114.

양옥승(2002). 유치원교사 양성체제와 유아교육의 전문성 신장. **한국교원교육연구**, 19(1), 25-43.

양옥승(2008). **유아교육과정 탐구**. 서울: 학지사.

양옥승(2010). 유아 다문화교육: 다문화주의의 의미와 적용. **유아교육연구**, 30(4), 305-318.

양옥승, 김미경, 김숙령, 김영연, 김진영, 박선희, 서현아, 오문자, 장혜순, 조성연, 조은진, 최양미, 현은자(2001). **유아교육개론**. 서울: 학지사.

양옥승, 김승옥, 류은미, 윤지영(2018). **영유아 관찰 및 실습**. 서울: 신정.

양옥승, 나은숙, 신은미, 조유나, 황혜경(2015). **유아교육론**. 파주: 정민사.

양옥승, 이원영, 이영자, 이기숙(2003). **21세기 바람직한 유아교육에 대한 한국유아교육학회의 입장**. 경기: 정민사.

양옥승, 최경애, 이혜원(2011). **유아교육과정**. 서울: 학지사.

오은순, 김윤희(2019). 4차 산업혁명 시대 유아 핵심역량과 유아교육 방향. **디지털콘텐츠학회논문지**, 20(5), 1011-1021.

오채선(2003). 네 교사를 통한 포트폴리오 평가 경험의 의미. **열린유아교육연구**, 8(2), 1-28.

오혜경, 정소영(2003). **영유아기 장애아동의 양육부담과 가족지원**. 서울: 신정.

우수경, 김현자, 신선희, 유영의, 김호, 김현정(2019). **유아교육개론**. 서울: 학지사.

유안진(1999). **아동발달의 이해**. 서울: 문음사.

유은정, 김혜연, 박혜정, 신현정, 이찬숙. 황현주(2012). **부모교육**. 경기: 양서원.

유혜령(2005). 아동교육 연구의 현상학적 접근: 역사와 과제. **교육인류학연구**, 8(1), 57-90.

유혜령(2020). 놀이와 배움의 관계 탐색. 한국유아교육학회 춘계정기학술대회자료집, 31-50.

육아정책연구소(2010). 유치원 교사 헌장 강령. 서울: 유치원교원양성 임용제도 개선 연구단, 한국4년제 유아교사 양성대학 교수협의회, 한국전문대학 유아교육과 교수협의회, 한국국공립유치원교원연합회, 한국유치원총연합회, 전국사립유치원연합회. pp.4-7.

육아정책연구소(2010a). 보육시설장 교사 윤리강령 개발 연구.

육아정책연구소(2011). 유치원교육과정과 보육과정의 통합 추진을 위한 단·중기전략. 연구보고 2011-08.

육아정책연구소(2020). **통일대비 북한의 영유아 교육·보육현황 분석 연구**. 서울: 육아정책연구소.

이경민(2017). 새로운 시대 인재상의 유아교육적 함의: 4차 산업혁명시대와 행복교육에서 추구하는 역량의 담론을 중심으로. **유아교육연구**, 37(3), 137-156.

이경화, 고진영(2014). **유아용 자아개념 검사(SCI-II)**. 학지사 심리검사연구소.

이기숙(2009). 질적 수준과 책무성 제고를 위한 유아교육기관 평가. **2009 한국육아지원학회 춘계학술대회 자료집**, 9-48.

이기숙(2013). **유아교육과정**. 서울: 교문사.

이기숙, 김순환, 조혜진(2017). **유아교육기관 운영관리**. 경기: 양서원.

이기숙, 장영희, 정미라, 엄정애(2014). **유아교육개론**. 경기: 양서원.

이상금(1995). **해방 전 한국의 유치원**. 경기: 양서원.

이선애, 김상림, 심희이(2015). **부모교육**. 경기: 정민사.

이선영(2017). 제4차 산업혁명 시대의 교육심리학. **한국교육학연구**, 23(1), 231-260.

이순형, 이성옥, 권기남, 김지현, 김진욱, 김정민, 민미희, 정현심, 김유미, 임여정, 김민경(2015). **어린이집 운영관리**. 경기: 양서원.

이아름(2018). 지역사회자원을 활용한 유아전통문화교육 프로그램 개발 및 적용. 중앙대학교 대학원 박사학위논문.

이연섭(1996). **유아교육개론**. 경기: 정민사.

이연섭, 김성일, 단현국(1980). **유치원 아동의 학습준비도 연구**. 한국교육개발원.

이영, 김온기, 조성연, 이혜경(2015). **유아발달**. 서울: 학지사.

이영자, 신동주(2009). **유아교육기관 운영관리**. 서울: 창지사.

이영자, 이기숙, 이정욱(1999). **유아 교수 학습방법**. 서울: 창지사.

이영자, 이종숙, 신은수(2000). **유아용 정서지능 평가도구(교사 평정용)**. 서울: 창지사.

이원영, 이태영, 이경민(2001). **유아를 위한 통일교육자료**. 서울: 교육인적자원부.

이은화, 양옥승(1988). **유아교육론**. 경기: 교문사.

이은화, 양옥승(1992). **유아교육론**. 경기: 교문사.

이인원, 김호년, 전정희, 김의석, 김영애(2010). **유아교육기관 운영관리**. 경기: 양서원.

이인원, 김호년, 전정희, 김의석, 김영애(2010). **유아교육기관 운영관리**. 경기: 양성원.

이정욱, 김윤희, 김효진, 김선희, 이정희, 이예린(2019). **놀이연속성에 기초한 놀이 지원의 이해**. 서울: 서울특별시교육청유아교육진흥원.

이혜원, 임미혜, 황윤세(2013). **유치원 및 어린이집 운영관리**. 경기: 공동체.

임부연, 곽승주, 권혜진, 김성숙, 서보순, 손은실, 신은미, 연희정, 염지숙, 오채선, 윤민아, 이경화, 이연선, 이현진, 장혜진, 정선아(2021). **유아·놀이중심 유아교육과정**. 경기:

공동체.

임승렬(2002). 유아교사의 교직 윤리의식에 관한 연구. **한국교원교육연구**, 19(1), 157-173.

임재택(2005). 생태유아교육과 유아교사의 자질 및 역할. 한국유아교육·보육행정학회 추계 전국학술대회, 10～34.

장하진, 장미경, 신경아, 오정진(2001). **근로 여성 50년사의 정리와 평가**. 서울: 한국여성개발원.

전경원(2000). **유아종합 창의성 검사(K-CCTYC)**. 학지사 심리검사연구소.

전혜인(2006). 부모결연프로그램이 장애아동 어머니의 양육스트레스와 양육효능감 및 가족 역량강화에 미치는 영향. 이화여자대학교 대학원 박사학위논문.

정선희(1997). 다문화 교육에 관한 유아교사의 인식 및 실태조사. 이화여자대학교대학원 석사학위논문.

정옥분(2018). **아동발달의 이해**. 서울: 학지사.

정은혜(2000). 유아의 어린이집 적응에 대한 생태학적 연구. 숙명여자대학교 대학원 석사 학위논문.

정제영(2017). 제4차 산업혁명시대 대한민국 미래교육보고서 '미래 학교제도는 어떻게 변하나'. 국제미래학회·한국교육학술정보원, 205-214. 서울: 광문각.

정혜선(2003). 직장여성의 취업현황 및 고용특성. 직업과 여성건강연구회 세미나 발표자료.

조경자, 이현숙(2016). 교육과정 변천에 따른 유치원 통일교육의 변화. **교육연구논총**, 37(4), 71-99.

조은미, 서의정, 권덕수(2013). **예비교사를 위한 교육평가**. 경기: 공동체.

조형숙(2007). 유아교사 교직윤리 교육에 관한 소고. **교원교육**, 23(3), 207-226.

조형숙, 김현주, 김명하, 김명정(2017). **유아교육개론**. 서울: 학지사.

조형숙, 박은주, 강현경, 김태인, 배정호(2013). **유아 발달**. 서울: 학지사.

채영란, 박유영, 박희숙, 신금호, 이은희, 조은정(2017). **유아교육개론**. 경기: 정민사.

최양미(2001). 한국 전통사회의 유교적 인간관과 아동교육관(p.21-35), 양옥승 외(편). **유아교육학 탐구**. 서울: 학지사.

최일선, 조운주(2018). **유아교육평가의 이론과 실제**. 서울: 창지사.

최현정, 이금구, 우혜진(2018). **유아사회교육**. 서울: 학지사.

충청북도유아교육진흥원(2020). 제5주기 2020 유치원 평가 매뉴얼.

한국교원단체총연합회(1997). **한국교원단체총연합회 정책연구**.

한국교육개발원(1979). **교육발전의 전망과 과제**. 서울: 교육과학사.

한국교육개발원(2018). **제 4차 산업혁명 시대의 교육: 학교의 미래**.

한국유아교육학회(1996). **유아교육학의 이해**. 경기: 양서원.

황해익(2004). **유아교육평가**. 경기: 양서원.

황해익(2009). 질적수준 제고를 위한 유아교육기관평가. **열린유아교육학회 춘계학술대회 자료집**, 103-126.

황해익(2015). **유아교육평가의 이해**. 경기: 정민사.

황해익, 서정현, 송연숙, 이경화, 최혜진, 정혜영, 김남희, 이혜은, 손유진, 박순호, 손원경, 남미경, 김인순, 고은미, 유수경 (2009). **유아교육개론(제2판)**. 경기: 공동체.

황해익, 서정현, 송연숙, 이경화, 최혜진, 정혜영, 김남희, 이혜은, 손유진, 박순호, 손원경, 남미경, 김인순, 고은미, 유수경(2018). **유아교육개론(제3판)**. 경기: 공동체.

Aras, S. (2016). Free play in early childhood education: A phenomenological study. *Early Child Development and Care, 86*(7), 1173-1184.

Bandura, A. (1989). Human agency in social cognitive theory. *American psychologist, 44*(9), 1175.

Bobbitt, J. F. (2017). **학교에서 무엇을 가르쳐야 하는가**[*The Curriculum*]. 정광순, 이한나, 이윤미, 김경하, 박희원, 이희정 공역. 서울: 학지사. (원전은 1918년 출판).

Bostrom, N (2003) "*Transhumanist FAQ v2.1*", http://www.nickbostrom.com/

Bredekamp, S. & Rosegrant, T. (1992). *Reaching potentials: Appropriate curriculum and assessment for young children*(vol.1). Washington, DC: NAEYC.

Bredekamp, S., & Copple, C. (1997), *Developmentally appropriate practice in early childhood programs serving children from birth through age 8* (2nd Ed.). Washington, DC: National Association for the Education of Young Children.

Bridges, K. B. (1930). A genetic theory of the emotions. *The Journal of Genetic Psychology, 37*, 514-527.

Bronfenbrenner, U. (1995). **인간발달 생태학**[*The ecology of human development*]. 이영 역. 경기: 교육과학사. (원저 1979년 출판).

Brown, M. H. & Freeman, N. K. (2001). "We don't play that way at preschool": The moral and ethical dimensions of controlling children's play. *Early Education and Care, and Reconceptualizing play*, 11, 259-274.

Brown, M. E., Trevino, L. K., Harrison, D. A. (2005). Ethical leadership: A social learning perspective for construct development and testing. *Organizational behavior and human decision processes. 97*(2), 117-134.

Burke, P., Fessler, R., Christensen, J. (1984). *Teacher career stages : implications for staff development*. Bloomington, Ind. : Phi Delta Kappa Educational Foundation.

Cannella, G. S. (2002). **유아교육이론 해체하기: 비판적 접근**[*Deconstructing early childhood education: Social justice and revolution*]. 유혜령 역. 서울: 창지사. (원저 1997년 출판)

Christopher, G. C. (1995). Community-based support and education: Local program examples. *In Helping families grow strong: New directions in public policy*. Washington, DC: The center for the study of Social Policy.

Decker, C. A., & Decker, J. R. (2001). *Planning and administering early childhood programs*. New Jersey : Merrill Prentice Hall.

Downs, S., Moore, E., McFadden, E., Costin, L. (2000). *Child welfare and family services: Policies and practice*. (7th Ed.) Boston, MA: Allyn & Bacon.

Feeney, S. & Sysko, L. (1986). Professional ethics in early childhood education: survey results. *Young Children, 42*(1), 15-22.

Fessler, R., Christensen, J. (1992). *The teacher career cycle: understanding and guiding the professional development of teachers*. Boston: Allyn and Bacon.

Frost, J. L. & Kissinger, J. B. (1976). *The young child and the education process*. New York, NY.

Frost, J. L. (1992). *Play and playscapes*. Albany, N.Y.: Delmar Publishers Inc.

Gaviria-Loaiza, han, M., Vu, J. A., Hustedt, J. (2017). Children's responses to different types of teacher involvement during free play. *Journal of Childhood Studies, 42*(3), 4-19.

Gestwicki, C. (2004). *Home, school, and community relations: A guide to working with families* (5th ed.). Clifton Park, NY: Thomson Learning.

Gollnick, D. M., & P. C. Chinn. (2002). *Multicultural education in a pluralistic society* (6th ed.). Upper Saddle River, NJ: Merrill.

Hayles. K. N. (2013). **우리는 어떻게 포스트휴먼이 되었는가: 사이버네틱스와 문학, 정보과학의 신체들**[*How we became posthuman : virtual bodies in cybernetics, literature, and informatics*]. 허진 역. 경기: 열린책들. (원전 1999년 출판).

Hayward, D. G., RothenburgM., & Beasley, R. R. (1974). Children's play and urban playground environments: A comparison of traditional, contemporary, and adventure playground types. *Environment and Behavior, 6*(2), 131-168.

Hoorn, J. V., Nourot, P. M., Scales, B., & Alward K. R. (2015). *Play at the center of the curriculum.* (6th ed.) New York, NY: Pearson.

James, E. J., James, F. C., & Francis, W. (2005). Play, Development and Early Education. *Journal of Social Education, 16*(1), 87-93. 이진희, 손원경, 안효진, 유연옥 공역 (2006). **놀이, 발달, 유아교육**. 서울: 아카데미프레스.

Johnson, J. E. , Dong, P. I. (2019). Methods of studying play. In P. Smith & J. Roopnarine (Eds.), *The Cambridge handbook of play: Developmental and disciplinary perspectives* (pp. 399-416). Cambridge: Cambridge University Press, UK.

Johnson, J. E., Christie, J. F., & Wardle F. (2005). *Play, development, and early education.* New York, NY: Pearson.

Jonathan, R. (2000). Cultural diversity and public education: reasonable negotiation and hard cases. *Journal of Philosophy of Education, 34*(2), 377-393.

Katz, L. G. (1988). "Where is early childhood education at a profession?". In B. Spodek, O. N. Saracho, & D. L. Peters(eds), *Professionalism and the Early Childhood Practitioner*. New York: Teachers College Press, Columbia University. 79-81.

Kessler, S. & Swadener, B. B. (2000). **유아교육과정의 재개념화: 그 대화의 시작**[*Reconceptualizing the early childhood curriculum*] 신옥순, 염지숙 공역. 서울: 창지사. (원저 1992년 출판).

King, N. (1979). Play: The kindergarteners' perspective. *Elementary School Journal, 80,* 81-87.

King, N. R. (1982). Work and play in the classroom. *Social Education, 46*, 110-113.

King, N. R. (1992). The impact of context on the play of young children. In S. Kessler & B. B. Swadener (Eds.), *Reconceptualizing the early childhood curriculum: Beginning the dialogue* (pp. 43-61). New York, NY: Teachers College Press.

Kontos, S. (1999). Preschool teachers' talk, roles, and activity settings during free play. *Early Childhood Research Quarterly, 14*(3), 363-382.

Leavitt, R. (2014). **어린이집에서의 권력과 정서**[*Power and emotion in infant-toddler day care*]. 양옥승, 신은미 공역. 서울: 학지사. (원저 1994년 출판)

Mayesky, M. (1995). Art and the development of the young child. *Creative activites for young children.* New Youk: Delmar.

NAEYC(1997). *Reflectionon NAEYC Accreditation Learned and Goalsf or the Future.* Washington, DC: NAEYC.

NAEYC(2011). Code of Ethical Conduct and Statement of Commitment. A position statement of National Association for the Education of Young Children.

NAEYC(2011). Code of Ethical Conduct and Statement of Commitment. A position statement of National Association for the Education of Young Children.

OECD (2006). *Start Strong Ⅱ: Early childhood education and care.* France, Paris: OECD.

OECD(2012). *Starting Strong Ⅲ* - A Quality Toolbox for Early Childhood Education and Care. OECD publishing.

Olds, A. R.(2001). **보육시설 환경디자인**[*Child Care Design Guide*]. New York: McGraw Hill. 최목화, 최경숙, 변혜령, 김영애, 주서령, 나종혜, 손승희, 조정신 공역. 서울: 교문사.

Phyfe-Perkins, E. (1980). Children`s behavior in preschool setting-A review of research concerning the influence of physical environment. In L. G. Katz(Ed.), *Current topics in early childhood education. vol Ⅲ*(pp.91-126). New Jersey, Norwood: Ablex Publishing Corporation.

Pyle, A. & Danniels, E. (2017). A continuum of play-based learning: The role of the teacher in play-based pedagogy and the fear of hijacking play. *Early Education and Development, 28*(3), 274-289.

Ritzer, G. (1977). *Working, conflicts and change*(2nd ed.). Englewood Cliffs, N.J.: Prentice-Hall.

Schwab, K. (2016). **클라우스 슈밥의 제4차 산업혁명**[*The Fourth Industrial Revolution, World Economic Forum*]. 송경진 역. 서울: 새로운 현재.

Slattery, P. A. (1995). A postmodernism of time and learning: A response to the national education commission report prisoners of time. *Harvard Educational Review, 65*(4), 612-631.

Spodek, B. (1985). *Teaching in the early years*(3rd ed.). New Jersey: Prentice-Hall Inc.

Sutton-Smith, B. (1997). *The ambiguity of play.* Cambridge, MA: Harvard University Press.

Tobin, J. J. (Ed.) (1997). *Making a place for pleasure in early childhood education.* New Haven, CT: Yale University Press.

Tyler, R. W. (1996). Tyler의 교육과정과 수업지도의 기본원리[*Basic Principles of Curriculum and Instruction*]. 진은영 역. 서울: 양서원. (원저 1949년 출판)

https://www.law.go.kr 국가법령정보센터.

https://kosis.kr/index/index.do 국가통계포털.

https://kess.kedi.re.kr/index 교육부통계서비스.

http://gyeongginorth.childcare.go.kr 경기도북부육아종합지원센터.

http://incheon.childcare.go.kr/ccef/community/data/DataSl.jsp?BBSGB=385BID=44322&flag=Sl 인천육아종합지원센터.

http://www.jikjimuseum.org/ 직지성보박물관.

https://www.kcpi.or.kr 한국보육진흥원.

https://www.kedi.re.kr 한국교육개발원.

https://children365.or.kr/ 한국방정환재단.

찾아보기

인명

내용

저자소개

양옥승

남가주대학교 대학원 교육학박사

전, 덕성여자대학교 유아교육과 교수

〈대표저서 및 논문〉

영유아 관찰 및 실습

영유아 교수학습 방법

조유나

덕성여자대학교 대학원 교육학박사

현, 김포대학교 유아교육과 교수

〈대표저서 및 논문〉

유아음악교육

보육학개론

신은미

덕성여자대학교 대학원 교육학박사

전, 우송대학교 유아교육과 교수

〈대표저서 및 논문〉

유아교육과정

들뢰즈와 내부작용 유아교육

이옥주

덕성여자대학교 대학원 교육학박사

현, 대원대학교 유아교육과 교수

〈대표저서 및 논문〉

유아사회교육

음악적 요소에 기초한 유아음악교육

손복영

덕성여자대학교 대학원 교육학박사
현, 신성대학교 유아교육과 교수

〈대표저서 및 논문〉

유아다문화교육
유아사회교육

이은정

덕성여자대학교 대학원 교육학박사
현, 경복대학교 유아교육과 교수

〈대표저서 및 논문〉

영유아 교수학습 방법
보육교사론

동풀잎

펜실베이니아주립대학교 대학원 철학박사
현, 창원대학교 유아교육과 교수

〈대표저서 및 논문〉

The Cambridge handbook of play: Developmental and disciplinary perspectives
Handbook of research on the education of young children (4th ed.)

양유진

덕성여자대학교 대학원 교육학박사
현, 명지대학교 교육대학원 유아교육전공 교수

〈대표저서 및 논문〉

유아의 자기조절능력 발달과 교육
놀이혁명과 창의성

유아교육개론

1판 1쇄 인쇄	2022년 2월 10일
1판 1쇄 발행	2022년 2월 15일
저　　자	양옥승 조유나 신은미 이옥주 손복영 이은정 동풀잎 양유진
발 행 인	회장 박철용 · 대표 박세원
발 행 처	정민사
주　　소	경기도 파주시 직지길 522 파주출판도시
전　　화	031-955-8030
팩　　스	031-955-8025
홈페이지	http://www.jmpub.co.kr
이 메 일	yswgroup@naver.com
출판등록	1979년 1월 22일 No. 406-2004-000130호
I S B N	978-89-5809-935-2
정　　가	19,000원